라틴아메리카 문학과 한국 전쟁

서강학술총서
011

라틴아메리카 문학과 한국 전쟁

송병선 지음

서강대학교출판부

서강학술총서 011

라틴아메리카 문학과 한국전쟁

초판발행 | 2009년 11월 3일
지 은 이 | 송병선
발 행 인 | 이종욱
편 집 인 | 우찬제
발 행 처 | 서강대학교 출판부
등록번호 | 1978년 9월 28일 제313-2002-170호

주 소 | 서울특별시 마포구 신수동 1번지
전 화 | (02) 705-8212
팩 스 | (02) 705-8612

ISBN 978-89-7273-154-2 94890
ISBN 978-89-7273-139-9(세트)

값 15,000원

* '서강학술총서'는 SK SUPEX 기금의 후원으로 제작됩니다.

서문

외국 문학을 공부하고 연구하는 이유는 무엇일까? 이 질문을 받으면 외국 문학 연구자들은 뭐라고 대답할까? 아마 각자의 목표와 의도에 따라 달라질 것이다. 나의 경우에 외국 문학 연구는 우리 문학, 아니 우리 자신을 이해하기 위한 하나의 방편이다. 라틴아메리카 문학작품 속에서 한국전쟁을 살펴보는 이 책 역시 이런 생각에서 크게 벗어나지 않는다. 그것은 한국전쟁을 바탕으로 삼는 라틴아메리카 문학을 통해 그 전쟁을 다루는 우리 문학의 가치를 재평가할 수 있는 기회를 주기 때문이다.

이 책은 크게 2부로 나뉜다. 1부에는 한국전쟁을 다룬 콜롬비아 문학작품에 할애되어 있고, 2부에는 한국전쟁을 주요 모티브로 삼고 있는 푸에르토리코 소설들과 한국전쟁 탈영병인 치카노 문제를 다룬 멕시코 소설들이 연구되어 있다. 1부에서 다루는 콜롬비아는 한국전쟁에 참여했던 유일한 라틴아메리카 국가였다. 그리고 콜롬비아의 한국전 파병은 콜롬비아 국내의 정치 · 사회적 요인과 긴밀하게 맞물려 있었기에 콜롬비아 지식인들은 많은 관심을 보였다. 이런 이유로 많은 콜롬비아 작가들이 한국전쟁을 언급하고 있을 것이라고 추정되지만, 여기서는 콜롬비아뿐만 아니라 국제적으로 비교적 널리 알려진 작가들의 작품만을 연구 대상으로 삼고 있음을 밝힌다. 그들은 바로 가르시아 마르케스, 하이로 아니발 니뇨, 마누엘 사파타 올리베야, 그리고 라파엘 움베르토 모레노 두란이다.

2부에서 다루는 푸에르토리코 문학은 라틴아메리카 내에서도 콜롬비아나 아르헨티나, 혹은 멕시코나 칠레보다 훨씬 연구가 진행되지 않은 분야이다. 그리고 전세계를 휩쓸었고, 아직도 휩쓸고 있는 라틴아메리카의 '붐 소설'에서 상당히 소외된 문학이기도 하다. 그래서인지 콜롬비아의 작품들에 비해 문학성이 떨어지는 것이 사실이다. 이런 이유로 한국전쟁을 다룬 푸에르토리코의 문학작품들을 개별적으로 깊이 연구하는 것보다 전체적으로 조망하는 방법을 택했음을 밝혀둔다. 그리고 한국전쟁에서 탈영한 치카노의 문제를 다룬 호세 레부엘타스의 작품은 공산당원을 이상화하고 공산당의 관점에서 한국전쟁을 바라본다는 점에서 다른 작품들과 차이점을 보인다.

이 책에서 다루는 작품들은 호세 루이스 곤살레스의 단편소설만을 제외하곤 우리말로 번역되지 않았으며, 그 작가들이 누구인지 국내에서는 기초 자료조차 찾기 힘들다. 이런 이유로 여기에 실린 글들은 정보를 제공하기 위한 목표 이외에도 텍스트 읽기에 중점을 두면서 여러 비평적 시각을 제공하려고 했음을 밝히고자 한다. 그것은 특정 시각이나 이론에 바탕을 둔 접근 방식은 너무나 전문적이며, 따라서 깊이는 있을지언정 폭은 넓지 않기 때문이다. 그리고 작품도 번역이 안 되어 있고 자료도 없는 상황에서는 비평적 관점을 넓게 제시해주어 향후 깊이 있는 연구를 가능하게 해줄 수 있는 성격의 글이 필요하다고 생각되었기 때문이기도 하다.

라틴아메리카 문학작품 속에 나타난 한국전쟁을 연구하겠다고 처음 생각한 것은 1994년도였다. 당시 ≪문학정신≫ 10월호에 「한국전쟁과 가르시아 마르케스」라는 글을 출판했을 때였다. 그러나 이 글은 국내에서 그리 주목받지 못했다. 여기서 주장하는 내용은 가르시아 마르케스가 한국전쟁 참전용사들을 보면서 『아무도 대령에게 편지하지 않다』를 구상했다는 것이지만, 아마도 기존의 비평들과는 너무나 상이했기에 황당하게 보였던 것 같다. 그러나 2002년에 스페인어로 출판된 자서전 『이야기하기 위해 살다』에서 가르시아 마르케스는 처음으로 그 관계를 명확하게 밝힌다. 여기에 수록된 글은 그의 자서전 내용을 덧붙인 수정된 것임을 밝혀둔다.

그러나 이런 계획은 여러 개인적 사정으로 인해 생각으로만 머물고 있었다. 그리다가 1997년에 콜롬비아 학회장인 에두아르도 하라미요(Eduardo Jaramillo) 교수가 한국을 방문했고, 라파엘 움베르토 모레노 두란이 한국전쟁에 관한 소설을 발표했다는 소식을 전해주면서, 꺼져가고 있던 내 계획의 불씨를 살려주었다. 하지만 본격적으로 자료를 수집하기 시작한 것은 대략 2005년도부터였다. 당시 미국에서 열린 콜롬비아 학회에 참가했다가 라틴아메리카 문화 연구자인 캐나다의 주디스 웨이스(Judith Weiss) 교수가 다시 그런 나의 계획에 불을 지폈고, 그 학회에 참가했던 콜롬비아의 지인 크리스토 라파엘 피게로아(Cristo Rafael Figueroa) 교수는 루스 마리 히랄도(Luz Mary Giraldo) 교수가 당시 죽음으로 신음하고 있던 라파엘 움베르토 모레노 두란에 관한 책을 준비하고 있다고 말해주었다. 그러면서 히랄도 교수가 나에게 『맘브루』에 관한 글을 부탁하고 싶다는 말을 전해주었다. 비록 시간상의 문제로 그 책에 수록될 글을 쓰지는 못했지만, 이 만남은 반드시 한국전쟁과 라틴아메리카 문학과의 관계를 살펴보아야겠다는 내 계획을 본격적으로 진행시키게 만든 계기였다.

이 책을 준비하면서 몇 개의 글이 학술지에 소개되었다. 「『불모고지』와 콜롬비아 한국전 참전용사의 상황」은 ≪세계문학비교연구≫(23호, 2008년)

에 발표된 글이며, 「『맘브루』에 나타난 한국전쟁과 포스트모던 역사소설」은 ≪라틴아메리카연구≫(2008년 4호)에 발표되었다. 그리고 「푸에르토리코 소설과 한국전쟁」은 ≪라틴아메리카연구≫(2008년 1호)에 발표되었지만, 여기에 실린 글은 그 글을 대폭 확장하여 수정한 것임을 밝혀둔다.

여기에서 연구된 라틴아메리카 작품을 읽으면서, 우리의 한국전쟁문학과는 매우 상이하다는 사실을 확인할 수 있었다. 그러면서 국내의 한국전쟁문학을 지배하는 이데올로기적 대립의 한계를 넘어 새로운 시대에 바람직한 시각은 어떤 것인지 생각해볼 기회를 제공해줄 것이라고 생각한다. 그리고 국내라는 울타리를 벗어 외국의 작가들이 한국전쟁을 어떻게 인식하고 수용하는지 이해할 때에 비로소 한국전쟁은 죽은 소재에서 벗어나 문학적으로 다시 태어날 수 있을 것이라고 여긴다.

송병선

2008년 12월

차례

제2부 푸에르토리코인들과 치카노의 한국전쟁 경험

제1부

한국전쟁과 콜롬비아 문학

제1장
한국전쟁과 가르시아 마르케스

모리스 나도(Maurice Nadeau)와 레이몬드 소콜로프(Raymondo Sokolov) 같은 비평가들이 일찍이 예견했던 대로, 20세기 후반과 21세기 초반은 라틴아메리카 소설의 시대로 기억될 정도로 라틴아메리카 소설은 전세계로 그 영향력을 펼쳐나가고 있다. 현재 라틴아메리카에는 그들이 자랑하는 수많은 작가들이 있지만, 대부분의 일반 외국 독자들에게 라틴아메리카 문학은 콜롬비아의 가르시아 마르케스로 상징되고 있다. 그의 이름은 항상 그의 대표작인 『백년의 고독』을 통해 연상된다. 그리고 이 작품으로 얻은 명성으로 인해 가르시아 마르케스는 20세기의 주요 작가로 떠올랐을 뿐 아니라, 우리 시대를 대표하는 최고의 상징적 존재로 현대문학 속에 군림하고 있다. 하지만 그의 명성은 아직도 우리에게 생경한 '마술적 사실주의'의 작가, 혹은 환상과 현실을 적절히 배합한 우리의 현실과는 무관한 외국 작가로만 다가올 뿐이다.

가르시아 마르케스는 지금까지 한국 독자들에게 전혀 친숙하지 않은 라틴아메리카의 현실을 소설 속에서 융화시킨 작가로 기억 속에 남아 있으며, 또 그 이름은 우리 한국과는 전혀 무관한 작가로 알려져 있다. 다시 말하면, 한국에서 몇몇 비평가들이 가르시아 마르케스에 대해 이야기하고, 또 그에 관한 글을 썼지만 그의 소설 세계가 우리나라가 체험했던 쓰라린 한국전쟁이라는 역사적 사건과 긴밀히 연결되어 있다는 사실은 아직도 연구되고 있지 않은 실정이다. 이 글에서는 바로 가르시아 마르케스가 신문기자로 재직하던 1954년 12월에 발표한 한국전쟁에 참전했던 콜롬비아 병사들의 비참한 삶에 관한 기사와 더불어 그의 중편 대작으로 손꼽히는 『아무도 대령에게 편지하지 않다』(*El coronel no tiene quien le escriba*)[1]를 중심으로 그의 소설 세계를 조망하고자 한다.

1. 『아무도 대령에게 편지하지 않다』와 「한국에서 현실로」

가르시아 마르케스는 『백년의 고독』 이전에 쓴 자기의 모든 작품이 만족스럽지 못하며, 이전의 모든 소설들은 자기가 16년 전부터 쓰려고 계획했던 마콘도의 이야기를 쓰기 위한 준비 과정에 불과했다고 말한다(Apuleyo Mendoza, 1982: 67). 『백년의 고독』이 라틴아메리카를 비롯한 전 세계에서 성공을 거두며 호평을 받자, 비평가들은 그가 쓴 이전의 작품세계를 조망하면서 한결같이 『아무도 대령에게 편지하지 않다』의 진가를 재평가하고서 『백년의 고독』에 못지않은 중편 대작으로 손꼽는다.

1 본문에 인용된 가르시아 마르케스의 텍스트들은 다음과 같다. CTE, *El coronel no tiene quien le escriba*(Bogotá: Círculo de lectores, 1983); CAS, *Cien años de soledad*(Barcelona: Círculo de lectores, 1970); CR, *Crónicas y reportajes*(Bogotá: Oveja Negra, 1985); DTN, "Dos o tres cosas sobre la novela de la violencia", *Obra periodística Vol. 4: De Europa y América(1955~1960)*(Madrid: Bruguera, 1983), pp. 763~767; VC, 『이야기하기 위해 살다, 민음사, 2007. 이 텍스트들에서 인용된 페이지는 본문 중에 약자와 함께 괄호 안에 표기된다.

『아무도 대령에게 편지하지 않다』는 가르시아 마르케스가 파리에서 체류하고 있을 당시 『불행한 시간』(*La mala hora*)을 집필하는 과정 속에서 등장한 어느 에피소드로부터 유래한 소설이다. 이 작품은 모두 7장(章)으로 구성되어 있다. 장례식 광경에서 출발하여 완고했던 대령의 심경 변화를 보여주는 일련의 사건들—가령 새로운 변호사의 선임, 싸움닭의 판매—이 일어나지만, 이런 변화의 징조는 모두 수포로 돌아간다. 이 소설은 싸움닭이 대령 자신의 명예와 자존심의 상징이지만, 배고픔과 고통은 계속된다고 하면서 소설 최초의 상황을 재확인하면서 끝을 맺는다.

이 소설의 주요 주제는 소설 시작 부분부터 예시되어 있다. 커피가 얼마 남지 않았다는 것으로 시작되는 이 소설은 대령 부부의 가난한 상태를 보여준다. 그리고 곧 시작되는 지루한 겨울비는 대령 아내의 천식과 대령의 변비를 악화시킨다. 하지만 이 소설에서 본격적으로 등장하는 첫 사건은 트럼펫 연주자의 장례식인데, 이 광경은 두 사람이 죽은 아들을 회상하는 쓰라린 고통의 순간과 연결된다. 또한 대령은 트럼펫 연주자의 죽음이 마을에서 수년 간 처음으로 일어난 자연사라는 사실을 지적한다. 이러한 주제들은 50여 페이지가 조금 넘는 짧은 소설 속에서 계속 등장하면서, 콜롬비아에서 일어난 일련의 폭력 사태로 인해 야기된 어두운 현실을 암시한다.

이 소설은 무엇보다도 대령 부부의 고독과 배고픔을 유머를 통해 그린 가슴 아픈 이야기이다. 그는 일흔다섯 살이고 그의 아내도 거의 같은 나이라고 추정된다. 9개월 전에 군인들에 의해 사살된 그의 죽은 아들 아구스틴(Agustín)은 그들의 유일한 희망이었다. 그래서 대령의 아내는 "우리는 우리 아들의 고아예요"(CTE: 12)라고 생각에 잠기면서 말한다. 대령의 동지들은 모두 추방되었거나 죽었으며, 바로 이런 의미에서 이 소설의 제목은 대령의 고독과 빈 주머니를 의미하고 있다. 물론 대령이 기다리는 우편물은 50년 전에 정부가 약속했던 연금에 관한 허황된 소식이다.

가르시아 마르케스의 작품 중에서 『아무도 대령에게 편지하지 않다』에 등장하는 대령의 모습은 가장 인간적인 순수함을 드러내는 인물로 평가된다. 그는 점잖고 수줍으며 몽상적이자 순박한 참전용사로 그려져 있다. 그런 대령은 사바스(Sabas) 같은 장사치의 농간에 놀아날 수밖에 없는 사람이며, 싸움닭을 파는 과정에서 결국 절대로 안 팔겠다고 말할 수 있는 완고한 사람이다.

『아무도 대령에게 편지하지 않다』에 관한 대부분의 비평은 이 작품이 헤밍웨이적인 필체를 사용한다고 지적하면서, 루카치의 모델인 '타락한' 주인공과 그의 이상을 실현하는 과정 속에서 마주치는 세계와의 투쟁 관계로 해석한다. 분명히 『아무도 대령에게 편지하지 않다』의 중심인물인 대령은 정치적 탄압으로 타락한 사회와 그에 저항하는 인물—대령, 의사와 대령의 죽은 아들의 친구들— 사이의 충돌 관계를 보여주면서 문제를 제기하고 있음은 틀림없는 사실이다.

하지만 시민전쟁의 참전 군인으로서 문제적 인물로 등장하는 대령이 보여주는 완고함과 그의 이미지가 한국전쟁에 참여했던 콜롬비아 병사들이 겪은 고통과 밀접한 관계가 있다는 사실은 그동안 비평가들의 주목을 받지 못하다가 최근에 들어서야 비로소 연구가 진행되고 있다. 가르시아 마르케스가 항상 말해왔던 삶의 사랑으로 귀결되는 '인간적인 것'은 『아무도 대령에게 편지하지 않다』에서 나타나는 대령의 삶에 대한 굳은 신념으로 출발하는데, 이는 바로 한국전쟁에 참여했던 콜롬비아 병사들을 취재하면서 얻어진 이미지가 소설로 결정화되어 나타나는 것이다. 이런 대령의 이미지가 바로 그가 1954년 12월에 ≪엘 에스펙타도르≫(*El Espectador*)지에 게재했던 「한국에서 현실로」라는 글에 바탕을 두고 전개되어왔다는 사실은 가르시아 마르케스가 신문기자로 활동할 당시의 기사들과 그의 작품 간의 관계를 연구하는 프랑스의 비평가 자크 질라르(Jacques Gilard)[2]를 제외하고는 그리 언급되지 않은 것이 사실이다. 이는 아마도 가르시아 마르케스의 기사들이 그의 소설들에 비해 문학비평가들의 관심의 대상이 되지 못했던 이유와 더불어, 그의 기사 속에서 명확히 언급하고 있던 구체적 현실들이 소설 속에서는 아주 교묘히 위장되어 있는데 기인한다고 볼 수 있다.

가르시아 마르케스가 『아무도 대령에게 편지하지 않다』에서 다루는 주제들은 그가 기자로 활동할 당시에 썼던 하찮은 사건을 우화적이고 유머러스하게 다룬 여러 칼럼에서 아주 분명히 다루어지고 있다. 가르시아 마르케스는 지방 신문인 ≪세계≫(*El Universal*)와 ≪선구≫(*El Heraldo*)를 거쳐 보고타의 양대 일간지 중의 하나인 ≪엘 에스펙타도르≫지에 1953년 말부터 근무한다. 가르시아 마르케스는 1954년 2월부터 이 신문의 영화비평 칼럼과 「매일매일」(Día a día)이라는 조그만 칼럼을 쓰게 된다. 이러한 이유로 가르시아 마르케스는 그가 맡은 칼럼에 당시의 사회 · 정치적 현실 문제를 구체적으로 다룰 수 없었다. 이런 현실 문제는 그의 르포 기사에서 구체적으로 다루어지기 시작하는데, 이러한 기사는 영화평과 「매일매일」이라는 칼럼보다 더욱 직접적으로 독자들에게 충격을 주었던 것이다.

그의 기사는 대부분 1954년부터 1957년까지 군사 쿠데타를 통해 콜롬비아를 통치했던 구스타보 로하스 피니야(Gustavo Rojas Pinilla)의 권력에

---

2 이 비평가는 1981년과 1984년 사이에 스페인의 브루게라 출판사에서 가르시아 마르케스의 기사를 수록한 『기사 모음집』(*Obra periodística*)을 4권으로 출판했다. 그리고 한국전쟁 참전 용사와 『아무도 대령에게 편지하지 않다』와의 관계에 대해서는 Gilard, Jacques, "El tiempo, la muerte y la vida", in García Márquez, Gabriel, *El coronel no tiene quien le escriba*(Bogotá: Círculo de lectores, 1983), pp. v~xciii에서 다뤄지고 있다.

대한 비판적 텍스트이다. 이러한 그의 성향은 1954년 9월에 작성된 초코(Chocó)에 관한 인터뷰 기사와 톨리마(Tolima) 지방에서 정부 주도하에 다시 폭력 사태가 시작되었다는 기사를 출발로 시작된다. 한국전쟁에 참여했던 콜롬비아 병사들에 관한 기사도 바로 이러한 맥락 속에서 파악될 수 있다.

콜롬비아는 네 번에 걸쳐 각각 1,000여 명의 보병으로 구성된 지상 병력을 파견했으며, 한 번에 걸쳐 한 대의 프리깃함 '알미란테 파디야'로 이루어진 해상 병력을 파견했다. 1951년 6월에 제1콜롬비아 대대가 한국에 도착했으며, 1952년 7월에 제2콜롬비아 대대가 제1콜롬비아 대대를 대체했으며, 1952년 11월까지 한국에 주둔했다. 그리고 1952년 11월에 제3콜롬비아 대대와 임무를 교대했다. 그리고 제4콜롬비아 대대는 1953년 6월에 도착하여 1954년 10월까지 한국에 주둔했다. 가르시아 마르케스는 "참전용사 대부분이 한 번도 들어보지 못한 나라"(CR: 89)에 파견된 마지막 콜롬비아 병사들의 귀국을 취재하면서, 그 젊은이들이 정부의 희생양이 되었다는 것을 지적하고 있을 뿐 아니라, 이러한 참전용사들의 문제를 기회로 삼아 콜롬비아 현실을 냉엄하게 비판한다. 가르시아 마르케스는 한국에 파견된 많은 젊은이들이 한국의 전쟁보다도 더 열악한 폭력으로 찌들은 콜롬비아의 사회 상황에서 탈출하기 위해 자원했다고 지적한다.

> 콜롬비아 군대의 파견은 우리 국가 역사상 가장 힘든 시기에 이루어졌다. 농민들은 그들의 농토에서 쫓겨났다. 인구 과잉의 도시는 그들에게 어떤 희망도 제공하지 못하고 있었다. [……] 땅에서 쫓겨난 많은 농민들과 아무런 희망도 없었던 젊은이들에게 한국은 하나의 해결책이었다. 콜롬비아의 전쟁터와 콜롬비아의 도시에서 직장을 구하려는 단순하고도 평범한 시도는 모두 전쟁의 문제였다. 그래서 많은 청년들이 한국의 전쟁터를 택했던 것이었다. (CR: 98)

당시 콜롬비아의 폭력 문제는 가르시아 마르케스의 주요 관심사가 되는데, 그의 기자로서의 활동상을 보여주는 대표적인 글이 바로 한국전쟁에 참전한 병사들의 이야기를 다룬 「한국에서 현실로」이다. 이 글은 각각 1954년 12월 9일, 10일 그리고 11일자 ≪엘 에스펙타도르≫지에 게재된 후, 1976년에 『연대기와 신문기사들』(*Crónicas y reportajes*)에 재수록되었다.

2. 「한국에서 현실로」: 한국전쟁과 콜롬비아 병사들에 관한 이야기

1948년부터 1950년대 말까지 콜롬비아 정국을 혼란의 도가니 속으로 빠뜨린 '콜롬비아 폭력 사태' 기간 동안, 보수당의 지도자 라우레아노 고메스(Laureano Gómez)는 스페인의 독재자인 프란시스코 프랑코(Francisco Franco) 장군을 모델로 삼고, '스페인적인 것'에 대한 향수를 그들의 이데올로기로 삼고 있었다. 따라서 그가 1950년에 권력의 최고 책임자로 오르게 되자, 자유주의자들에 대해 강한 분노를 터뜨리면서 군사독재 체제의 억압과 버금가는 탄압 전쟁을 시작한다. 이 당시에 자유당원은 반란군이자 강도와 악한으로 취급되며, 이것은 후에 양당 사이의 증오심을 가중시킨 정책으로 변하게 된다. 고메스 체제에 반대하던 사람들은 대부분 자유당원이었으며, 그들은 공산주의의 몇몇 이데올로기를 채택하면서, 보수당원을 학살하고 또 보수당 마을을 방화하는 등 폭력으로 대항한다. '콜롬비아 폭력사태'라고 지칭되는 이 기간에 그는 외국 석유 기업에 상당한 특권을 부여하며, 한국전쟁에 4,000명에 달하는 군인을 파견한다. 이렇게 콜롬비아는 라틴아메리카 국가 중에서 한국전쟁에 참여한 유일한

국가가 된다.

이러한 관점에서 살펴볼 때 자유당원이었던 가르시아 마르케스가 1954년 12월에 콜롬비아로 귀국한 한국전쟁 참전용사들에 관해 쓴 3편의 기사는 보수당 정부의 폭력과 군사독재 체제에 대한 정치 고발적 성격을 띠고 있을 것이라고 익히 짐작할 수 있다. 이 기사들은 정부에 대해 아주 가혹한 비판적 내용을 담고 있지만, 매우 교묘한 방법으로 작성되어 있다. 가르시아 마르케스의 여러 기사 중에서도 특히 「한국에서 현실로」란 시리즈에서 다루고 있는 주제가 관심을 끄는 이유는 그것이 『아무도 대령에게 편지하지 않다』를 비롯하여 다른 소설과 명확한 상호관계를 형성하고 있기 때문이다. 이 두 텍스트 사이에는 상호 영향을 받았다는 흔적을 쉽게 찾아볼 수 있다. 따라서 모든 희망과 의욕을 상실한 참전용사들에 관한 그 기사는 『아무도 대령에게 편지하지 않다』의 계획과 밀접한 관련을 맺고 있다.

1954년 12월에 출판된 가르시아 마르케스의 「한국에서 현실로」라는 제목의 글에는 세 편의 기사가 수록되어 있다. 이 세 편의 기사는 「평화의 희생자들, 참전용사들」, 「훈장을 저당 잡힌 영웅」, 「각각의 참전용사들, 고독의 문제」이다. 하지만 이 기사는 이미 1954년 2월부터 계획되어 있었다. 그것은 그 해 2월 20일자 ≪엘 에스펙타도르≫지의 「매일매일」이란 칼럼에 가르시아 마르케스의 글로 보이는 기사가 출판되었기 때문이다. 이 기사의 제목은 「영웅들도 먹어야 산다」였다. 이 글은 가난이 극에 달해 훈장까지도 저당 잡혀야만 했던 한국전쟁 참전용사들을 다루고 있다. 이 간략한 기사는 보다 광범위하게 12월에 「한국에서 현실로」란 취재 기사 시리즈로 다루어질 것이라면서 끝맺고 있다.

「영웅들도 먹어야 산다」는 짧지만 정확한 자료를 찾아 분석한 아주 심도 있는 취재 기사였다. 하지만 동시에 참전용사들이 조합을 결성하여 정부에 압력을 가해야 한다는 선동적인 글이기도 했다. 정치 · 경제적으로 황폐했던 이 기간의 콜롬비아 상황에서 가르시아 마르케스는 『아무도 대령에게 편지하지 않다』의 기본적인 주제인 고독과 연대감의 문제를 전개시키고 있었던 것이다. 이 작품에서 변호사가 실망에 빠진 대령에게 하는 말처럼, 가르시아 마르케스는 그의 기사에서 "뭉치는 것만이 힘을 준다"(CTE: 26)라고 주장한다. 「영웅들도 먹어야 산다」라는 이 짧은 기사는 참전용사들의 주제가 이미 1954년 2월에 가르시아 마르케스의 머릿속에 구상되고 있었음을 보여주는 글이다. 그리고 정치적 의미가 짙게 깔린 한국전쟁 참전용사들의 이미지는 20세기 초에 일어났던 콜롬비아 시민전쟁의 참전용사들과 서로 교차되며 소설화되고 있는 것이다.[3]

1) 「평화의 희생자들, 참전용사들」: 참전용사들과 연금 문제

첫 번째 기사인 「평화의 희생자들, 참전용사들」이란 기사는 '전선에서의 한가로운 생활, 쓸모없는 전쟁의 첫 희생자들, 영광과 직업문제'란 소제목으로 출발한다. 가르시아 마르케스는 참전용사란 단어는 내전 이후 거의 쓰이지 않았었는데, 이 말은 콜롬비아 최초의 파견부대가 귀국한 지 며칠 되지 않아 유행어가 되었다고 이 기사에서 지적한다. 참전용사란 말은 『아무도 대령에게 편지하지 않다』를 비롯해 『백년의 고독』에서도 아우렐리아노 부엔디아 대령의 32번의 봉기를 통해 소설 속에서 구체화된다.

3 가르시아 마르케스가 중요성을 부과하고 있는 고독과 연대감의 문제는 1952년에 출판된 「기적과도 같아 보이는 것」이라는 글에서도 예시된다. 이 기사는 집단적 저항의 중요성을 제시하고 있으며, 또한 이러한 주제가 미학적으로 다루어질 수 있다는 가능성을 제시하고 있다. 그리고 「한국에서 현실로」라는 기사 시리즈는 연대감의 문제를 보다 구체적으로 설정하고 있는데, 이런 문제는 1955년에 2월에 출판된 「움베르토 D」라는 영화평에서 결정적으로 다루어지고 있다. 또한 이 글은 연대감이라는 주제가 소설적으로 다루어질 것이라는 생각을 아주 정확하고 발전된 형태로 전개하고 있다.

이 글에서 언급하고 있는 참전용사들은 1951년에 한국으로 파견되었던 제1콜롬비아 대대의 병사들인데, 이들은 "한국에서 돌아오면 장학금, 평생연금과 미국에서 거주할 수 있는 편의 등을 제공받을 것이라는 떠다니는 소식"(CR: 90)을 듣고 전쟁에 참여한 사람들이었다. 대부분의 병사들은 이런 환상을 갖고 전쟁에 자원했던 것이었다. 그들의 얽힌 인생 이야기를 다루면서 가르시아 마르케스는 자기가 쓴 기사를 다음과 같이 평가한다.

> 역사가들은 한국전쟁 이야기를 쓰기 위한 아주 훌륭한 문학적 소재들을 발견했다. 하지만 이 기사는 병사들이 말한 것보다 훨씬 더 흥미롭고 인간적인 것이다. 이는 병사들이 태어난 집과 지구 정반대 쪽에 위치한 곳에서 위험을 무릅쓴 채 전쟁터를 활보했던 병사들이 지금은 평범한 콜롬비아 시민으로 돌아왔고, 이런 그들의 삶은 여러 가지 면에 있어서 가끔은 환상적인 꿈과 같았고, 또 가끔은 악몽과도 같았기 때문이다. (CR: 90)

콜롬비아에서 가난에 시달리고 있던 병사들은 전쟁터에서 비누 · 치약 · 음식 등의 생활필수품을 풍족하게 공급받았으며, 배불리 음식을 먹을 수 있었다. 그래서 한국에 도착한 후 3개월 동안 전쟁이 그들의 모든 경제적 문제를 해결해줄 수 있다고 믿으면서 전쟁을 무조건 사랑하게 되었던 것이다. 하지만 이런 환상적인 삶은 콜롬비아의 독립기념일인 1951년 8월 7일에 콜롬비아 병사들이 처음으로 전쟁의 참맛을 보게 되면서 악몽으로 변한다. 하지만 정말 환상적으로 하늘이 무너져 내리는 것 같은 치열한 전쟁 가운데에서도 트럭으로 음식들이 수송되어왔던 것이다. 한 병사는 "항상 그 음식들은 차가웠다"(CR: 92)라고 말했지만, 양과 질에 있어서는 아주 훌륭했다고 지적한다. 미국식 음식 체제에 맞추어진 아침식

사는 병사들이 콜롬비아에서 먹던 점심보다 훨씬 더 나았던 것이다.

첫 번째 격전이 벌어진 지 한 달 후, 금성지구 전투에서 첫 번째 콜롬비아 희생자가 나온다. 이곳에서 처음으로 세 명이 전사하는데, 병사들은 도시를 점거하는 것도 아니라, 보잘것없는 언덕 하나를 점령하기 위해 목숨을 건 전투를 벌이는 이 전쟁을 쓸모없는 것이라고 생각하고 있었다. 하지만 이 전투에 참가했던 모든 병사들은 미8군 사령관인 제임스 반 플리트(James A. Van Fleet) 장군의 격찬을 받게 된다. 이는 콜롬비아 병사들이 전혀 이해할 수 없는 것 중의 하나였다. 이런 전투 이외에도 한국에 있는 동안 모든 병사들은 요코하마에서 적어도 5일간의 휴가를 보낼 수 있는 기회를 가졌다. 대다수의 병사들은 매달 지급되는 39.5달러의 월급을 수령하지 않고 모아놓고 있다가, 휴가를 떠날 때 그동안의 월급을 한꺼번에 받았는데, 그들이 5일간 요코하마에서 쓰는 돈은 콜롬비아에서 6개월간 풍족히 살고도 남을 만한 돈이었다. 콜롬비아 병사들은 돈을 헤프게 쓰는 콜롬비아의 전통 때문에 일본 여인들의 환대를 받게 된다.

가르시아 마르케스는 콜롬비아 병사들의 한국에서의 삶을 이렇게 요약한다.

> 한국에서 콜롬비아 병사들은 산타클로스가 운전하는 것 같은 트럭으로 아주 맛있고 풍부한 음식이 도착할 수 있다는 것을 알았다. 그리고 일본의 도시들에서는 영웅처럼 인사를 받는 법도 배웠고, 가장 높은 외국 군인이 자기 휘하에 콜롬비아 병사들을 데리고 있다는 것을 자랑스럽게 여긴다고 말하는 것도 들었다. (CR: 93)

즉, 콜롬비아 병사들은 극동의 이름도 모르는 한 지역에서 훈장을 받은 영웅들이었을 뿐만 아니라, 경제적으로도 자립할 수 있는 영웅이었던 것이다. 그리고 생활필수품이 하늘에서 마구 쏟아지는 것은 전통적인 영웅에게나 일어나는 일이라고 생각했지만, 그런 일이 그들에게도 실제로 일어났던 것이다.

하지만 콜롬비아로 돌아오자, 그들은 한국에서 있었다는 이유만으로 그들을 학대하는 참혹한 현실에 직면하게 된다. 그리고 그들이 한국에 가기 전에 들었던 장학금, 평생 연금, 미국에서 거주할 수 있는 편의 제공 등은 어디에서 나왔는지 알 수 없는 환상적인 고안품으로 변한다. 이 대목은 바로 『아무도 대령에게 편지하지 않다』에서 가르시아 마르케스가 정부가 약속하지만 결코 이행하지 않았던 연금 문제를 다루고 있는 내용과 긴밀한 연관관계가 있는 곳이다.[4] 이 소설에서 그는 "정부가 200명의 혁명군 장교들에게 여비 보조와 보상금을 약속한 네에를란디아(Neerlandia) 조약이 체결된 다음날부터 그 이야기(연금 지급)를 듣기 시작했다. 네에를란디아의 거대한 판야나무 주위에 주둔한 채, 대부분 학교에서 도망쳐나온 청년들로 구성된 혁명군은 3개월을 기다렸다. 그러고 나서 각자가 자기 돈으로 집으로 돌아왔고, 고향에서도 계속 기다렸던 것이다. 거의 60년 동안 대령은 그 편지(연금 수급 편지)를 기다리고 있었다" (CTE: 26~27)라고 서술하고 있다. 이와 같이 한국전쟁에 참전했던 병사들의 문제는 『아무도 대령에게 편지하지 않다』를 처음부터 끝까지 이끌어 나가는 연금 문제를 형상화하는 데 큰 영향을 준 것으로 보인다.

가르시아 마르케스는 콜롬비아에서 직면해야만 했던 그들의 상황을

4 가르시아 마르케스는 후에 그의 자서전인 『이야기하기 위해 살다』에서 "그 국가적 드라마로 인해 나는 역전의 용사들에게 지급되기로 한 연금을 한없이 기다리던 외할아버지 마르케스 대령을 기억하지 않을 수 없었다. 나는 그런 인색한 정책이 헤게모니를 잡고 있던 보수파에 대항하여 피비린내 나는 전쟁에 참여한 반란군 대령에 대한 보복이라고까지 생각하기에 이르렀었다"(VC: 683)라고 술회한다.

"그들은 한국에서 돌아오자 얼마 안 되어 제대를 하게 되었고, 정부에서 제공한 사복을 입은 병사들은 한 주머니에는 훈장을, 또 다른 한 주머니에는 한국에서 벌고 남은 마지막 남은 달러와 일본 여자친구의 사진을 넣었다. 그리고 마지막으로 바지에 있는 두 주머니는 손을 넣기 위한 것에 불과했다"(CR: 93)라고 신랄한 어조로 쓰고 있다. 즉, 그들의 삶은 하룻밤 사이에 완전히 바뀌었으며, 그들은 모두 정신이상자라는 소문이 콜롬비아 내에서 확산되면서 일자리도 얻을 수 없게 되었던 것이다.

2) 「훈장을 저당 잡힌 영웅」: 참전용사들의 명예와 현실

「훈장을 저당 잡힌 영웅」은 1954년 2월 19일 콜롬비아의 내륙지방인 아르메니아(Armenia)에서 한국전 참전용사가 훈장을 저당 잡혔다는 기사가 발표되었다는 것으로 시작한다. 이 기사를 출발점으로 가르시아 마르케스는 참전용사들이 평범한 시민으로 돌아왔지만, 물질적으로 어떻게 삶을 꾸려나가야 할지 몰라 영웅적인 면류관과 훈장을 저당 잡힐 수밖에 없었던 비참한 상황을 서술한다. 이 상황은 참전용사들의 명예와 현실적인 삶 사이의 투쟁을 그리고 있는 대표적인 예이다. 『아무도 대령에게 편지하지 않다』에서 이러한 투쟁은 굶는 가운데에서도 대령이 아들의 유산이자 정부 체제에 반대하는 사람들의 의지의 상징인 싸움닭을 파는 것을 거부하는 장면에서 극대화된다.

참전용사들의 대부분은 직장을 구하지 못한 채, 콜롬비아 사회에 적응하지 못하고 극적인 삶을 살아가야만 했었다. 더군다나 참전용사들을 죄인 취급하는 사회적 편견에 시달려야만 했다. 이러한 편견은 죄를 짓고 경찰에 끌려가던 중 도주하다가 사살된 한 죄수와 또 한국에서 서른 명 이상을 죽였다고 호언장담하면서 보고타 거리에서 열 명 정도는 손쉽게 죽일 수 있다고 큰소리치는 또 다른 죄수가 한국전 참전용사였다는 사실이 신문에 대서특필되면서 형성된 것이었다. 하지만 가르시아 마르케스는 이러한 사회적 편견이 잘못된 인식에서 비롯된 것이며, 위의 두 죄수들은 그들이 부산에 도착했을 때 이미 휴전협정이 체결된 후였으므로 결코 한국전쟁터에 배치된 적이 없었다는 점을 지적한다.[5] 그리고 위의 두 사건이 각 주요 일간신문의 사회면 특종으로 보도되면서 콜롬비아 사회가 한국전 참전용사들을 위험한 인물로 간주하게 되었다고 말한다. 또한 정말로 전쟁에 직접 참여하였던 몇몇 용사들은 아무 죄 없이 살해된 경우도 있다고 밝힌다. 그 중의 한 명은 음반 한 장 때문에 말다툼을 벌이다가 칼에 찔려 희생되면서 "난 한국에서도 죽지 않았는데, 이곳 보고타에서 죽어"(CR: 97)라고 말했다는 것을 상기한다. 한국전 참전병사들의 일부는 전쟁에 익숙해져 있고, 또 다른 일부는 인생의 실패에 좌절감을 느끼면서 사회 문제를 야기한 것처럼 보이지만, 이는 어찌 보면 콜롬비아 사회가 참전용사들에 대해 적대감을 품고 있었기에 생긴 희생자들이라는 것이다. 즉, 콜롬비아 사회가 그들이 전쟁에 있었다는 사실만으로 모든 참전용사들을 동일한 잣대로 재서 그들을 정신병자라고 말하는 경솔함을 범했다는 것이다. 이러한 참전용사들의 사회적 소외 현상은 가르시아 마르케스의 작품에서 시민전쟁 참전용사들이 타락한 사회 속에 물들은 마을 사람들과 융합하지 못한 채 고독하게 지내는 것으로 형상화된다.

또한 이 글에서 가르시아 마르케스는 그해 11월 26일에는 한국에서 희생된 참전용사들이 잿더미로 변해 도착한 것을 언급한다. 그 희생자 중의 한 할머니는 동냥으로 간신히 목숨을 부지하는 비참한 상황 속에서 살고 있었는데, 그의 아들이 그녀에게 남겨준 것은 사후에 받은 훈장뿐이었다

5 가르시아 마르케스는 이런 사람들의 대다수가 콜롬비아식 마치스모의 희생자이기도 했다고 지적한다(VC: 683).

고 쓰고 있다. 이러한 것은 『아무도 대령에게 편지하지 않다』에서 대령 부부와 아들의 유산인 싸움닭과의 관계를 보여줄 뿐만 아니라, 명예와 현실 간의 차이점을 드러내는 "환상으로 먹고사는 것은 아니에요"(CTE: 46)라는 대령 아내의 말을 기억하게 하는 대목이다. 가르시아 마르케스는 콜롬비아 사회에서 참전용사들의 비참한 상황을 볼 때, 한 병사의 굳은 의지의 상징인 훈장을 저당 잡히는 것은 지극히 인간적인 현상이라면서 이 기사를 마친다.

3) 「각각의 참전용사들, 고독의 문제」: 고독과 연대감의 문제

「각각의 참전용사들, 고독의 문제」라는 기사에서 가르시아 마르케스는 '참전용사들'이란 말은 실제로 전선에 있었던 사람, 단순히 한국에 있었던 사람, 전쟁에서 부상당한 사람과 사망한 사람, 그리고 그 가족을 일컫는 말로 확산된다고 지적한다. 그리고 이런 사람들 모두를 정신이상자로 간주하는 것이 얼마나 과학적 근거가 없는 주장인가를 보여준다. 이렇게 이 기사는 모든 참전용사들이 사회에 적응할 수 없으며, 성격과 건강 문제도 있다는, 사회에 팽배한 주장이 얼마나 불합리하고 부당한 것인지를 고발한다. 이런 내용은 시민전쟁에 참가했던 작중인물인 대령이 왜 마을 사람들로부터 고립되어 사는지 설명할 수 있다. 또한 이러한 참전용사들의 이미지는 후에 『백년의 고독』에서 아우렐리아노 부엔디아 대령과 아우렐리아노라는 이름을 가진 작중인물들이 세상과 결별하고 고독 속에 침잠하는 것으로 발전된다.

마지막으로 가르시아 마르케스는 이 기사를 통해 사회적으로 고립된 고독한 참전용사들의 이익을 대변할 수 있는 공동 조직이 필요하다는 말로 끝을 맺는다. 이 점에 관해 가르시아 마르케스는 이렇게 말한다. "문제 해결책은 프롤레타리아가 직접 권력을 잡는 것이 아니라 힘없는 자들이 지배 계층에 맞서 일종의 연대를 하는 것이라고 생각한다고 말했다. 그날 (비에이라의) 방문을 통해 내가 얻은 행운이라고 한다면, 당시 국내에서 발생하고 있던 문제를 명쾌하게 이해한 것뿐만이 아니라 그 문제를 잘 이해하기 위한 방법론을 얻은 것이었다"(VC: 681).

이 기사는 이후 가르시아 마르케스가 자신의 소설 속에서 형상화하는 고독/연대감의 문제를 처음으로 명시적으로 드러내는 글이다. 이러한 내용은 『아무도 대령에게 편지하지 않다』에서 "뭉치는 것만이 힘을 줍니다"(CTE: 26)라는 대령의 변호사의 말을 떠올리게 만드는 대목이다. 그리고 그들의 연금 문제는 정부의 자선에 의한 것이 아니라 당연히 받아야 하는 대우라고 갈파한다.

> "이건 동냥하는 것이 아니오."라고 대령은 말했다. "이건 우리에게 호의를 베풀어달라는 말이 아니오. 우리는 공화국을 구하기 위해 분골쇄신했단 말이요." (CTE: 26)

이 세 편의 기사를 통해 볼 때 한국전쟁에 참여했던 참전용사들에 관한 글은 『아무도 대령에게 편지하지 않다』를 비롯하여, 그 이후에 전개되는 가르시아 마르케스의 소설세계에 나타나는 참전용사들의 고독, 그들의 가난, 정부의 헛된 공약으로 판명되는 연금 문제를 출발점으로 삼아 정치권력의 비판으로 나아가는 데 커다란 역할을 수행하고 있음을 알 수 있다.

3.『아무도 대령에게 편지하지 않다』: 참전용사 문제의 소설적 형상화

가르시아 마르케스의 기사에서는 참전용사들의 운명과 관계되어 고독/연대감의 주제와 작가의 정치적 참여란 두 요소가 아주 밀접하게 얽혀 있다는 것이 발견된다. 이 두 요소는 현실 비판인 동시에 그의 가슴 깊숙이 자리 잡고 있던 강박관념의 표현이었던 것이다. 이와 같이『아무도 대령에게 편지하지 않다』와 참전용사들을 다룬 기사와의 관계는 단순한 정치적 관점의 표출이 아니라, 그런 정치적 초점이 보다 심도 있게 문학적으로 형상화될 수 있음을 보여주는 대표적인 작품이다.

분명한 것은『아무도 대령에게 편지하지 않다』도 신문기사와 마찬가지로 '콜롬비아 폭력 사태' 시기의 보수당 정부와 군사독재자인 구스타보 로하스 피니야에 관한 고발이라는 점이다. 물론 고발의 효용성은 이것이 소설이냐, 아니면 신문기사냐라는 것에 따라 변할 수 있다.「한국에서 현실로」란 신문기사는 기성 권력의 이미지를 손상시키는 데 공헌했으며, 또한 권력의 모순점을 심화시키는 데 성공했다. 하지만 소설은 신문기사와는 다른 역할을 수행하며, 다른 목적을 위해 씌어져야 한다. 비록 가르시아 마르케스가 1959년에 쓴 바와 같이 "정치적 내용은 어쩔 수 없이 시기를 막론하고 존재하며"(DTN: 767), "정치 투쟁에 중립적 입장을 지켜서는 안 되는 강력한 무기"(DTN: 763)이라는 면에서는 동일할지라도, 분명히 소설과 신문기사는 다른 것이다. 그러나 1958년에 ≪신화≫(*Mito*)지에『아무도 대령에게 편지하지 않다』가 처음으로 출판되었을 때는 군사독재가 이미 현실이 아니라 과거의 기억으로 남아 있었다는 것은 분명하다. 이런 점에서 이 소설은 작품을 쓰게 했던 여러 동기를 비롯하여 당시의 정치 상황을 초월한 작품이며, 이러한 정치적 소재는 작품 속에 암묵적으로 용해되어 있다고 말할 수 있다.

「한국에서 현실로」부터 『아무도 대령에게 편지하지 않다』로 발전되는 가르시아 마르케스 소설의 정치성은 참전용사의 기사를 쓰고 나서 5년 후에 발표한 「폭력 소설에 관한 두세 가지 단상」에서 아주 명확히 다루어지고 있다. 이 글은 1959년 10월 9일에 보고타에서 로페스 미켈센(López Michelsen)이 주도하는 자유당 운동 기관지인 ≪거리≫(*La Calle*)에 처음으로 출판되었고, 베네수엘라에서 발행되는 ≪합동 토론≫(*Tabla Redonda*)지에 재수록 되었으며, 이후 자크 질라르가 편집한 『기사 모음집 4권』(*Obra periodística Vol. 4*)에 다시 수록되었다. 이 글은 가르시아 마르케스가 폭력 문학이란 주제에 관해 비교적 분량 있게 쓴 최초이자 마지막 글이다. 그는 폭력 현실에 관해 쓴 작가들의 의지를 높이 평가하면서도, 이들의 소설은 소설적이라기보다는 오히려 증언 차원에 머무르고 있으며, 따라서 이런 소설들의 문학성은 형편없다고 단정 짓는다. 그는 문학이 정치 고발이나 사회참여가 되어야 한다는 생각은 잘못된 것이라고 지적하면서, 폭력에 관해 쓴 작가들이 소설을 잘 써야 한다는 문제를 도외시했을 뿐만 아니라, 글쓰기의 초보적 단계도 극복하지 못했다고 신랄하게 비판하고 있다. 즉, 가르시아 마르케스는 폭력 문학 작가들이 자신들을 작가라고 믿었지만, 실상은 그렇지 않았다고 말하고 있다.

가르시아 마르케스는 폭력소설 작가들의 가장 큰 실수는 가장 근본적인 주제로 생존자들의 드라마에 관해 걱정을 하는 대신, 범죄 사실을 이야기하고 죽은 사람들을 열거하는 데 있다고 지적한다. 그는 "불쌍하게 죽은 사람들은 단지 매장되기 위해 이용될 뿐이며 기록의 합리화 이외에는 아무것도 아니다"(DTN: 765)라고 쓰면서, 그런 것은 진정한 문학의 중심 소재가 될 수 없다고 주장한다. 그런 후에 가르시아 마르케스는 가장 많은 문학적 가능성을 제시하는 작품이라고 생각하는 것으로 카뮈의 소설 『페스트』를 들면서 폭력소설의 모델로 제안한다. 그러면서 카뮈의 소설에서 "드라마는 공동묘지라는 위장된 문으로 도망치는 것이 아니라, 페스트에 의해 포위된 도시의 도망칠 수도 없이 푹푹 찌는 침실에서 식은 땀을 흘리며 살아 있는 사람들"(DTN: 767)로 집약되어 있다고 밝힌다. 이렇게 가르시아 마르케스는 피비린내 나는 폭력 현실에 관심이 있는 것이 아니라, 생존자들의 행위와 그들의 활력에 관심이 있었던 것이다.

『아무도 대령에게 편지하지 않다』에서 가르시아 마르케스는 한국전쟁에서 죽은 병사들을 대상으로 서술을 전개하는 것이 아니라, 콜롬비아로 돌아와 처절한 삶을 살아야 했던 참전용사들의 현실을 카뮈의 소설과 접목시킨다. 이것은 정부에 반대하는 사람들의 끝없는 저항과 굳은 희망, 그리고 삶에의 집착 및 그들의 패배를 인정하지 않으려는 의지 등을 중심으로 전개된다. 바로 『아무도 대령에게 편지하지 않다』에서 지배적 요소로 등장하는 '싸움닭'은 상징적으로 이러한 모든 요소를 포함한다.

따라서 한국전쟁에 관한 그리 길지 않은 기사는 가르시아 마르케스가 후에 본격적으로 다룰 소설 주제를 예언하고 있다고 말할 수 있다. 즉, 「한국에서 현실로」는 「폭력소설에 관한 두세 가지 단상」에 관한 글뿐만 아니라, 나중에 본격화될 모든 사회 비판적인 기사와 소설세계를 예시하고 있는 것이다. 이와 같이 「한국에서 현실로」라는 기사는 가르시아 마르케스가 『아무도 대령에게 편지하지 않다』를 기점으로 새로운 소설 창작 단계로 나아가는 데 중추적인 역할을 했음이 분명하다. 가르시아 마르케스는 콜롬비아 참전용사들의 비참한 상황을 콜롬비아 내전(1899~1902)과 '콜롬비아 폭력 사태'의 사회 · 정치적 상황을 간접적으로 소설 속에 흡수하는 과정에서, 자신의 작품세계를 결정짓는 여러 요인과 주제를 등장시키게 된다. 이 주제는 바로 연금과 싸움닭으로 상징되는 명예와 '똥'을 바탕으로 전개되는 대령의 이상과 현실 사이의 투쟁으로 나타난다.

한국전 참전용사들이 들었던 연금에 관한 '근거 없는' 소문은 이 소설에서 대령이 매주 금요일 도착하는 우편선에서 자기의 연금에 관한 편지가 오는 것을 기다리는 내용과 밀접한 연관이 있다. 그는 십오 년 동안이나 이 편지를 기다리고 있으며, 이 기다림은 대령의 생애에 있어 아주 중요한 역할을 담당하고 있다. 그는 정부의 연금 약속이 거짓인지 알면서도 굴복하지 않고 꿋꿋이 이 편지를 기다린다. 이런 그의 삶은 바로 기나긴 기다림의 연속으로 점철되어 있다. 『아무도 대령에게 편지하지 않다』에서의 이러한 사건, 즉 전쟁에서 살아남은 늙은 참전용사들의 비극과 정부가 약속한 오지도 않는 연금을 기다리면서 살아가는 그들의 모습은 후에 『백년의 고독』에서 더욱 명확히 설명된다. 이 소설에서 "가장 명예스런 사람들은 아직도 사람들의 동냥을 빌어먹는 어두움 속에서 배고파 죽고, 화가 나 죽을 지경이며, 영광이라는 아주 맛있는 똥 속에서 늙어 썩어문드러지면서 아직까지도 편지를 기다리고 있다"(CAS: 208)라고 서술하고 있다.

『아무도 대령에게 편지하지 않다』에서 대령은 십오 년 동안이나 편지만을 기다리던 끝에, 먹고사는 일이 눈앞의 문제로 다가오자 거실에 있는 시계를 사십 페소에 저당 잡히려고 생각한다. 하지만 마침내 그는 이 저당도 어려워지자 싸움닭을 팔려고 생각한다. 처음에 사바스는 이 싸움닭을 팔기 위한 동기를 제공하기 위해 900페소라는 매우 높은 가격을 쳐주겠다고 제안한다. 하지만 대령이 집으로 돌아와 정작 싸움닭을 팔려고 결심하자, 사바스는 이 싸움닭이 400페소밖에는 나가지 않는다고 말한다. 그리고 마침내는 60페소를 선불하고 나머지 돈은 최종 결정이 날 때까지 연기하려고 한다. 이처럼 믿을 수 없을 정도까지 가격을 내려 사려는 속임수와 농락은 바로 전당포 사람들의 일반적인 술수이며 타락한 사회의 상징이고, 이는 대령의 순진성과는 반대되는 요소로써 그려져 있다. 이런 대령의 순진성은 현실을 모르는 참전용사들의 순진한 이미지와 일치한다.

싸움닭은 대령의 아내에게는 "돈 많이 드는 환상"(CTE: 11)이지만, 이 작품이 진행됨에 따라 마을에서 정치적 저항의 상징이 됨과 동시에, 한국전쟁에 참여했던 참전용사들의 훈장과 마찬가지로 대령의 마지막 남은 불굴의 의지와 그의 이상을 나타내고 있다. 이와 같은 상징을 통해 가르시아 마르케스는 정치적 입씨름만을 일삼는 소설가들과는 달리, 이 소설을 역동적인 사회적 콘텍스트 내에 위치시키면서 자신의 뛰어난 창작 능력을 한껏 발휘한다. 하지만 이런 사회적 상황은 소설 속에서 명시적으로 드러나는 것이 아니라, 소설 끝까지 아주 잠재적으로 형상화되면서, 소설 외적 콘텍스트가 중심 주제로 다루어지는 종래의 고발 문학적 폭력소설의 성격을 완전히 탈피한다. 또한 부차적 주제로 통행금지, 계엄 상태, 비밀결사 조직, 정치적 탄압(사바스만이 정치적 박해로부터 도망 나와 그 마을에서 살고 있는 자유당 지도자 중의 유일한 사람임), 대령과 함께 전쟁에 참여한 옛 동지들의 소외를 다룬다. 이 중에서도 참전용사들의 소외는 바로 암묵적으로 그들을 저주하는 강압적인 체제하에서 아무것도 알지 못한 채 배고파 죽어야 하는 사람들의 것이다.

> "난 지쳤어요"라고 아내가 말했다. "남자들은 집안 문제는 전혀 알지 못해요. 난 몇 번씩이나 며칠 동안 냄비에 끓일 음식이 없다는 것을 이웃 사람들에게 모르게 하기 위해 돌멩이를 끓여야만 했어요."
>
> 대령은 그 말에 몹시 자존심이 상했다
>
> "그건 정말로 모욕적인 일이군"이라고 말했다. [……]
>
> "명예가 밥 먹여주는 것이 아니란 것을 당신은 알아야 해요." (CTE: 49)

이런 현실과 이상 사이의 갈등은 '똥'이라는 말로 매듭 된다. 소설 마지막 장면에서 싸움닭을 팔려고 하는 것에 끈질기게 반대하는 대령에게 그의 아내는 "그동안 그러면 우리는 무엇을 먹고살죠?" (CTE: 72)라는 질문을 한다. 이 질문은 바로 대령의 존엄성과 현실과의 괴리를 구성하는 핵심적인 요소이다. 이러한 질문에 대령은 과감하게 '똥'이라고 대답한다.

> 그 순간에 도달하기 위해 대령은 65년이란 세월이 필요했다. 그건 일분일초가 쌓여진 그의 65년 인생이었다. 바로 대답을 하는 그 순간에, 그는 아주 순수하고 명확하며 그 누구에게도 굴복하지 않는 사람처럼 느껴졌다.
>
> "똥." (CTE: 72)

이 대답은 화자에 의해 아주 잘 계산되고 준비된 것 같은 인상을 준다. 이로 인해 이 대답은 우연한 것이 아니라 바로 이 소설의 목적을 요약하고 결론짓는 말이 된다. 먹고사는 것의 문제가 중심인물들의 기본적인 강박관념인 것과 마찬가지로, 똥은 이 소설을 이해하는 데 아주 중요한 열쇠이다. 이는 한 참전용사가 자기 명예의 상징인 훈장을 저당 잡힌 것과는 달리, 대령은 기존의 타락한 사회를 '똥'이라고 규정하면서, 고독 속에서 자신의 명예를 지키겠다는 불굴의 의지를 보여준다. 다시 말하면, 대령의 대답은 지난 과거의 고통과 불확실한 미래에 대한 관점에 쐐기를 박는 말이며, 바로 가르시아 마르케스가 말하는 '인간애의 새로운 희망'을 제시하는 말이다. 즉, 이러한 대령의 존엄성은 『족장의 가을』에서 나타나는 쇠똥과 새똥 사이에서 살아가면서 똥의 즐거움을 만끽하는 족장의 이미지와는 크게 대별되는 말이다.

4. 가르시아 마르케스 작품의 새로운 해석을 향해

지금까지 살펴본 대로 1954년 12월에 출판되었던 한국전쟁 참전용사들에 관한 가르시아 마르케스의 기사는 1961년에 출간된 『아무도 대령에게 편지하지 않다』의 중심 사상을 형성하는 데 커다란 영향을 미친 글임을 알 수 있다. 또한 이 작품은 1967년에 출판되어 전세계적으로 높은 평가를 받은 『백년의 고독』과도 밀접한 관련을 맺고 있다는 사실을 상기할 때, 한국전쟁 참전용사의 이미지는 정치적 소재를 암시적으로 사용하는 가르시아 마르케스의 작품세계 전반에 영향을 끼친 중요한 요소를 이루고 있다는 것을 알 수 있다. 이렇듯 "화물차 지붕까지 빽빽이 들어찬 채, 더위에 질식해 죽을 것 같은 남자들과 여자들, 그리고 동물들이 가득 찬 누렇고 먼지에 휩싸인 기차"(CTE: 50)의 이미지를 보이는 한국전쟁은 우리나라의 작가들뿐만 아니라 가르시아 마르케스처럼 우리나라와 대척점에 있는 작가에게까지 소설적 재료로 쓰이고 있는 것이다.

이와 더불어 참전용사들의 삶은 가르시아 마르케스의 소설 속에서 인간적으로 그려져 있으며, 또한 우리의 무감각한 감수성을 일깨워주고 있다. 이런 가르시아 마르케스의 성향은 로잘린드 크라우스가 데리다, 바르트 등을 "사랑이나 돈, 혹은 6월 군주제"(Krauss, 1980: 37) 같은 것을 다루지 않는 진정한 우리 시대의 작가라고 말한 것과는 커다란 거리가 있음을 알 수 있다. 즉, 참전용사와 작중인물들의 삶이 사랑으로 형상화되는 과정을 통해 가르시아 마르케스는 인간적인 관심사를 전달하는 소설을 시대착오적인 것으로 규정하는 현대의 포스트모더니즘 소설계에 새로운 지평을 열어주고 있는 것이며, 이런 의미에서 가르시아 마르케스의 문학세계에 큰 역할을 수행한 「한국에서 현실로」는 영원히 잊히지 않을 기사라고 평가할 수 있는 것이다.

제2장
『불모고지』와 콜롬비아 한국전쟁 참전용사의 상황

> 카리브 바다의 정기를 타고난 콜롬비아 병사들! 국제연합의 깃발을 높이 들고 평화를 위해 싸우다가 마침내 611명의 고귀한 생명이 피를 흘렸다.
>
> —콜롬비아군 참전 기념비

1. 한국전쟁과 '콜롬비아 대대'(Batallón Colombia)

라틴아메리카 국가들의 역사는 대부분 경제적 · 정치적 · 외교적 · 군사적인 면에서 강대국에 종속된 관계를 유지하고 있음을 부인할 수 없다. 냉전으로 점철된 20세기 중반에 미국과 소련은 라틴아메리카의 국가에게 가장 중요한 두 나라가 된다. 이와 더불어 라틴아메리카의 대외 정치도 소련이나 미국과 거리를 두거나 밀접한 관계를 유지하는 쪽으로 움직인다. 특히 군사적인 면은 양 강대국과의 관계 속에서 이루어지고, 실제로 제2차 세계대전 이후 최근까지 라틴아메리카 국가의 군대는 강대국의 보호 아래 여러 국제 군사행동에 참가했다. 대표적인 경우로는 브라질과 멕시코의 제2차 세계대전 참전, 1970년대에 소련의 원조 아래 이루어진 쿠바 군대의 앙골라 전쟁 개입, 아르헨티나 군대의 걸프전(1991) 참가, 중앙아메리카 군대의 최근 이라크(2003~2004) 작전 참가 등을 들 수 있다(Rodríguez Hernández, 2006: 418).

익히 알려져 있듯이 콜롬비아는 유일하게 한국전쟁에 파병한 라틴아메리카 국가이다. 라틴아메리카 국가 중에서 유독 콜롬비아만 참전하게 된 이유는 맥아더(Douglas MacArthur) 사령관이 1,000명 이하의 군사력은 받지 않겠다고 했기 때문이다. 즉, 미국 군사조직에 따라 1개 대대에 필요한 최소 인력을 요구했으며, 이런 이유로 1개 소대 규모(36명에서 40명)의 병력을 파병하려고 했던 파나마와 우루과이 같은 나라는 한국전쟁에 군대를 보낼 수 없었던 것이다(Valencia Tovar y Sandoval Franky, 2001: 172).

콜롬비아는 1950년 7월 중순 유엔사무총장의 군사 지원 요청을 받는다. 그리고 그해 8월에 보수당 대통령인 라우레아노 고메스(Laureano Gómez)가 취임하자 한국전쟁 파병을 결정하고 9월 18일 프리깃함 1척을 파견하겠다고 유엔에 통보한다. 그리고 그해 11월 14일에 미국이 콜롬비아 지상군에 대한 모든 지원을 제공하는 조건으로 지상군 1개 대대를 파견하기로 결정한다. 이렇게 1950년 3927호 법령을 통해 한국전쟁에 참전할 '콜롬비아 대대'가 창설된다. 콜롬비아는 3년 4개월 11일에 걸쳐 4,314명을 파병한다(Puyana, 1993: 482). 그리고 미군 제7사단에 배속되어 전투를 벌이면서, 131명의 사망자, 69명의 실종자, 448명의 부상자를 낸다.[6]

표면적으로 콜롬비아는 민주주의와 자유 수호라는 명분을 주장했으나, 콜롬비아의 한국전쟁 참전 결정에는 여러 국내외적인 복잡한 요인들이 개입되어 있다. 즉, 콜롬비아 참전 기념비에 새겨진 감상주의적 문구와는 달리, 콜롬비아 정부의 한국 파병은 미국의 정치와 군사적 요청, 그리고 콜롬비아 정부의 이해관계가 합치된 것으로 볼 수 있다. 또한 콜롬비아 정부의 입장에서 참전을 통한 경제적 실리 추구 의도가 잠재되어 있었다

6 이 숫자는 이 글의 시작 부분에서 인용한 콜롬비아 참전기념비가 언급하는 숫자와 상이하다. 그것은 콜롬비아의 한국전쟁 참전 자료들이 한국전쟁에서 사망하거나 부상당한 콜롬비아 병사들의 숫자를 각각 다른 숫자로 제시하기 때문이다.

(차경미: 4)는 의견도 있지만, 이와 관련되어서는 다소의 의문점이 제기된다.

우선 대외적인 면을 살펴보자. 미국이 소련과 냉전체제를 유지하면서 반공주의와 자유민주주의 체제를 지지하는 국제 정치무대에서, 콜롬비아는 미국의 대외 정책에 동의하면서 미국과의 유대 강화를 통해 정권의 안정과 경제 지원을 얻기 위해 참전했다고 알려져 있다(차경미, 2004: 14). 그러나 콜롬비아는 국제적 차원의 전쟁에 적극적으로 참여한 국가가 아니었으며,[7] 미국 정부가 적극적으로 파병을 권유한 나라도 아니었다. 미국은 오히려 민도가 높고 군사작전에 필요한 인원과 물자를 제공할 능력이 있던 아르헨티나나 브라질, 그리고 멕시코의 참전을 바랐었다. 또한 당시 워싱턴은 콜롬비아 국내 상황을 생각하여 콜롬비아에게 프리깃함 이상의 지원을 기대하지 않았다. 즉, 보병은 국내 질서 유지에 필요한 인력이므로 1,000명에 달하는 1개 대대의 전투 병력을 파견할 능력이 없다고 여겼던 것이다(Lynn Coleman, 2006: 1141). 이런 이유로 보수당 정권에 반대한 연구자들조차 콜롬비아가 북한군과 중공군과 맞서 싸우도록 미국이 콜롬비아 정부에 직접적인 압력을 가했음을 보여줄 수 없었던 것이다(Rodríguez Hernández, 2006: 425).

한편 제2차 세계대전에서 콜롬비아 정부는 추축국 편을 들었지만, 군사적인 면에서는 매우 신중한 입장을 취했고 그 전쟁에 직접적으로 개입하는 것을 피했다. 하지만 전쟁이 끝나자 국제 정치무대에서 미국과 소련

7 20세기 초부터 한국전쟁 참전 이전까지 콜롬비아군은 단지 한 번의 국제 전쟁에 참가했다. 1932년 페루 군대가 아마존 지역에 위치한 레티시아를 침공하자 페루와 벌인 전쟁이 그것이다. 하지만 전투는 매우 산발적으로 이루어졌으며, 이후 콜롬비아 정치인들이 페루와의 외교 협상을 통해 성공적으로 해결함으로써 전쟁에서의 콜롬비아 군대의 역할은 매우 축소된다(Rodríguez Hernández, 2006: 423).

이 충돌하는 상황이 벌어졌고, 미국의 대외 정책은 반공주의로 선회하게 되었다. 그러자 미국의 비위를 맞추기 위해, 라우레아노 고메스는 자신의 잘못된 과거를 덮어야만 했으며, 1951년 5월부터 1954년 10월까지 '콜롬비아 대대'의 참전으로 그런 잘못을 지울 수 있었다(Tirado Mejía, 2005: 48).

대내적인 면을 살펴보면, 한국전쟁 참전의 동기는 당시 집권당인 보수당이 패권주의적 양당 체제 속에서 국내 자유당 세력의 약화를 꾀하고, 참전을 계기로 얻은 신무기 사용의 경험, 그리고 새로운 군사적 전략과 전술을 통해 국내에서 전개되는 반정부 게릴라 집단의 반란을 효과적으로 진압하고자 했던 정치적 전략에서 비롯된 것(차경미, 2004: 111)이기도 했다. 즉, 콜롬비아군의 한국전쟁 참전은 미국의 요청에 따른 불가피한 파병이라기보다는 당시 대내적 위기 상황 속에서 보수 정부가 한국 파병을 주체적으로 선택함으로써 지배 체제를 공고히 하려는 정치적 동기가 강하게 작용한 것이었다. 다시 말하면, 자유세계의 의무, 미국과의 동맹 관계 강화 및 경제적 이익에의 관심과 국제적 명예를 드높이고자 한다는 명분론적 근거보다는, 참전 결정을 가속화시킨 계기는 1940년대 후반 콜롬비아를 강타했던 '폭력사태'(Violencia)[8]라는 국내적 요인에서 찾아볼 수 있는 것이다.

하지만 그래도 여전히 의문은 남는다. 당시 콜롬비아는 보수당과 자유당이 극한 대립을 보이면서 선포되지 않은 내전의 길로 내닫고 있었다. 왜 자기 나라에서도 자유가 자취를 감추고 있는 마당에 아시아에서의 자유를 위해 싸워야 했을까? 콜롬비아 병사들이 외국 땅에서 죽도록 파병

8 1949년 가이탄(Jorge Eliécer Gaitán)의 암살을 출발로 본격화된 콜롬비아 보수당과 자유당 사이의 폭력 사태를 지칭하는 용어이다.

하는 게 어떻게 정당화될 수 있을까? 국제 협력이라는 관용의 정신에 입각한 것이 아니라, 자유와 기본적인 권리마저 억압하다는 비판을 받던 정부와 대통령이 정치적 실리를 얻기 위해서 그랬던 것은 아닐까?

'폭력사태'라는 당시의 상황을 염두에 두어도 콜롬비아가 한국전쟁에 참전하게 된 진정한 이유는 아직도 명확하지 않다.[9] 하지만 대부분의 연구자들은 냉전과 관련된 외부적 요인과 콜롬비아 정부의 내적 요인이 합치되었다는 사실에 일치한다. 어쨌든 콜롬비아의 한국전쟁 참전은 콜롬비아의 역사에서 매우 특별하기 때문에, 인간의 목숨을 전쟁으로 내몬 동기와 그 이후의 문제를 되돌아볼 필요가 있다. 특히 이런 문제는 구체적 · 역사적 사실이 불명확할 경우 문학적 상상력으로 보완하는 문학작품에서 잘 드러난다. 이 글에서는 한국전쟁을 다룬 콜롬비아의 주요 작품을 소개하고, 희곡 분야에서 한국전쟁 참전을 대표하는 하이로 아니발 니뇨(Jairo Aníbal Niño)의 『불모고지』(*El Monte Calvo*)를 중심으로, 콜롬비아 지도자들의 정치적 · 경제적 결정과는 무관하게 한국전쟁에 참가했던 참전용사들은 한국전쟁에 관해 어떤 생각을 가지고 있고, 한국전쟁 참전 이후에는 어떤 삶을 살았으며, 한국전쟁을 다루게 된 근본적인 이유는 무엇인지 살펴보려고 한다.

9 Lynn Coleman은 '폭력사태'로 인한 정치적 · 사회적 · 종교적 격동이라는 국내 문제로 인해 1950년대 콜롬비아의 역사가들은 그리 많지 않았으며, 또한 1967년 국무부의 화재로 인해 한국전쟁과 관련된 상당량의 정부 문서들이 소실되어 1차 자료가 부족하다는 것을 그 이유로 들고 있다(Lynn Coleman, 2006: 1139~1140).

2. 한국전쟁과 콜롬비아 현대문학

콜롬비아는 라틴아메리카 국가로는 유일하게 한국전쟁에 정규군을 파병한 나라이며, 한국전 파병은 콜롬비아 군사(軍史)에서 유래 없는 일이었기에, 콜롬비아의 역사에 많은 논란을 야기한다. 또한 인간의 목숨을 정치적 · 경제적 · 외교적인 이유로 전쟁으로 내몰았다는 사실은 콜롬비아 문인들에게 많은 성찰의 기회를 제공한다. 따라서 현대 콜롬비아 문학에서는 한국전쟁과 관련된 작품들이 다수 있는 것으로 추정된다. 하지만 이들에 대한 구체적이고 세밀한 연구는 없는 실정이다. 이런 이유로 여기에서는 콜롬비아를 대표하는 작가들의 작품에 한국전쟁이 문학 소재로 등장하는 경우만 간략하게 언급하고자 한다.

우선 현대 콜롬비아 문학에서 한국전쟁을 다룬 유명한 작품으로는 이 글의 분석 대상인 하이로 아니발 니뇨의 희곡 『불모고지』(1966)를 들 수 있다. 이 작품은 전세계에서 100여 차례가 넘게 공연되었으며, 라틴아메리카 연극사에서 빼놓을 수 없는 유명한 작품으로 니뇨의 희곡 중에서 가장 완성도가 높다고 평가 받는 작품이다. 여기서 그는 유머와 고통을 혼합하고, 지역적 색채를 유럽적 기법으로 조화시키면서, 심리적 · 사회적으로 작중인물들 속으로 침투한다. 이 작품의 세 등장인물들 중의 하나가 바로 한국전쟁에서 불구가 된 참전용사이다.

한국전쟁을 소재로 하는 또 다른 작품으로는 아프리카계 콜롬비아의 대표적 작가로 칭송받는 마누엘 사파타 올리베야(Manuel Zapata Olivella)의 1963년 '아메리카의 집' 수상작인 『참바쿠, 흑인빈민굴』(*Chambacú, corral de negros*, 1963)을 들 수 있다. '참바쿠'는 아프리카 노예 후손들이 가난하게 살고 있는 카르타헤나의 한 동네이다. 이 소설은 "참바쿠 사람들은 400년 간의 긴 잠에서 깨어나고 있었다"(Zapata Olivella, 1963: 9)라고 시작한다. 여기에서 주인공인 막시모(Máximo)는 인종차별주의로 더욱 열악해진 배고픔과 억압과 문맹을 이기기 위해 용감한 투쟁을 벌인다. 그곳 사람들의 지도자인 막시모는 평등권을 주장하는 투쟁을 벌이다가 목숨을 잃는다. 이 소설은 비록 막시모가 죽음 속에서 눈을 감지만, "이제 많은 참바쿠 사람들은 눈을 떴다"(Zapata Olivella, 1963: 155)라고 말하면서 희망 섞인 말로 끝난다.

여기서 한국전쟁은 한국전쟁에 참가하는 막시모의 동생인 호셀 라켈(José Raquel)을 통해 나타난다. 그러면서 이 작품은 조국과 민주주의의 이름으로 강제로 아프리카계 콜롬비아인들을 모집해서 '콜롬비아 대대'를 창설했다고 주장한다. 호세 라켈은 전쟁을 사업의 수단으로 이용하여 더러운 간계를 통해 부자가 된다. 이 작품은 '콜롬비아 대대'의 한국전쟁에 참가하는 과정을 통해 콜롬비아 정부가 어떻게 아프리카계 콜롬비아 인들의 사회적 · 경제적 상황을 이용했으며, 그들이 어떻게 콜롬비아 사회에서 희생자가 되어가는지를 보여준다.

한편 가브리엘 가르시아 마르케스 이후 콜롬비아 최고의 작가라는 평가를 받는 라파엘 움베르토 모레노 두란(Rafael Humberto Moreno-Durán)의 『맘브루』(*Mambrú*, 1996)는 현대 라틴아메리카 문학에서 한국전쟁문학을 연구할 때 절대로 빼놓을 수 없는 작품이다. 이 작품의 주인공이자 화자는 라미로 비나스코(Ramiro Vinasco) 대위의 아들이다. 그가 어렸을 때 그의 아버지는 한국전쟁에서 목숨을 잃었다. 그는 한국전쟁이 일어난 지 36년이 지난 후에 비르힐리오 바르코(Virgilio Barco) 대통령과 함께 수행원으로 한국을 방문한다. 이렇게 가족의 비극을 야기했던 원점으로 돌아가면서, 그는 커다란 무훈을 세운 여섯 명의 콜롬비아 군인을 발굴하고, 왜 그들의 죽음이 잊혀야 했는지를 밝힌다. 그들은 '강요에 의한 자원병'으로 한국전쟁으로 향했던 수천 명의 콜롬비아 병사들의 상징이 된다. 이런 의미에서 한국전쟁에 참여했던 한 병사의 말은 의미심장하다. "우리들은 대포의 밥이었으며, 딸랑이와 거울에 속아 도살장으로 들어온 가축이었다. 훈장이라는 쇳덩이처럼 너무나 거짓된 약속의 유리알에 현혹된 원주민과 같았다"(Moreno-Durán, 1996: 212).

이 작품에서는 징병의 상황, 지도상에 분명하게 나타나지도 않는 지역으로의 여행, 전쟁 지역에서의 고된 훈련, 전투 고지로의 파견, 포탄으로 헐벗은 고지 등이 술과 싸구려 섹스가 판치는 더러운 병영의 회상과 혼합되면서, 전쟁의 무의미함과 야만성을 고발한다. 한편 콜롬비아 군대가 경험하지 못했던 새로운 군사전략과 가장 발달된 무기는 이 소설의 새로운 실험적 구조로 연결된다. 이런 새로운 주제와 형식을 통해 작가는 그동안 콜롬비아의 역사 속에서 망각되어 있던 한국전쟁 참전용사들을 역사에서 되살리는 데 성공한다.

비록 한국전쟁은 『맘브루』에서 구체화되지만, 모레노 두란은 그의 첫 번째 소설인 『여인들의 유희』(*Juego de damas*)부터 한국전쟁을 언급한다. 가령 작가는 콜롬비아의 한국전쟁 참전을 당시 콜롬비아의 상황에 맞지 않는 정치적 술책임을 아이러니컬하게 비판한다. "한국전쟁 동안 콜롬비아 대대는 중공군을 도망치게 만들며, 그럼으로써 극동의 안전은 체면을 중시하는 대범한 서양 국가에게 빚진다. 라우레아노, 당신은 너무 호들갑 떤 거야! 실제로 라우레아노 고메스는 교황 비오 12세를 저속한 꼭두각시에 불과하다고 공개적으로 비난한다. 그것도 콜롬비아 자유당의 꼭두각시로!" (Moreno-Durán, 1977: 17).

오스카르 코야소스(Oscar Collazos)의 『인내의 나날들』(*Los días de la paciencia*, 1976)과 같은 소설에서도 한국전쟁이 무대로 등장한다. 코야소스의 두 번째 소설인 이 작품은 성적인 차원에서 바라본 콜롬비아 사회의 전통을 이야기한다. 이 작품은 후안 베르무데스(Juan Bermúdez)와 그의 아내 마르타(Marta), 그리고 창녀 아말리아(Amalia)의 삼각관계를 중심으로 전개된다. 여기서 부차적 인물인 '엘 차과'(El Chagua)는 한국전쟁의 참전용사로 심각한 전쟁후유증을 겪는 사람으로 등장한다. 그는 한국에서 돌아온 이후 "중국인들과 일본사람들을 죽였다는"(Collazos, 1976: 175) 사실을 과시하면서 식당에서 전쟁 장면을 재현한다. 이런 대표적인 작가들의 대표적인 작품에 나타나는 기본적인 특징 이외에도, 로베르토 루이스 로하스(Roberto Ruíz Rojas)의 「53년 한국」(Corea 53)과 같은 단편소설이 있다. 이밖에도 여러 작품들이 있을 것으로 추정되지만, 아직 이에 대한 종합적인 연구는 이루어지지 않고 있는 실정이다.

한국전쟁을 다룬 문학작품을 연구한다는 것은 한국전쟁에 대한 문화사적 접근이라는 점에서 의의를 지닌다. 또한 국내의 한국전쟁문학을 지배하는 기존의 이데올로기적 대립의 한계를 넘어 새로운 시대의 소설적 시각에 부응하는 태도는 어떤 것인지 살펴볼 수 있을 것이다. 이 글은 하이로 아니발 니뇨의 희곡 『불모고지』를 통해 한국전쟁에 대한 콜롬비아의 인식과 그 형상화 양상과 의미를 고찰하고자 한다.

3. 하이로 아니발 니뇨와 『불모고지』

콜롬비아 신연극의 가장 뛰어난 극작가 중의 하나인 하이로 아니발 니뇨는 1941년 보야카(Boyacá) 지방의 모니키라(Moniquirá)라는 마을에서 태어난다. 그의 작품은 그의 삶을 자양분으로 삼기 때문에, 그의 삶을 특징지었던 몇 가지 측면을 살펴볼 필요가 있다. 그는 콜롬비아를 휩쓴 '폭력사태'의 물결 속에서 어린 시절을 보낸다. 그의 가족은 마을의 보수당과 자유당 우두머리들 사이에서 끊임없이 벌어지는 싸움의 무고한 희생자가 되지 않기 위해 바닥에서 잠을 잔다. 젊은 시절에는 다양한 일을 하면서 전국 각지를 돌아다니고, 그렇게 운전사들, 권투선수들, 구두닦이들, 서커스 단원들과 같은 콜롬비아 서민들과 직접 접촉한다. 그는 전국을 순회 공연하는 서커스단에 입단하여 활동하기도 한다. 그 당시를 회상하면서 그는 이렇게 말한다.

> 전국을 돌아다녔습니다. 나는 칼리에서 놋쇠 세공자로 일했고, 선원과 그림 판매상으로 일하기도 했습니다. 그러다가 서커스단에 들어가게 되었지요. 처음에는 마술사의 조수로, 나중에는 홍보자로 일하게 되었습니다. (Arévalo, 1978: 562)

공부를 재개하면서 그는 연극계와 관련을 맺고, 1966년에 메데인 국립대학 극단을 이끌게 된다. 여기에서 정치적 성향이 담긴 그의 미학적 입장이 결정된다. 이 기간에 니뇨는 제1회 대학연극제 최우수상을 받은 『불모고지』(1966)를 비롯하여 제2회 대학연극제 최우수작인 『쿠데타』(*El golpe de estado*, 1967), 제1회 극작가 총회에 상연하여 최우수상을 받은 『양철 혼례식 혹은 대주교들의 무도회』(*Las bodas de lata o el baile de los arzobispos*, 1968)와 같은 작품들을 발표한다. 이 기간(1967~1973년)에 그는 인형극단에 참여하여 『붉은 이주』(*Exodo rojo*), 『새날이 밝아오면 누군가 죽는다』(*Alguien muere cuando nace el alba*)와 같은 작품을 공연하기도 했다(Arévalo, 1978: 550).

그리고 1975년부터는 그 해에 설립된 연극연구회(Taller de Dramaturgía)의 책임자를 맡고, 보고타의 '자유극장'(Teatro Libre)과의 협력을 통해 이 연구회에서 만들어진 작품을 상연한다. 이 연구회에서 학생들은 사전에 선정된 주제에 관해 공동으로 연구하고 그것을 바탕으로 각 학생은 자신의 작품을 쓴다. 그리고 이후 집단적 평가를 통해 개인의 작품을 다듬게 된다. 이것은 민족적인 주제에 관한 작품을 쓰는 또 다른 방식이 되고, 그들의 작품을 '자유극장'에서 상연하면서 젊은 극작가들에 큰 동기를 부여하게 된다(Jaramillo, 1992: 256). 연극연구회의 집단 창작은 3년이라는 짧은 기간만 유지되지만, 이 경험은 사회적 · 정치적 주제를 극작품에 예술적으로 통합시키면서 콜롬비아 연극 발전에 크게 기여한다.[10]

1976년에 그는 『분노의 세입자들』(*Los inquilinos de la ira*)을 자유극장에서 상연한다. 이 작품은 푸에르토 아시시의 주민들이 영웅적인 행위를 벌였던 1974년 12월에 일어난 실제 일화에 바탕을 두고 있다. 몇몇 사람이 땅과 지붕을 위해 투쟁하던 중에 공권력에 의해 학살당하고, 그러자 그들의 시체를 수레에 실은 채 마을 사람들은 그들의 용기와 분노를 본받아 항거한다는 이야기이다. 그리고 1977년에는 『지하의 태양』(*El sol subterráneo*)을 무대에 올린다. 이 작품은 육군 대위와 세 여자가 충돌하는 내용을 극화시킨다. 이 중에서 대위와 가장 심하게 맞서는 여자는 불구자이고, 다른 한 여자는 불구자의 여동생으로 마을 여선생님이다. 그리고 세 번째 여자는 노동지도자의 아내이다. 이 작품은 1920년대 후반에 있었던 바나나 농장 사건을 역사적 무대로 삼고 있으며, 니뇨는 폭력의 대상인 여자 앞에서 남성처럼 느끼는 군인의 왜곡된 행동과 권력 남용을 비판한다.

한편 1978년에 상연된 니뇨의 마지막 작품인 『소굴』(*La madriguera*)은 두 명의 등장인물로 이루어진다. 여기서 한 사람은 권좌에서 쫓겨난 독재

---

10 이 연극연구회는 에스테반 나바하스(Esteban Navajas)와 세바스티안 오스피나(Sebastián Ospina)와 같은 유명한 극작가를 배출한다. 에스테반 나바하스는 1976년에 '아메리카 집' 상을 수상한 『죽은 자의 고통』(*La agonía del difunto*)과 같은 작품을 썼고, 세바스티안 오스피나는 『파업』(*La huelga*)와 『유리시간』(*Tiempo de vidrio*)과 같은 작품을 통해 콜롬비아 연극계에서 큰 반향을 일으켰다.

자이다. 그는 자기 개인비서와 함께 대통령궁의 지하로 도망치고, 이 지하실은 후에 두 사람의 무덤이 된다. 여기서 두 사람은 대화를 나누고 이것을 통해 과거의 사실이 서술된다. 또한 대화를 통해 독재자가 끊임없이 자기 비서를 위협하고 모욕하면서 일종의 노예처럼 다룬다는 사실이 드러난다. 이런 강압적인 공존 생활과 감정적 긴장관계 속에서 점차로 비서는 독재자에 대한 증오와 원한을 드러내고 마침내 두 사람은 폭력적인 행동을 하면서 죽게 된다.

콜롬비아의 연극비평가인 마리아 메르세데스 하라미요(María Mercedes Jaramillo)는 니뇨의 작품세계를 다음과 같이 규정한다.

> 참여 작가로 분류될 수 있는 하이로 아니발 니뇨는 사회 부정과 체제 모순, 특권계급의 이기주의와 국민의 가난에 관심을 보이고, 그런 주제를 끊임없이 자신의 작품에서 다루지만, 그의 작품은 예술적 미학과 결합되면서 선동과 선전용 작품과 거리를 둔다. 그는 일반 민중과의 사회적 · 정치적 약속을 잊지 않으면서 유희적이고 환상적인 요인들을 가미하여 작품을 보다 풍요롭게 만든다. (Jaramillo, 1992: 257)

한국전쟁을 소재로 삼고 있는 『불모고지』는 하이로 아니발 니뇨의 첫 작품이며, 그를 국내뿐만 아니라 국제적으로 알려지게 만드는 데 가장 큰 공헌을 한다. 이 작품은 1966년 대학연극제에서 1등상을 받았고, 1969년 제5회 프랑스의 낭시 연극제에 콜롬비아를 대표하여 출품되었으며, 국내뿐만 아니라 국제 비평계로부터 가장 널리 인정받고 칭찬받은 작품이기도 하다. 비록 니뇨의 첫 작품이기는 하지만,[11] 연극비평가 기예르모 알

11 반면에 파트리시아 곤살레스(Patricia González)는 그의 초기 작품이 문학적이라기보다는 정치적 의도가 더욱 짙은 기록물이며 교훈적이라고 지적한다(González, 1982: 36).

베르토 아레발로(Guillermo Alberto Arévalo)는 니뇨의 작품 중에서 대표작이며 가장 중요한 작품이라고 지적한다(Arévalo, 1978: 550). 또한 유럽의 유명한 비평가들도 연극의 혁신적인 본보기로 이 작품을 받아들인다. 가령 클로드 앙드레 타바르(Claude-André Tabart)는 "콜롬비아인들의 훌륭한 『불모고지』를 본 후 우리는 잡다하고 모호한 주제를 다룬 작품들에 실망했다. [……] 그들은 우리에게 언어를 이해하지 못해도 우리가 그 작품에 열광할 수 있다는 사실을 보여주었다. [……] 단순함은 우화의 힘이다"(Arévalo, 1978: 550)라고 평가한다.

『불모고지』는 콜롬비아가 한국전쟁에 참전한 황당한 사건을 고발하며, 한국전쟁에 참전했던 병사들에게 어떤 물리적이고 정신적인 폐해를 가져왔는지, 그리고 조국으로 돌아왔지만 왜 그들이 콜롬비아 시내 거리를 배회하는 거지와 광인들이 되어야 했는지를 그린다. 니뇨는 현실에서 이 작품에 대한 영감을 받았다고 밝힌다.

> 나는 보고타의 신문에 실린 기사를 읽은 후 이 작품을 쓰기 시작했다. 쓰레기더미 위에서 어느 거지의 시체가 발견되었다. 그의 누더기 옷에서는 미국 정부가 영웅들에게 수여했던 무공훈장이 들어 있었다. 그 훈장은 진품이었고, 훈장 소지자는 한국전쟁에 싸우러 갔던 '콜롬비아 대대'의 참전용사였다. 버림받고 짐승 같은 대우를 받았으며, 박해 받고 늙고 병든 그 영웅은 마침내 아무런 영광도 누리지 못한 채 고통을 받으며 비참한 '불모고지'에서 세상을 떠났다. 나는 몇몇 자료를 세밀히 조사했다. 이 조사의 가장 심오하고 감동적인 부분은 한국전 참전용사들과 개인적으로 접촉한 것이었다. 나는 그들의 이야기를 들었고, 그들의 꿈과 분노를 들었다. 나는 기억이 없는 이 나라에서 망각과의 길고 잔인한 싸움에 공헌을 해야겠다는 책임감을 느꼈다. (Gómez, 1992: 61)

희비극적 성격을 띤 『불모고지』는 콜롬비아 병사들이 한국전쟁에 자부심을 가지고 싸우러 갔지만 돌아오자 그들이 만난 것은 가난뿐이라는 내용을 다룬다. 이렇게 이 작품은 한국전쟁에서의 콜롬비아 참전을 예술적으로 재창조하면서, 참전병사들의 고귀한 노력과 희생에 그들의 조국은 아무런 대가도 지불하지 않았다는 사실을 문제화한다.

4. 『불모고지』와 한국전쟁 참전용사들

희곡 『불모고지』는 한국전쟁이라는 국제적인 소재를 사용하면서 동시에 콜롬비아 내부의 드라마를 보여주는 작품이다. 이 작품의 등장인물은 모두 세 사람이다. 그들은 악사이자 거지인 카누토,[12] 카누토의 친구이자 참전용사이며 거지인 세바스티안, 그리고 자기 자신을 대령이라고 믿는 하사이다. 시작 부분은 아주 단순하다. 카누토는 피리를 불어 받는 돈으로 근근이 연명해간다. 한편 세바스티안은 한국전쟁에 파병되어 그곳에서 싸웠던 참전용사이지만, 부상을 당해 절름발이가 되면서 거지로 전락한 사람이다. 그들은 기차역의 쓰레기장으로 향한다. 그들을 도와주겠다고 약속했던 세바스티안의 옛 군대 동료를 기다리기 위해서이다. 그곳에 도착하는 동안, 세바스티안과 카누토의 대화를 통해 참전용사가 계속해서 군대를 존경하고 애국심을 지니고 있다는 것이 자명해진다. 세바스티안은 조국을 위해 싸웠다고 믿으며, 그런 믿음을 가진 까닭에 카누토를 거만하게 대한다. 또한 그런 태도는 카누토가 글을 읽을줄 모른다는 점에 기인하기도 한다.

12 카누토는 '갈대피리'와 동시에 '수다쟁이'의 의미가 포함된 이름이다.

그러나 글을 읽을 줄 모르기 때문에 카누토는 너무나 정직하고 순진하다. 그는 세바스티안과 달리 거짓 애국주의에 오염된 언어를 사용하지 않는다. 또한 세바스티안이 자신의 실패를 보상받기 위해 군인의 경험을 신비화하지만, 카누토는 그런 상상적 위로의 가면을 벗긴다. 세바스티안이 자기가 조국을 위해 싸웠다고 말하자, 카누토는 말한다. "나는 그게 뭔지 몰라. 나는 먹기 위해 싸웠어"(Niño, 2002: 20). 세바스티안은 춥고 배고픈 밤이면 '불모고지'가 떠오른다면서, 그곳이 "전략적으로 매우 중요한 장소였지. 우리는 우리의 임무를 완수했어"(Niño, 2002: 20)라고 말한다. 하지만 카누토는 그곳에 씨를 뿌리거나 집을 지을 수 있느냐고 물으면서, 친구 세바스티안에게 바로 그곳에서 그의 다리가 날아간 것임을 떠올려 준다.

카누토가 그의 다리를 날려버린 적군의 이름이 무엇이냐고 묻자, 궁지에 몰린 세바스티안은 자기에게 그토록 심한 피해를 입힌 병사가 누구인지도 알지 못하고 무엇을 수호하고 있었는지, 조국이란 무엇으로 이루어진 것인지도 설명할 수 없다는 사실을 인정하지 않으려고 한다. 카누토는 배고픔과 추위를 견디면서 세바스티안이 보여주는 훈장에 깊은 감명을 받지도 않은 채, "네 다리에 대한 대가가 이 따위 양철 조각이란 말이야?"(Niño, 2002: 22)라고 묻는다. 직접적인 경험에만 의지하는 카누토는 세바스티안에게 그가 장엄하고 근엄한 표현에 사기 당했다는 사실을 부분적으로 깨닫게 만들어준다.

악사이자 거지는 근본적인 문제에 대한 초보적인 것을 알고자 질문하면서, 그것을 통해 어른들이 초보적인 것조차 모르거나 아니면 기만당했음을 깨닫게 만든다. 이런 점에서 그는 아이와 유사하다. 카누토의 순진함 역시 예술가의 순진함이다. 즉, 이데올로기적 왜곡이나 사회적 상황으로 인한 이데올로기적 변형과 무관하게 순수한 상태로 남아 있다. 카누토는 수많은 한계를 지닌 사람이지만, 전통적 수사학의 영향을 깊이 받아 그 한계를 이상화시키려고 애쓰는 세바스티안과 달리, 용기 있게 그것에 도전한다. 무엇보다도 수사학의 한계를 깨닫는 것은 계급의 차이를 잊지 않는 것으로 이루어진다. 가령 그런 생각은 한국에서 '콜롬비아 대대'를 지휘한 사령관은 이제 장관이지만(Niño, 2002: 24), 세바스티안은 불구자이며 거지라고 지적하는 장면에서 잘 나타난다.

세바스티안의 신체적 결함과 전쟁 정신병은 공장주의 거부를 불러일으킨다. 세바스티안은 "공장에서는 절름발이 노동자들을 원하지 않아. 게다가 '전쟁 정신병'을 지니고 있다고 두려워 해"(Niño, 2002: 24)라고 말한다. 그러면서 "그 병은 일종의 미친병이야. 내 말이 무슨 뜻인지 알아듣겠어? 사람들은 우리 모두가 미쳐서 돌아왔다고 말해. 우리가 사람을 죽이는 법을 아주 잘 배웠고, 그래서 공장에서 살상을 저지를 수 있다고 말하고 있어. 사람들은 우리의 뇌에 피 비린내 나는 기억이 새겨져 있어서, 언제라도 그 기억을 일깨울 수 있다고 믿어. 그러니까 우리를 살인자들이라고 생각하고 있어"(Niño, 2002: 25)라고 지적한다.

카누토의 질문과 순진한 지적을 받으면서, 세바스티안은 자신의 암울한 현실을 직시한다. 그는 과거의 삶에서 몇 개의 끔찍하고 슬픈 느낌만을 간직하지만, 그것들을 논리적으로 연결시켜 한국전쟁 참전을 설명할 능력은 없다. 심지어 그 전쟁이 누구에게 이익이 되었고, '불모고지'에서 왜 패배했는지도 말할 수 없다. 그렇게 세바스티안은 육체적 혹은 정신적으로 불구가 되어 귀국한 병사들이 영웅주의와 조국애를 소리 높여 외치던 국가에 의해 버림받았다는 사실을 깨닫게 된다.

하지만 세바스티안은 자기의 패배를 완전히 인정하지 않는다. 그는 자기 친구에게 더욱 귀를 기울이기로 하고, 그의 과거에 더욱 관심을 보이는 쪽으로 대화의 주제를 바꾼다. 카누토는 그에게 마을 서커스의 광대

생활에 관한 이야기를 들려준다. 그는 자기가 그 직업을 사랑했지만, 그가 열의와 성의를 다해 연기했을 때는 관객들이 침묵을 지키다가, 그런 관객의 반응이 서러워 눈물을 흘리자 비로소 웃는 관객의 잔인함을 발견하면서 그 생활을 그만두었다고 말한다. 세바스티안의 부탁에 의해, 카누토는 공연을 통해 서커스의 경험을 강도 높게 연기하고 재현한다. 그런 식으로 카누토는 대중 예술가의 대표적 인물이라는 차원을 획득한다. 그는 단순하고 인간적이며 개구쟁이 광대의 세계를 권력층의 호화찬란한 구성물과 대립시킨다.

이런 대립은 세바스티안의 친구로 추정되는 대령 앞에서 분명하게 드러난다. 실상 그 대령은 자기 자신을 대령이라고 믿는 퇴역 하사이다. 그도 한국전쟁 참가의 후유증으로 얻은 전쟁 정신병과 몇몇 상처로 깊은 고통을 받고 있다. 계속해서 등장하는 열병식의 캐리커처는 '대령'의 자의적이고 개인적인 권한을 보여줄 뿐만 아니라, 그가 꼭두각시처럼 조종하려는 배고프고 무력한 두 사람과의 관계를 암시한다. 콜롬비아 국가의 가사로부터 '대령'이 인용하는 앞뒤가 맞지 않는 말들, 몇몇 전투와 장교 앞에서의 비굴한 행동을 기억할 때 나타나는 그의 광적인 고통은 한국전쟁에 참전했던 콜롬비아 병사들의 그림을 냉소적으로 그리기에 충분하다. 대령은 카누토를 일종의 도구로 사용하려고 하고, 카누토는 그런 타락한 놀이에 저항한다. 그리고 세바스티안은 배고픔을 달래기 위해 기회주의적이 되어 대령과 공모하고, 대령은 갈수록 거만해진다. 이렇게 대령과 카누토 사이에는 극단적인 긴장이 발생하고, 대령의 정신병적인 게임은 비극으로 끝난다. 마침내 카누토는 대령의 총에 맞아 죽고, 그가 연주하던 우수에 젖은 선율은 공중을 떠다닌다.

5. 문화적 식민주의와 참전용사들의 소외

하이로 아니발 니뇨 작품의 제목이며 '콜롬비아가 대대'가 치열한 전투를 치른 불모고지는 연천 서북방 15km 지점에 위치한 곳이다. '콜롬비아 대대'는 중공군 제141사단 제423연대와 1953년 3월 23일부터 25일까지 그곳에서 전투를 벌인다. '콜롬비아 대대'는 불모고지에 배치된 A중대가 계속된 공산군의 폭격으로 많은 손실을 입자, A중대와 B중대를 교대시키기로 한다. 그런데 3월 23일 야간에 A중대와 B중대를 교대하고 있는 사이 중공군의 공격을 받게 되고, 중공군은 부대 교대 중의 경계가 허술한 틈을 이용하여 '콜롬비아 대대'의 진지 앞까지 접근한다. '콜롬비아 대대'는 진내로 진입한 중공군과 백병전까지 치르지만 중과부적으로 그 고지에서 밀려난다. 이후 빼앗긴 불모고지를 회복하기 위해 미국 제32연대와 합동으로 수차에 걸쳐 역습을 시도했지만 실패한다.[13] 이것은 "한국전쟁 중에 영웅적인 행동을 보여준 콜롬비아 대대를 피로 얼룩지게 만든 전투"(Lynn Coleman, 2006: 1175)라고 평가된다.

앞서 살펴보았듯이 이 작품은 직장도 없고 집도 없는 사람들, 불구자나 거지 혹은 미친 사람들, 거리에서 잠을 청하는 수많은 콜롬비아 사람들의 비극을 그린다. 그러면서 문화식민주의와 한국전쟁에 파병되었던 용사들의 소외를 고발한다. 첫 장면에서는 배고프고 추위에 떠는 두 거지가 즉각적인 현실을 잊으려고 노력한다.[14] 세바스티안과 카누토는 대령의 도

13 '불모고지' 전투는 '콜롬비아 대대'를 언급할 때면 거의 빠짐없이 등장하는 중요한 전투이지만, 한국전쟁과 관련된 역사에는 그리 자세히 등장하지 않는다. 이 전투에 관해 비교적 소상히 설명하고 있는 글은 Lynn Coleman의 것이 거의 유일한다. 이에 관해 자세한 내용은 Lynn Coleman: 1169~1176을 참고할 것.

14 파트리시아 곤살레스는 이 인물들 속에서 베케트의 『고도를 기다리며』의 작중인물인 블라디미르와 에스트라공과의 관계를 본다.

착을 기다리는 동안 자신들의 가난함을 잊고 즐기기 위해 말한다. 여기서 대령은 도착하지만, 거지들의 문제를 해결하기보다는 비극을 만든다. 카누토는 서커스 생활의 유일한 기념품인 피리를 불고, 세바스티안은 한국에서 병사로 보낸 시절을 이야기한다.

> **세바스티안:** (불모고지는) 전략적으로 아주 중요한 장소였지. 우리는 우리의 임무를 완수했어.
>
> **카누토:** 세바스티안…… 그 산에는 씨앗을 뿌리거나 집을 지을 수 없었어?
>
> **세바스티안:** 응.
>
> **카누토:** 그렇다면 이해할 수 없어. 거기 헐벗은 산에서 네 다리를 날려버렸단 말이야?
>
> **세바스티안:** 응. 더러운 적군 병사였어.
>
> **카누토:** 그 적군 병사 이름이 무엇이었어?
>
> **세바스티안:** 내가 그걸 어떻게 알아.
>
> [……]
>
> **카누토:** 그런데 왜 너한테 총을 쐈어?
>
> **세바스티안:** 난 조국을 지키고 있었어. (Niño, 2002: 20~21)

관객들은 이들의 터무니없는 대화를 보고 들으면 웃는다. 작가는 그것을 통해 전쟁의 부조리와 작중인물들의 소외, 수많은 콜롬비아 사람들이 겪고 있는 엄청난 가난을 폭로한다. 한국전쟁의 참전용사들은 육체적 · 정신적으로 절단되어 전쟁에서 돌아왔다. 카누토가 말하듯이, 그 전쟁에서는 전쟁에서 싸웠던 사람들에 대한 복지 정책은 전혀 없었다. 반대로 국가는 그들에게 가난만 선사해주었고, 그들을 공동체에서 소외시키고 불필요한 존재로 만들었다.

세바스티안: 마을 근처에 있는 조그만 땅뙈기에서 일했어.

카누토: 그리고 하루에 세 번 밥을 먹었겠지.

세바스티안: 정말 힘든 시절이었어. 하지만 먹을 게 부족하지는 않았어.

카누토: 넌 그 빌어먹을 전쟁에서 졌어.

세바스티안: 우리는 이겼어.

카누토: 하지만 넌 절름발이야. 그리고 가난하고 배고프지. 넌 병신이야. 넌 전쟁에서 졌어.

세바스티안: 대통령이 우리가 이겼다고 말했어. 아주 멋진 말로 그렇게 말했단 말이야.

카누토: 빌어먹을……. 말……, 말을 먹고 살 수는 없는 법이야. 그들은 아주 오래전부터 말하고 또 말했지만, 아무것도 해결해주지 않았어. (Niño, 2002: 30~31)

카누토는 단순한 사람의 자연스러운 논리를 사용하여, 세바스티안의 상황을 분석하고, 수많은 사람들을 한국에서 조국을 위해 싸우게 만들었던 위선을 발견한다. 그에게 아무런 소용도 없는 황무지를 지키기 위해 죽는다는 것은 이해 불가능한 일이다. 게다가 그렇게 하기 위해서 너무나 길고 험난한 여행을 해야만 한다는 사실도 그렇다. 그는 가슴에 달린 양철 훈장이 한쪽 다리나 한 사람의 목숨의 대가이거나 한 사람의 목숨을 대체할 수 있다는 사실을 받아들이지 않는다.

카누토: 한국은 어디에 있어?

세바스티안: 아주 먼 곳에. 바다를 건너야 해.

카누토: 네 다리를 날려버리려고 그렇게 멀리 갔단 말이야?

세바스티안: 응.

카누토: 바다를 건너지 않고 보다 가까운 곳에서 날려버릴 수는 없었어?

세바스티안: 넌 아무것도 모르고 있어. 나는 조국을 지키고 있었어.

카누토: 네 조국이 한국이야?

세바스티안: 아니야. 내 조국은 여기야.

카누토: 그런데 왜 그토록 긴 여행을 한 거야?

세바스티안: 사령관은 우리가 문명의 수호자라고 말했어.[15] (Niño, 2002: 23~24)

카누토는 아주 순진해 보인다. 그는 단순하고 명쾌하면서 직접적인 질문을 던지면서, 위정자들의 식민주의적 사고가 만들어낸 이데올로기 담론을 붕괴시키고, 이 사건에 참여했던 사람들에게 전쟁의 무익함을 정연하게 비웃는다. 참전용사들은 개인적이건 집단적이건 아무런 이득을 얻지 못했다. 전쟁으로 야기된 개인적이고 정신적인 빈곤은 전쟁의 신화를 먹고사는 상징과 담론으로 보상되지만, 그것들은 참전용사들이 겪는 현실적인 궁핍함을 구원해주지는 않는다. 이렇게 이 작품은 소외와 문화식민주의를 고발하고 인간의 수탈과 파괴와 전쟁을 허락했던 종속의 가면을 벗긴다.

참전용사들은 전쟁을 위한 훈련을 받는다. 그들의 정신은 상징과 구호와 규율로 가득하고, 병사들이 원래 가지고 있던 가치는 그런 것들로 대체된다. '대령', 즉 미쳐서 귀국했고 이제는 자기가 군대의 고급 장교라고 믿고 있는 하사는 전쟁놀이를 시작한다. '대령'은 군대의 가치에 의해 지배되는 허구적인 세상에서 살고 있으며, 그래서 자신의 현실과 유리된 전쟁이라는 끔찍한 세계에 정체된 채 남아 있는 것이다. '대령'은 전쟁과 군

15 가브리엘 푸야나 역시 콜롬비아 대대의 참전을 "당시 장교들뿐만 아니라 병사들도 그 이유, 즉 전투의 '비합리성'을 의문시하지 않았다"(Puyana, 1983: 481)라고 밝힌다. 마찬가지로 구스타보 로하스 피니야(Gustavo Rojas Pinilla)가 콜롬비아 군사령관의 자격으로 한국전쟁 전선에 배치된 콜롬비아 군대를 방문했을 때에도 그는 '콜롬비아 대대'를 국제 선발대라고 지칭하면서 민주주의와 자유와 기독교를 수호한다고 말했다(Puyana, 1983: 207).

사 훈련의 흔적으로 점철되어 있다. 그의 심리는 영원히 변형되었으며, 그는 고통을 겪고 동시에 다른 사람에게 폭력의 공포를 겪게 만드는 희생자이자 가해자이다.

니뇨는 경쾌하며 대담하게 미친 '대령'을 통해 권력의 광기를 보여준다. '대령'은 카누토와 세바스티안에게 전쟁놀이를 하도록 강요한다. 이들은 먹을 것을 얻기 위해 그의 요구를 받아들이지만, 그 놀이는 끔찍스러운 비극으로 발전한다. 대령은 카누토가 군대 암호로 대답하지 않는다는 이유로 그를 처형한다. 미친 사람의 '놀이'로 야기된 이런 부조리한 죽음은 전쟁의 부조리와 마찬가지로 비극적이고 비논리적이며, 잔인하고 이해 불가능하다. 파트리시아 곤살레스는 작중인물 중에서 보편적인 상징을 본다.

> 이들은 국가를 수호하면서 자신의 세계와 현실과는 관련 없는 이데올로기를 위해 싸워야만 했던 보통의 라틴아메리카 사람들을 대표한다. 단지 이런 현실의 부조리를 파괴할 때에만 콜롬비아 민중의 필요성에 부응하는 정의롭고 논리적인 세상을 구축할 수 있을 것이다. (González, 1982: 41)

여기서 카누토는 사회적 관습과 일반적인 의견을 수용하지 않으며, 폭력과 권력 남용에 적응하지 못하는 자유인을 상징한다. 그는 아무 생각이 없어 보이는 무식하고 단순한 사람이지만, 그의 말은 그가 비판적 사고의 소유자임을 보여주고, 그의 행동은 그의 현실과 일치한다. 그는 규칙과 규정으로 왜곡된 세계 속에서 유일하게 사색하는 사람이며, 그것과 더불어 그의 비극이 발생한다. 진정한 주인공처럼 그는 권위를 인정하지 않으며, 폭력과 무력의 지원을 받으며 계급에 바탕을 둔 모든 위계적 질서에 반대한다. 이렇게 니뇨는 단순하고 정직하며 허약한 인물을 통해 무자비하고 동정심도 없이 인간을 파괴하는 군사 체제의 잔인함을 고발한다. 이와 더불어 작가는 '문명'을 수호하기 위해, 그리고 공산주의의 위험에서 지키기 위해 외국 전쟁에 참가했다고 합리화하는 콜롬비아 정부 논지의 허구를 밝힌다.

6. 『불모고지』의 정치적 · 사회적 의미

한국전쟁에 참가했던 콜롬비아 참전용사의 비참한 처지에 관한 작품 『불모고지』는 정전협정이 끝난 지 13년 후인 1966년에 처음으로 상연되었다. 당시 콜롬비아의 국내 상황은 학생 소요와 게릴라 활동, 그리고 대(對)게릴라 계획의 절정에 있었다. 즉, 외국의 전쟁보다 내전이 최전면에 부각되고 있었다. 그렇기에 왜 그런 상황에서 콜롬비아의 내전이 아닌 한국전 참전을 역사적 소재로 삼고 있는 작품이 발표되었을까 생각해볼 필요가 있다. 여기서 베트남전쟁이 가장 치열한 시기에 있었고, 미국의 군사 모험에 대한 새로운 반대 세력이 만들어지고 있었으며, 마르크스주의 게릴라에 대한 전쟁 역시 많은 반대 세력의 중심을 이루고 있었음(Weiss, 2004: 58)을 기억할 필요가 있다. 그러므로 군대가 경제적으로 가난한 젊은이들을 수탈하는 데 관심을 기울인 사람들에게는 국가로부터 거의 인정을 받지 못했던 수많은 한국 참전용사들의 경우를 소개하려는 의도는 시기적으로 적절했다.

하이로 아니발 니뇨는 1951~1954년에 걸친 '콜롬비아 대대'의 한국전쟁 개입과 주둔을 냉혹하게 비판하지만, 동시에 한국전쟁은 베트남전쟁에 대한 숨겨진 비판의 구실로 작용한다. 이럴 경우에 이 작품은 1960년대 콜롬비아의 사회적 · 경제적 조건에 대한 비판으로 읽혀질 수 있다. 특히 세바스티안과 카누토의 대화와 그 이후에 전개되는 악몽과 같은 전투를 재현하면서, 두 개의 시의적절한 주제가 결합된다. 즉, 젊은이들을 입대하게 만든 가난과 사회적 소외, 그리고 군 장교들이 수행했던 역할이 드러난다. 그러면서 장교들은 입대가 국가의 대의명분을 위한 고귀한 것이라고 설득하지만, 종국에는 그들의 시민에게 끔찍한 대가를 치르게 한다는 것을 보여준다.

그러므로 이 작품의 공연 시기는 의미가 깊다. 『불모고지』가 발표되었던 1960년대 후반에 콜롬비아에는 적어도 세 개의 게릴라 조직, 즉 콜롬비아 무장혁명군(FARC), 민족해방군(ELN), 민중해방군(ERP)이 콜롬비아의 여러 지역에서 활동하고 있었다. 이 그룹들은 이데올로기와 전략은 상이했지만, 모두 마르크시즘을 따르고 있었다. 정부는 이들이 쿠바의 경제적 · 군사적 지원을 받는다고 밝히면서, 국가 긴급사태를 선포하고 미국의 지원을 합리화했다. 하지만 학생과 지식인, 예술가들과 사회운동가들은 미국의 개입을 비판하고 있었다. 『불모고지』에서 "콜롬비아 대대의 사령관이 국방장관이 되었어"(Niño, 2002: 24)라고 언급하는 세바스티안의 말은 한국에서 장교로 첫 경험을 쌓았고, 당시 반(反)게릴라 계획을 이끌었던 알베르토 루이스 노보아(Alberto Ruíz Novoa)를 지칭한다.[16] 또한 콜롬비아 군대는 한국전쟁 참전을 기회로 대(對)게릴라 활동의 실전 경험을 터득했을 뿐만 아니라 첩보전과 같은 새로운 군사작전을 발전시키게 된 것과도 연관이 있다.[17]

16 이 군사 개입은 통치자의 지난 잘못을 지웠고, 콜롬비아 군대의 경향에 지대한 영향을 끼친다. 그 전쟁에 150명 이상의 장교와 800명 이상의 하사관들이 참여했으며, 후에 그들 중 많은 사람이 높은 계급으로 승진했다. 적어도 그들 중 17명은 사단장이 되었으며 1명은 국방부 장관이 되었다. 또한 적어도 29명이 퇴임 전에 대령으로 승진했다(Tirado Mejía, 1985: 136~137).

17 이에 관해 자세한 것은 Valencia Tovar와 Sandoval Franky의 책 pp. 305~320을 참고할 것.

7. 『불모고지』와 가브리엘 가르시아 마르케스

하이로 아니발 니뇨의 『불모고지』에 나타나는 한국전쟁 참전용사의 모습은 1982년 노벨문학상 수상자인 가르시아 마르케스(Gabriel García Márquez)의 신문기사 「한국에서 현실로」(De Corea a la realidad, 1954)와 밀접한 관계를 가지고 있는 것으로 보인다. 그는 "참전용사 대부분이 한 번도 들어보지 못한 나라"(García Márquez, 1985: 89)에 파견된 마지막 콜롬비아 병사들의 귀국을 취재하면서, 그 젊은이들이 정부의 희생양이 되었다는 것을 지적할 뿐만 아니라, 이런 참전용사들의 문제를 기회로 삼아 콜롬비아 현실을 냉엄하게 비판한다.

이 기사에서 가르시아 마르케스는 한국에 파견된 많은 젊은이들이 한국의 전쟁보다도 더 열악한 폭력으로 찌든 콜롬비아의 사회 상황에서 탈출하기 위해 자원해야만 했다면서 이렇게 쓴다. "콜롬비아 군대의 파견은 우리 국가 역사상 가장 힘든 시기에 이루어졌다. 농민들은 그들의 땅에서 쫓겨났다. 인구 과잉의 도시는 그들에게 어떤 희망도 주지 못했다. [……] 땅에서 쫓겨난 많은 농민들과 아무런 희망도 없던 젊은이들에게 한국은 하나의 해결책이었다"(García Márquez, 1985: 98). 하지만 그는 파병 당시의 상황을 고발하는 것에 그치지 않고, 그들이 조국으로 돌아와 직면해야 했던 상황으로 발전시킨다. 그러면서 참전용사들을 '영웅'으로 치켜세우던 콜롬비아 사람들은 이내 그들을 정신이상자로 간주하게 되었고, 그들은 일자리도 얻을 수 없었다고 신랄하게 비판하는데, 이런 내용은 『불모고지』에서 카누토와 세바스티안의 대화를 통해 잘 나타난다.

또한 『불모고지』가 생존한 한국전쟁 참전용사들을 중심으로 서술된다는 특징 역시 전쟁문학이나 폭력소설의 가장 근본적인 문제가 생존자들의 드라마를 외면하고 전쟁이나 폭력 사실을 이야기하고 죽은 사람들을 열거하는 데 있다는 가르시아 마르케스의 주장과 일치하는 것 같다. 그는 “불쌍하게 죽은 사람들은 단지 매장되는 것일 뿐 이미 소설의 주제로 사용될 수 없다. 그러므로 생존자들을 도외시한 모든 문학은 기록물 이외에는 아무것도 아니다”(García Márquez, 1983: 765)라고 단언한다. 바로 이런 점에서 하이로 아니발 니뇨의 『불모고지』는 피비린내 나는 한국전쟁의 현실을 죽은 사람 중심으로 생생하게 그리지 않고, 오히려 생존자들인 참전용사들이 사회의 희생자로 전락하는 과정에 관심을 보인 것으로 추정된다.

제3장
『참바쿠, 흑인빈민굴』:
아프리카계 콜롬비아인과 한국전쟁

> 마누엘 사파타 올리베야였다. 그는 아프리카 출신인 그의 고조할아버지의 할아버지가 살았을지도 모르는 '말라 크리안사' 거리의 고집스러운 주민이었다. 우리는 4월 9일의 굉음이 울려 퍼지던 보고타에서 만났었다. 우리가 가장 먼저 놀랐던 것은 카르타헤나에서 산 몸으로 재회했다는 사실이었다. 마누엘은 자선 의사였을 뿐만 아니라, 소설가이자 정치 행동가였고 카리브 해 음악의 주창자였지만, 그를 가장 지배하는 소명의식은 모든 사람의 문제를 해결해주는 것이었다.
>
> —가브리엘 가르시아 마르케스, 『이야기하기 위해 살다』

1. 마누엘 사파타 올리베야의 작품세계와 『참바쿠, 흑인빈민굴』

콜롬비아의 소설가 마누엘 사파타 올리베야(Manuel Zapata Olivella, 1920~2004)는 우리에게 그리 알려지지 않은 작가이지만, 아프리카계 라틴아메리카 소설에서는 빼놓을 수 없이 중요한 위치를 차지하고 있다. 그리고 그가 한국전쟁을 작품의 주요 소재로 삼아 1950년대 초의 아프리카계 콜롬비아인들이 어떤 삶을 살고 있는가를 고발하면서 당시의 콜롬비아 현실을 비판하고 있다는 사실은 더욱 알려지지 않고 있다. 이 글은 마누엘 사파타 올리베야의 『참바쿠, 흑인빈민굴』에서 한국전쟁이 어떻게 사용되며, 그 주제가 아프리카계 콜롬비아인에게 어떤 의미를 갖는지를 살펴보고자 한다. 그리고 이런 의미를 파악하기 위해 아프리카계 콜롬비아인이 어떤 사회적 · 정치적 상황에 처해 있었는지, 그리고 '참바쿠'라는 흑인빈민굴이 현재 콜롬비아의 아프리카계 콜롬비아인들의 역사에서 어떤 중요성을 갖는지도 알아보고자 한다.

흔히들 라틴아메리카의 문학적 특성으로 마술적 사실주의를 언급하지만, 사파타 올리베야는 마술적 사실주의에 흑인 신화의 힘을 덧붙일 경우에 아프리카계 라틴아메리카인들의 문화적 현실을 결정적으로 드러낼 수 있다는 것을 보여준다. 즉, 동시대의 마술적 사실주의 작가들과 비교해보면, 사파타 올리베야는 흑인들의 신화와 저항을 작품의 주요 주제로 사용한다는 기본적인 차이점을 지니고 있다(Olliz Boyd, 1992: 313). 그는 작품을 통해 저항하면서 흑인을 탄압하는 그룹과 맞서고 비판한다. 그는 경제적 수탈과 정치 권력의 남용, 인종차별주의, 그리고 폭력적으로 이루어지는 흑인문화의 말살과 맞서 싸운다. 그러면서 아프리카계 콜롬비아의 신화를 예술적으로 승화시키면서 라틴아메리카 문학의 발전에 공헌한다.

1920년 콜롬비아 코르도바 지방의 로리카에서 태어난 사파타 올리베야는 『축축한 땅』(*Tierra mojada*, 1947), 『10번가』(*Calle 10*, 1960), 『얼굴 뒤에』(*Detrás del rostro*, 1963), 『참바쿠, 흑인빈민굴』(*Chambacú, corral de negros*, 1963), 『치마에서 성인이 태어나다』(*En Chimá nace un santo*, 1964), 『창고, 위대한 영웅』(*Changó, el gran putas*, 1983), 『악마의 총살』(*El fusilamiento del diablo*, 1986), 『헤밍웨이, 죽음의 사냥꾼』(*Hemingway, el cazador de la muerte*, 1993) 등의 소설을 썼으며, 『방황하는 열정』(*Pasión vagabunda*, 1949), 『난 밤을 보았다』(*He visto la noche*, 1953), 『중국, 오전 6시』(*China, 6 A. M.*), 『죽음과 자유의 단편들』(*Cuentos de muerte y libertad*, 1961), 『누가 오스왈도에게 총을 주었나?』(*¿Quién dió el fusil a Oswaldo?*) 등의 작품집을 발표했다.

거의 반세기에 걸친 작품 활동 기간 동안, 형식과 내용과 세계관에 있어서 사파타 올리베야의 문학은 꾸준히 변화하고 발전한다. 마리오 레이(Mario Rey)가 지적하다시피, 일반적으로 그의 작품세계는 두 가지 단계로 구분된다. 하나는 『축축한 땅』과 『10번가』에서 명시적으로 나타나는 사회주의 리얼리즘이자 공익적 성격을 띤 작품들이다. 이 첫 번째 단계에서 작가는 소설 기법 탐구에 그다지 특별한 관심을 보이지 않는다. 그래서 3인칭 서술, 대화, 화자의 가치 평가적 개입 등 전통적 소설기법을 선호한다(Rey, 1994: 132).

그리고 또 다른 단계는 『참바쿠, 흑인빈민굴』과 『치마에서 성인이 태어나다』부터 시작된 아프리카계 콜롬비아 신화의 예술적 복원인데, 이것은 이후 『창고, 위대한 영웅』에서 본격적으로 발전된다. 주제적 측면에서 살펴보면, 이 단계는 '아프리카계'를 강조하면서, 인종 차별과 인종 정체성을 가장 중요한 요소로 부각시킨다. 한편 형식적 차원에서는 사실주의 문학에서 주로 사용되던 형식과 언어를 전복시키면서 실험성을 띤다. 루시아 오르티스(Lucía Ortiz)는 그가 공식 담론을 해체하기 위해 이런 기법을 사용한다고 지적한다. "사파타 올리베야는 공식 담론을 해체하기 위해 신화를 사용하고, 전통적인 문법 구조 및 어휘와 단절하며, 여러 장르를 중첩적으로 이용하고, 신조어를 창조하며, 다양한 목소리를 만들기 위해 여러 관점을 만들어내고, 반복이나 리듬 혹은 동음이의어 등과 같은 여러 요소를 사용한다"(Ortiz, 2007: 51). 사파타 올리베야는 이렇게 공식 담론을 해체하면서, 서양이라는 범주를 문제시한다.

요약하자면, 마누엘 사파타 올리베야의 소설은 사실주의로 시작하면서, 주변적 인물들이 경험한 사회적 현실에 관심을 보인다. 즉, 자기 자신이나 가족, 혹은 공동체의 삶의 조건을 개선시킬 방법을 찾을 수 없는 농민들(『축축한 땅』과 『치마에서 성인이 태어나다』), 혹은 도시 빈민(『10번가』)처럼 고통 받는 사람이 중심이 된다. 그러나 『참바쿠, 흑인빈민굴』을 출발점으로 사파타 올리베야의 작품은 탄압의 요인으로 인종 차별을 다루기 시작한다. 즉, 피부색과 그에 따른 사회계급으로 인해 흑인을 거부하고 공격하는 사회에서 자신의 주변적 위치를 인정하고 확인하는 아프리카계 작중인물을 주인공으로 삼으면서, 아프리카계 공동체 주민들의 마술적 · 종교적 맥락을 살핀다.

1940년대에 자신의 '방랑자적 열정'을 만족시키기 위해 콜롬비아를 떠난 이후, 그는 콜롬비아를 비롯한 라틴아메리카에서 아프리카계 후손들의 상황을 깨닫고, 그것에 관심을 집중시킨다. 1989년 5월 26일에 쓴 편지에서, 사파타 올리베야는 비록 자기가 콜롬비아에서 비백인 그룹이 겪는 편견에 시달리고 있었지만, 인종 의식에 대한 자각은 느리게 진행되었다고 인정한다. 그러면서 그것은 라틴아메리카 환경이 너무나 전형적인 위선과 거짓 수사학을 구사하면서 대부분의 인종차별적 행위를 은폐하려는 경향이 있었기 때문이라고 지적한다(Olliz Boyd, 1992: 317). 사파타 올리베야는 중앙아메리카와 멕시코에서의 원주민 차별과 미국에서의 흑인에 대한 인종 폭력 행위를 비롯하여, 콜롬비아와 중앙아메리카 그리고 미국에서 인종차별성 모욕을 직접 경험한다. 아마도 그의 작품이 인종차별주의에 초점을 맞추는 이유는 이런 경험에 바탕을 두었던 것 같다.

마누엘 사파타 올리베야는 『창고, 위대한 영웅』을 발표하면서 아프리카계 라틴아메리카인의 정체성을 세계적으로 알리는 데 성공한다. 이때부터 그는 국내 및 국제적으로 가장 널리 알려진 아프리카계 콜롬비아 작가로 두각을 나타내고, 그의 중요성은 2000년에 콜롬비아 대통령 비서실이 주는 보야카 훈장을 받으면서 공식적으로 인정된다.[18] 보야카 훈장은

18 『참바쿠, 흑인빈민굴』를 출판할 당시, 그는 콜롬비아 국내외의 아프리카 관련 학계에서는 어느 정도 이름이 알려져 있었지만, 그가 본격적으로 널리 알려지게 된 것은 대작 『창고, 위대한 영웅』(1983)을 출판하면서부터이다. 그때부터 그의 이름은 미국과 유럽에서 수많은 박사

콜롬비아 문화의 가치를 널리 알리는 데 평생을 기여한 사람들에게 수여하는 훈장이다. 그가 이 훈장을 탔다는 사실은 그의 작품이 콜롬비아 문화에서 하나의 이정표가 되었다는 것을 의미한다. 즉, 그것은 아프리카계 콜롬비아인을 위해 수십 년에 걸쳐 이루어진 그의 작업이 콜롬비아의 대표적인 '국가 유산'이 되었음을 시사한다.

2. 『참바쿠, 흑인빈민굴』: 아프리카계 콜롬비아인들의 이야기

'참바쿠'는 콜롬비아의 대서양 해안도시인 카르타헤나 근교에 위치한 섬 지역으로, 흑인노예들의 후손이 가난 속에서 살고 있는 동네이다. 그곳은 "다닥다닥 붙어 있는 만 개의 판잣집으로 이루어진"(Zapata Olivella, 1963: 12) 지역으로 카르타헤나의 성벽과 허름한 나무 교각으로 연결되어 있다.[19] 그런데 콜롬비아는 한국전쟁에서 미국과 힘을 합치기로 하고, 조국과 민주주의의 이름으로 강제로 흑인들을 징병하여 '콜롬비아 대대'를 조직하려고 한다. 하지만 그것은 그들을 한국으로 데려가 죽이고자 하는 인종차별적 목적이 숨겨져 있었다. 그런 목적을 갖고 카르타헤나의 경찰은 참바쿠에 들이닥친다. 그러자 섬 주민들은 일상 활동을 중지하고 경찰

학위논문에 언급되며, 수많은 기사와 책들과 학술논문의 초점이 된다. 『창고, 위대한 영웅』 출판 이후, 콜롬비아 국내외 비평계는 그의 모든 작품과 다른 아프리카계 콜롬비아 작가들에게 많은 관심을 보이기 시작한다.

19 이에 관해 자세한 것은 Buitrago Villamizar, Alejandra(2006), "Rodeados por las murallas: Conflictos por el territorio en La Boquilla, Cartagena", *Memorias: Revista digital de historia y arqueología desde el Caribe*, Año 3, No. 5; www.uninorte.edu.co/publicaciones/memorias/memorias_5/articulos/Cartagena.pdf를 참고할 것.

을 피해 숨는다. 다른 여자들과 마찬가지로 '코테나'(La Cotena)도 자기 아들들을 숨기려고 한다. 그녀의 노력에도 불구하고 장남 막시모(Máximo)는 체포된다. 그녀의 다른 아들인 권투 선수 메디아루나(Medialuna)와 권투 코치 카밀로(Camilo)는 사탕수수 숲속으로 숨어 강제 징병을 피한다. 한편 또 다른 아들인 투계(鬪鷄) 애호가 크리스풀로(Críspulo)는 그 지역에서 멀리 떨어진 투계시합장에 있고, 밀수에 종사하는 호세 라켈(José Raquel)은 실종된다.

막시모는 섬 주민들의 권리를 지키기 위해 공동체 활동을 한 사람으로 유명하다. 그는 노예 출신 후손들 중에서 글을 읽고 쓰는 얼마 안 되는 사람 중의 하나였으며, 가난한 사람들의 편에 서서 반정부 시위를 일으키면서 수많은 유인물과 플래카드를 만들기도 했고, 열네 번이나 감옥에 갇힌 전력을 갖고 있다. 그는 경찰에 체포되자 한국 파병을 거부하고, 수년 간 감옥에 갇히는 편을 택한다. 그러는 동안 참바쿠 동네의 분노는 커져간다. 그것은 왜 그들이 자기들과는 아무런 상관도 없는 전쟁터에서 싸우면서, 자신의 의지와는 달리 범죄자가 되어야 하는지 이해하지 못하기 때문이다.

호세 라켈이 실종되자, 그의 숙모 페트로닐라(Petronila)는 그를 찾으러 나가지만, 발견하지 못한다. 그러자 섬의 점쟁이인 늙은 보니파시오(Bonifacio)를 찾아간다. 그는 카드 점을 쳐주면서 그녀가 가장 사랑하는 조카가 떠날 것이라고 예언한다. 그런 다음, 그녀는 호세 라켈이 체포되었고, 경찰과 많은 문제를 지니고 있던 호세 라켈은 감옥에 갇히는 대신 한국전쟁에 자원하는 걸 택했다는 사실을 알게 된다. 그러자 그의 어머니는 분노하고, 숙모는 괴로워한다. 병사들은 군복을 입고 전쟁터로 출발한다. 막시모의 친구 아틸리오(Atilio) 역시 강제로 징병된다. 그러자 그의 어머니 루데르신다(Rudersinda)는 어찌할 수 없는 슬픔에 잠기고, 아틸리오는 그녀를 홀로 놔둔 채 한국으로 출발한다. 아틸리오는 막시모와 시위에 참가했었고, 그래서 그의 어머니는 막시모가 자기 아들에게 나쁜 영향을 끼쳤다고 확신하면서 막시모의 어머니에게 욕을 퍼붓는다. 아틸리오는 한국전쟁터에서 목숨을 잃는다.

그로부터 어느 정도 시간이 흐르고, 호세 라켈이 모터사이클을 타고 겨울 외투를 두른 채 금발의 여자를 데리고 부자가 되어 전쟁터에서 돌아온다. 그가 도착하자 섬 주민들은 기뻐하고, 그는 전쟁 이야기를 들려준다. 부산의 어느 군병원에서 간호사로 근무했던 호세 라켈은 전쟁 일화를 들려주면서 전투 중에 불구가 된 육체를 자세히 묘사한다. 한편 그는 전쟁터에서 더러운 수작을 부린다. 피해 보상으로 사용되는 전사자들의 신분증명서를 사고팔면서 돈을 벌었던 것이다. 즉, 그에게 전쟁은 부자가 될 수 있는 사업거리에 불과했던 것이다. 그런 후 그는 스웨덴으로 갔다가 잉헤(Inge)라는 금발의 여인을 사랑하게 되고, 그녀를 참바쿠로 데려왔던 것이다. 참바쿠의 흑인 주민들은 그토록 흰 피부의 여자를 본 적이 없었다. 그래서 그녀는 도착하면서부터 참바쿠 주민들에게 충격을 준다.

호세 라켈의 아내 잉헤는 참바쿠에 도착하여 더위와 가난에 적응하려고 노력한다. 반면에 호세 라켈은 창녀와 술과 마약에 빠져 방탕하게 생활하면서 전쟁에서 번 돈을 탕진하고, 잉헤는 허름한 오두막집에 혼자 남는다. 마을 주민들은 그녀를 이상한 벌레처럼 쳐다보고, 그녀는 성적 아이콘이 된다.[20] 즉, 많은 마을 주민들이 그녀를 사랑하고, 그녀와 열정을

20 잉헤가 참바쿠 주민들의 성적 아이콘이 되는 것과는 달리, 그곳에서는 잉헤가 호세 라켈을 따라온 이유가 그의 훌륭한 성행위 때문이라는 소문이 돈다. 그러나 나중에 호세 라켈은 한국전쟁에서 부상을 입어 성 능력을 상실했음이 드러난다. 이런 식으로 사파타 올리베야는 흑인 남자와 백인 여자의 관계를 탐구하면서, 문학작품들 속에서 흑인을 원시적 성적 에너지로만 이용하는 것에 의문을 제기한다.

나누었으면 좋겠다는 숨겨진 욕망을 갖게 된다. 한편 막시모는 감옥에서 석방되고, 잉헤를 사랑하게 된다. 그러자 잉헤는 그의 욕망에 화답해준다. 그것은 그녀의 남편이 마을의 창녀들과 술집에서 전전하는 것에 대한 일종의 복수였다.

잉헤와 불륜의 관계를 맺지만, 막시모는 자기 공동체의 권리를 되찾고자 부단히 노력한다. 하지만 그의 어머니는 그의 그런 태도를 못마땅하게 생각한다. 아무도 그에게 감사하지 않으며, 좋지 않은 결과가 나올 때는 모두가 그를 비난하기 때문이다. 게다가 가난한 사람을 위한 사랑으로 열네 번이나 투옥된 경험이 있기 때문이다. 한편 메디아루나는 권투 경기에서 일격을 당해 쓰러지고, 목숨을 잃을 위험한 순간에 기권한다. 크리스풀로는 계속해서 투계에 몰입하지만, 자기가 가장 사랑했던 닭이 죽은 이후, 그 경기에서 은퇴한다. 코테나의 외동딸인 클로틸데(Clotilde)의 아들 도밍기토(Dominguito)는 어머니와 외할머니의 반대를 무릅쓰고 투계를 시작하다가 말의 뒷발에 채여 한쪽 다리를 잃을 위험에 처한다. 잉헤는 자기 가족의 경제 문제를 해결하기 위해 학교에서 교사로 일하고, 또한 참바쿠 바깥에 위치한 어느 외국계 회사에서 독일어와 프랑스어를 스페인어로 번역해준다.

어느 날 키로스(Quirós) 대위가 호세 라켈을 불러 참바쿠에서 거행될 평화유지단 환영 행사를 도와달라고 부탁한다. 그는 협력의 대가로 호세 라켈을 경사로 임명한다. 마을은 열광에 사로잡히고 평화유지단 환영 준비를 시작한다. 호세 라켈의 업무는 사회 동요를 일으켜 막시모와 참바쿠의 자선 교사인 도미틸라(Domitila), 그리고 잉헤의 활동을 중지시키기 위한 비밀 목적을 띠고 있었다. 실제로 성난 마을 사람들은 막시모가 이끌던 위원회를 공격하고, 학교로 사용되고 있던 도미틸라의 집을 파괴하기 위해 그곳으로 향한다. 그녀는 분노하면서, 자기가 그곳의 설립자 가족임을 외치고는 부모의 초상을 떼어내고서, 자기 집의 평화를 깨뜨리는 사람에게 저주를 퍼부으면서 위협한다. 그러자 공격자들은 저세상에서 그 저주가 마력을 발휘할지 모른다고 두려워하면서 급히 그곳에서 철수한다.

평화유지단이 도착한다. 그러자 참바쿠 주민들은 미국인들이 그들에게 돈을 주고, 철제 골조로 이루어진 집을 지어줄 것이라고 생각한다. 하지만 그렇지 않다는 것을 깨닫자, 아들의 사망 소식에 미쳐버린 아틸리오의 어머니는 막 도착한 사람들에게 고함을 치고 욕을 퍼붓는다. 경찰이 그녀를 제지하고 재갈을 물려 입을 막는다. 10년 발전 계획으로 그 마을에 투자할 것을 약속하는 연사의 연설문이 끝나자, 실망한 군중들은 그들을 공격한다. 다음날 아틸리오 어머니의 장례식이 거행되고, 장례식장은 경찰의 폭력을 비난하는 항의와 시위의 장소로 변한다. 장례 행렬이 지나가는 가운데, 경찰은 시위대를 공격하고, 그런 혼란 중에 막시모는 숨을 거둔다.

3. 『참바쿠, 흑인빈민굴』과 아프리카계 콜롬비아인의 상황

마누엘 사파타 올리베야의 가장 훌륭한 작품 중의 하나라고 인정받는 『참바쿠, 흑인빈민굴』은 한국전쟁과 관련된 아프리카계 콜롬비아인의 삶을 다루는 소설이다. 즉, 한국이라는 무대가 참바쿠 주민들의 삶 속에 투영되면서, 콜롬비아라는 지리적 경계는 확장된다. 하지만 무엇보다도 사파타 올리베야의 작품세계에서 『참바쿠, 흑인빈민굴』이 주목을 받는 것은 아프리카계 콜롬비아인에게 초점을 맞추기 때문이다. 즉, 기존의 작품과는 달리, 공민권을 박탈당한 가난한 아프리카계 콜롬비아 사람들의 사회적 · 정치적 · 경제적 현실을 강조한다는 점에서 새로운 방향성을 갖는다. 이런 점에서 이 소설은 사회적으로 소외된 아프리카계 콜롬비아 사람들을 통해 콜롬비아 내의 사회적 불평등을 비난하고 그에 맞선 투쟁을 다루고자 하는 작가의 의도를 분명하게 드러내는 작품이라고 말할 수 있다.

사실 『참바쿠, 흑인빈민굴』 이전만 하더라도 아프리카 후손들은 콜롬비아 소설 속에서 그다지 조명을 받지 못했다. 흑인들은 가난한 원주민의 삶을 강조하는 사회주의적 리얼리즘 작품에 가려 있었기 때문이다. 따라서 이 작품이 출판되면서, 마누엘 사파타 올리베야의 서사적 초점은 일반적이고 포괄적인 성격에서 구체적인 것으로 나아간다. 다시 말하면, 인종과 종족에 관한 추상적인 언급을 벗어나 보다 구체성을 띤 인물들을 제시하고 그 인종적 특징을 밝히는 것으로 이동한다. 마누엘 사파타 올리베야의 이전 작품들 속에서는 작중인물의 인종적 특징이 충분히 발전되지 못하고 있으며, 작품의 사회적 상황이나 맥락과도 연결되지 못한다. 이전 작품들 속에서 인종차별주의는 그들의 위치와 밀접한 관련을 맺지 못한다. 오히려 흑인, 가난한 백인, 원주민들이 동등한 희생자로서 제시된다. 하지만 『참바쿠, 흑인빈민굴』에서 독자는 첫 대목부터 아프리카계 하층민들과 만나게 된다.

아프리카계 콜롬비아인들의 주제가 부각되지 못한 이유는 콜롬비아의 역사적 상황에 기인한다. 니나 데 프리드만(Nina de Friedemann)과 하이메 아로차(Jaime Arocha)에 의하면, 흑인이 콜롬비아의 역사에서 철저히 무시되고 배제되었던 이유는 콜롬비아의 교육 제도가 수만 명의 아프리카인들의 역사를 정규 과정에서 배제한 것에 일부 기인한다(Friedemann y Arocha, 1995: 47). 이렇게 흑인들의 문화적 공헌이 철저하게 무시된 것은 "콜롬비아와 같은 나라들에서 아프리카인들의 후손을 차별하기 위해 행해진 효과적인 전략"(Friedemann y Vanin, 1995: 16)의 결과로 여겨져야 한다. 아프리카의 후손들을 사회 분야에서 소외시키려는 콜롬비아 당국의 의지는 확고하고 교묘했음을 부인할 수 없다.

이런 아프리카계 후손을 무시하는 사고방식은 19세기부터 진행된 '백인화'(blanqueamiento)라는 이데올로기에 뿌리박고 있다. 바로 콜롬비아의 국가 형성 시기이자 정체성을 결정하는 사회문화적 요인이 확립된 시기이다. 당시에 정치 · 문화당국은 피부색에 바탕을 둔 카스트 체제를 설립하여, 흑인들을 사회의 가장 낮은 계층에 위치시켰다(Gutiérrez Azopardo, 1994: 73). 1886년에 제정된 새 공화국의 첫 번째 헌법의 핵심은 '진보'의 개념에 바탕을 두고 있었다. 여기서 '진보'는 모든 콜롬비아인들을 하나의 '인종'으로 동화시키는 것이었다. 이것이 바로 백인화 이데올로기의 기초를 이룬다. 흑인들은 국가 발전을 저해하는 장애물로 여겨졌고, 이런 방식으로 '혼혈 민족'을 백인화하도록 백인들의 이민을 인정하는 법이 제정되었다. 그로부터 몇 년 후, 국가의 사회경제적 조건이 바뀌었고, 당국은 인종 통합이란 주제에 다른 접근 방식을 사용할 필요가 있었다(Friedemann y Arocha, 1995: 64~67). 니나 데 프리드만과 하이메 아로차, 그리고 알프레도 베닌에 의하면, 과거에 백인과 원주민의 혼혈을 설명하던 '메스티소'란 용어는 아프리카계 콜롬비아인들에게도 적용되기 시작했지만, 이는 사회적 · 인종적 차이와 원주민과 흑인에 대한 차별을 은폐하기 위한 의도였다. 현재까지 콜롬비아에서 '메스티소'란 용어는 "정치적 행동 이데올로기로서, 계속해서 정체성의 권리를 요구하는 사회인종적 다양성을 말살하기 위해"(Friedemann, 1993: 20) 사용되고 있다.

이렇게 원주민과 흑인들의 인종적 정체성이 은폐되면서, 콜롬비아의 대다수 사람들은 인종차별주의가 콜롬비아에 존재하지 않는다고 주장하게 된다. 이런 주장은 언론 매체에서 백인 국가의 이미지를 보여주고 홍보하며, 동시에 학교에서는 흑인과 원주민의 유산에는 관심을 보이지 않고 유대-기독교적 유산과 유럽 혹은 스페인의 조상만을 평가하는 데서 잘 나타난다.

4. 참바쿠: 아프리카계 콜롬비아인의 저항의 상징

가르시아 마르케스는 『콜레라 시대의 사랑』에서 참바쿠를 "노예들이 살던 옛 구역"(García Márquez, 1994: 23)이나 "빈민들의 죽음의 함정"(García Márquez, 1994: 31)이라고 지칭한다. 그러나 그의 작품은 참바쿠를 심도 있게 파헤치는 대신, 부유한 계층이 살던 망가(Manga) 지역을 중심으로 전개된다. 이런 점에서 마누엘 사파타 올리베야가 가르시아 마르케스가 설정한 무대와 극명한 대조를 이루는 참바쿠라는 장소를 소설의 중심 무대로 사용하고 있다는 사실은 의미심장하다. 참바쿠는 아프리카인을 조상으로 둔 많은 콜롬비아 사람들이 살고 있는 곳이며, 카르타헤나에서 가장 가난한 사람들이 모여 사는 지역이다. 그래서 대부분 가난한 흑인 콜롬비아 사람들로 이루어진 이 공동체는 카르타헤나를 정치적 · 경제적 · 행정적으로 지배하는 사회적 · 정치적 구조와 동떨어진 섬이라고 볼 수 있다.

1852년 노예제가 철폐되자, 많은 아프리카계 콜롬비아인들은 일거리를 찾아 움직였고, 태평양 연안과 막달레나 강 유역, 그리고 산타 마르타와 카르타헤나 근교에 정착한다. 식민지 기간에 참바쿠는 전설적인 인물인 벤코스 비오오(Benkos Bioho)[21]의 지휘 아래 노예 해방운동의 중심지로 부각된 곳이기도 했다(Ortiz, 2007: 155). 엘리사베스 쿠닌(Elisabeth Cunin)

21 16세기에 카르타헤나 남동쪽에 탈주노예 공동체인 '팔렝케 데 산 바실리오'(Palenque de San Basilio)를 설립했으며, 1619년에 스페인군에게 체포되어 교수형을 당함.

에 의하면, 참바쿠는 육지와 바다 사이의 맹그로브 습지 한가운데에 위치하고 있었다. 그러나 점차로 그 습지는 모래와 쓰레기들이 모여 단단한 땅으로 변했다. 20세기 초에 전차 건설과 국도 건설로 인해, 참바쿠는 카르타헤나 성벽 근처에 인접한 마을 중에서 가장 큰 곳으로 탈바꿈한다. 이 작업이 종료되자, 참바쿠 사람들은 카르타헤나의 부유층 거주 지역에서 건설 노동자, 세탁부, 그리고 파출부로 일한다. 당시 대도시 근처에 있는 대부분의 가난한 마을들처럼, 콜롬비아 당국은 참바쿠의 복지 문제에 대해서는 신경을 쓰지 않았고, 그래서 그곳은 전기와 하수도와 같은 기본적인 시설도 없었다. 그래서 콜롬비아에서 "가장 크고 가장 오래된 빈민촌"(Cunin, 2003: 135)이 된다.

그런데 1970년대 초에 카르타헤나는 중요한 관광 도시로 부상하기 시작한다. 참바쿠는 그 도시의 이미지에 방해가 되는 대표적인 지역이었다. 그래서 그 지역의 철거 계획이 시작된다. 투자자들 · 건축가들 · 정치가들이 그곳 주민을 철거시키기 위해 대규모의 도시 재개발 계획을 약속하면서 도착한다. 하지만 그 어느 계획도 실행에 옮겨지지 않았다. 1970년대 초에 이 흑인 동네는 철거되었고, 그곳의 주민들은 아무렇게나 버려진 채 근처 다른 공동체에 살게 된다. 쿠닌(Cunin)은 이런 재개발 정책을 "1970년대 초에 시작했던 도시계획 정책의 야심과 부조리의 가슴 아픈 증거다"(Cunin, 2003: 136)라고 평가한다.

콜롬비아의 공식 역사에서 참바쿠는 단지 흑인 빈민굴의 본보기로 남아 있지만, 문화적으로는 콜롬비아 역사의 열려진 장이다. 그곳에는 아프리카계 콜롬비아인들의 문화적 · 정치적 · 사회적 · 경제적 요소가 혼합되어 있으며, 따라서 콜롬비아 집단 기억의 한 장소를 차지한다. 그렇게 참바쿠는 아프리카계 콜롬비아인들이 국가 공동체에서 시민으로서 참여하기 위해 싸워야만 했던 지난한 여정을 보여주는 역사적 · 사회적 · 정치적 · 문화적 의미를 지닌 과거 노예들의 땅으로 기억된다.

마누엘 사파타 올리베야의 『참바쿠, 흑인빈민굴』은 침묵을 지켜야만 했던 아프리카계 콜롬비아 공동체를 통해 그들의 문화와 역사, 사회와 인종 등을 다루는데, 이것은 바로 아프리카계 콜롬비아인의 역사에 해당한다. 동시에 참바쿠라는 이름이 오늘날까지 콜롬비아 흑인 저항의 상징으로서 눈에 보이지 않게 지속시키면서, 집단적 기억의 주변에 머물러 있지 않도록 하는 데 일조한다.

5. 아프리카계 콜롬비아인과 한국전쟁의 의미

『참바쿠, 흑인빈민굴』은 참바쿠에서 아프리카계 흑인들의 삶이 어떤지 보여준다. 참바쿠에서 가장 중요한 것은 생존을 위한 투쟁이다. 이 소설은 '징병', '전리품', 그리고 '전투'라고 명명되어진 세 부분으로 나뉜다. 이 세 부분의 제목은 모두 싸움을 암시한다. 여기서 한국전쟁이라는 모티브는 주로 콜롬비아 군부가 한국에 파견할 군인들을 강제로 징집하는 제1부의 '징병'의 행위에 대한 배경을 제공한다. '전리품'은 한국전쟁의 여파가 그 동네에 어떤 충격을 주었는지에 대해 다룬다. 마지막으로 '전투'는 콜롬비아 정부가 관광 시설을 건립하기 위해 참바쿠 주민들을 강제로 이주시키겠다는 정책을 수립하자, 폭력을 통해 그 정책에 반대하는 것을 다루면서, 참바쿠 주민들이 평화유지단에 대해 얼마나 부정적으로 반응하는지를 보여준다.

이 소설의 중심을 이루는 인물들은 코테나 가족이다. 이 가족은 어머니인 코테나, 장남 막시모, 호세 라켈, 딸 클로틸데, 크리스풀로, 권투 선수 메디아루나로 이루어져 있다. 호세 라켈은 정부군에 체포되어 한국전쟁에 참전하고 전리품으로 새 모터사이클과 스웨덴 여자 잉헤를 데리고 돌아온다. 그러나 막시모는 전쟁터에 가는 것을 거부하고 몇 년을 감옥에서 보낸다. 코테나는 그들이 체포된 날 밤에 자기 아들들을 미친 듯이 찾는다. 그러면서 막시모의 말을 떠올린다.

> 내게는 참바쿠밖에 없어요. 카르타헤나도 아니에요. 우리를 못마땅한 눈으로 바라보는데, 왜 우리가 그들을 위해 싸움터로 나가야 하는 거죠? 미국 놈들에게 짐 싣는 동물로 봉사하는 건 더욱 안 되지요. 그들이 중국인이나 한국인을 죽이고자 한다면, 그건 그들이 무언가를 얻을 것이기 때문이에요. 바로 돈이지요. 그들이 관심을 보이는 건 오직 그것뿐이에요. 그 작자들은 민주주의가 뭔지도 몰라요. 나는 거기서 그들이 흑인들을 목매달아 죽여버릴 것임을 알고 있어요. 이제 그들은 우리가 그들을 도와 중국인들을 죽이길 바라고 있어요. 아주 좋은 사업이지요……. (Zapata Olivella, 1963: 37)

이 대목에서 막시모는 한국전쟁에 관한 구체적 언급보다는 미국의 제국주의와 인종차별주의를 비판한다. 그리고 돌아와서는 이등 시민으로 취급받고 남용의 대상이 될 아프리카 후손들을 전쟁터로 보내는 정부의 위선도 고발한다. 막시모에게 돈은 자본주의 악의 진정한 기초이다. 그는 미국인들을 부유하게 만들 목적으로 흑인들을 수탈하는 행위도 거부한다. 막시모는 참바쿠에서 벽에 혁명 구호를 그리면서 권력에 도전할 뿐만 아니라, 반란의 힘도 제공한다.

『참바쿠, 흑인빈민굴』은 한국전쟁을 모티브로 삼아서 콜롬비아 역사에서 매우 어려운 시기, 즉 1952년부터 1961년까지를 다룬다. 이 시기는 콜롬비아 역사에서 가장 탄압적이고 폭력적인 시기였다. 즉, 민주주의라는 허울을 쓰고 독재 체제를 자행했던 라우레아노 고메스(Laureano Gómez)

정권과 로하스 피니야(Rojas Pinilla)의 군사정권 시기, 그리고 그 이후의 시기에 해당한다. 어느 역사가는 콜롬비아의 참전을 다음과 같이 설명한다.

> 맥아더 장군이 콜롬비아 독재 정부에게 미국 국무부와 암암리의 계약을 맺을 기회를 주었다는 것은 '기정사실'이다. 그들과 공모하는 대가로, 그리고 미국 뉴스 통신사들이 침묵을 지킬 수 있도록 해주는 대가로, 또한 갈수록 거세지는 콜롬비아인들의 저항을 진압하는 데 필요한 무기 제공의 대가로, 콜롬비아의 독재 정권은 한국 파병을 서둘러 제안하고 실현시켰다. 군대를 해외에 파견하려면 의회의 동의가 필요하다는 헌법 조항을 무시했을 뿐만 아니라 대다수 콜롬비아인들의 의지에 역행하면서, 독재 정부는 자진해서 우리 군대의 육군과 해군을 한국에 파병하는 원정군에 통합시켰다. (Cuéllar, 1963: 202)

미군과 함께 힘을 합치기 위해 징병된 흑인들은 라우레아노 고메스 정부와 미국 국무성과의 협약에 따른 것이었다. 참바쿠의 흑인들은 미군 참호에서 '대포의 밥'으로서 이상적이었으며(Rengifo, 2001: 37), 이 군대는 당시 폭력사태로 인해 콜롬비아가 겪고 있던 사회적 불안정을 탄압하기 위해 사용될 미국의 군사 원조에 대한 대가였던 것이다. '징병'이라는 부분에서 콜롬비아 군대의 병사들은 흑인 동네로 와서 수백 명의 흑인 주민을 검거하여 강제로 징병한다. 그 장교 중의 하나는 이렇게 외친다. "빌어먹을! 이런 상태로 한국에서 싸우겠다고 생각하는 건가! 중공군들이 불에 구운 비둘기처럼 너희들을 먹어치우고 말거야. 저 선동자들을 어서 체포해! 무슨 일이 있어도"(Zapata Olivella, 1963: 6). 이 대목은 콜롬비아 병사들의 느슨한 태도와 해이한 정신을 보여준다. 하지만 이런 문제는 한국전쟁에 참전하면서 해결되고, 한국전쟁에서 귀국한 후 그들의 병력은 콜롬비아 내의 게릴라와 맞서 혁혁한 전과를 거둔다.

『참바쿠, 흑인빈민굴』은 아프리카계 콜롬비아인들의 저항 정신을 포착할 뿐만 아니라, 한국전쟁이 주민들에게 얼마나 황폐한 결과를 가져다주었는지 보여준다. 가령 막시모와 매우 대조적인 호세 라켈은 한국에서 전사한 병사들의 신분증명서를 파는 더러운 수작을 통해 돈을 벌었던 것처럼 도덕심이 결핍되어 있음을 보여준다. 그에게 전쟁은 정말로 '훌륭한 사업'이었다. 한국전쟁에 참가한 많은 참바쿠 주민들은 결코 참바쿠 땅을 다시 밟지 못하고 그들의 가족들도 고통 받는다. 작가는 "그 불쌍한 여자는 소식을 받자 미쳐버렸다"(Zapata Olivella, 1963: 68)라고 서술하면서, 기관총에 희생당한 아틸리오의 어머니를 가장 고통 받은 사람으로 제시한다. 후에 그녀는 평화봉사단이 참바쿠에 들어오지 못하도록 적극적으로 투쟁한다. 그렇게 한국전쟁은 아프리카계 후손들이 투쟁을 벌이게 만드는 간접적이지만 결정적인 동기로 작용한다.

이렇듯 사파타 올리베야는 사회적으로 불안했던 1950년대의 콜롬비아 역사를 중심으로 아프리카계 콜롬비아인들의 일상생활에 무슨 일이 벌어지는가를 보여준다. 그런 역사적 사건들과 함께 작가는 그들의 배고픔과 좌절과 기쁨, 그리고 그들의 종교와 주술을 비롯해 공동체를 지배하는 문화적 요소를 파헤친다. 한국전쟁은 콜롬비아 내부에서 진행되고 있던 식민화 체제에 대한 투쟁을 촉발시키고, 결국 한국전쟁의 여파는 아프리카계 콜롬비아인들이 단결하게 만드는 결정적인 요소가 된다. 이런 자각은 막시모가 잉헤에게 아프리카계 콜롬비아인들의 상황을 설명하는 곳에서 잘 드러난다.

> 우리 조상의 문화 역시 질식되었지요. 그건 마술적 방식으로 표현되지요. 소위 미신이라고 불리지요. 400년 전부터 우리는 "이건 내 거야"라고 말할 수 없었어요. 우리는 타인의 언어로 우리 자신을 표현해요. 그래서 아직도 우리는 우리의

감정을 정확한 말로 표현할 수 없어요. 당신은 내가 혁명에 관해 말하는 것을 듣고 있어요. 그러나 나는 속박을 끊어버릴 수 있는 것 이상의 것을 언급하고 있는 거예요. 나는 우리라는 존재의 권리만을 요구하는 거랍니다. (Zapata Olivella, 1963: 121)

막시모에게 반항은 노예제도라는 비인간적인 과정에서 상실했던 인격을 되찾는 것이다. 노예제는 아프리카계 콜롬비아 문화의 수많은 긍정적인 측면을 제거했다. 아프리카계 콜롬비아 사람들의 일부는 인격조차 상실했고, 막시모의 자기 긍정은 이런 상실을 상쇄시킬 수 있는 유일한 방법이다. 이런 태도는 "우리라는 존재의 권리만을 요구"한다는 말에서 분명하게 나타난다. 과거의 긍정적 가치를 회복하기 위해 벌이는 현재의 투쟁은 바로 그들의 인격에 바탕을 둔 권리 찾기인 것이다. 막시모는 잉헤에게 오랜 세월 동안 아프리카계 콜롬비아인들이 어떻게 반항하고 반란을 일으켰는지 설명하면서, 벤코스 비오오와 산페드로 클라베르(San Pedro Claver)[22]와 같은 과거의 역사적 인물들을 언급한다.

이 작품은 참바쿠를 유럽인과 미국인을 위한 관광지로 탈바꿈시키기 위해 그곳을 통제하려는 콜롬비아 군 당국과 맞서 시위를 주도하는 도중에 막시모가 죽는 것으로 끝난다. 막시모의 죽음은 아프리카계 콜롬비아인들이 지니고 있는 혁명 정신을 대표한다. 그래서 마빈 루이스(Marvin A. Lewis)는 이렇게 지적한다. "막시모의 죽음은 헛되지 않다. 그것은 반란의 씨앗이 이미 뿌려졌고 참바쿠의 주민들은 병사들과 타락한 관리들과 맞서 싸울 준비가 되어 있기 때문이다. [……] 막시모의 연설은 흑인의 힘

22 1580~1654. 예수회 신부로 콜롬비아의 카르타헤나에 도착하는 노예들의 고통을 덜어주기 위해 헌신했다. 노예들의 수호성인으로 일컬어진다.

이 어떤지 보여주고 있으며, 그는 사회적 행동의 촉매제 역할을 한다. 막시모는 자기와 같은 사람들의 어려움을 개선시키기 위해 목숨을 잃어버릴 위험까지도 감수할 수 있는 사람이다"(Lewis, 1987: 107). 한편 리처드 L. 잭슨은 막시모를 이렇게 평가한다. "아마도 현대 라틴아메리카 소설의 그 어떤 작중인물보다도, 막시모는 오늘날 미국의 흑인들뿐만 아니라, 제3세계의 시민 활동가들을 특징짓는 혁명 정신을 떠올리게 한다"(Jackson, 1976: 120).

『참바쿠, 흑인빈민굴』은 노예제도 철폐 이후 카르타헤나의 옛 노예들에게 무슨 일이 일어났는지를 보여주는 강력한 사회 고발 작품이다. 흑인들은 콜롬비아 사회의 쓰레기였다. 그런데 카르타헤나의 부자들은 그들에게 이 말을 사용하지 않고, 대신 그들을 제거할 아주 훌륭한 장소를 발견한다. 그곳은 바로 콜롬비아 대대였다. 콜롬비아가 참전했던 한국전쟁에서 수많은 아프리카계 콜롬비아인들이 목숨을 잃었지만, 그들은 흑인이었고 콜롬비아 국민들 중에서도 가장 소외된 계층이었기 때문에, 백인화를 지향하던 콜롬비아의 국민들은 그들을 위해 울지 않는다.

6. 문명과 야만의 대립: 『참바쿠, 흑인빈민굴』의 한계

앞서 지적했듯이, 『참바쿠, 흑인빈민굴』은 1950년대와 1960년대 동안 콜롬비아를 휩쓴 '폭력사태'의 정치적 위기 속에서 출판된다. 그리고 이런 폭력사태를 상세하게 다루는 작품들이 출간되면서 '폭력 사태 소설'(Novelas de la Violencia)이라는 문학적 현상을 형성하게 된다. 대부분 사회주의 리얼리즘의 유형을 따르는 이런 소설들은 자유당과 보수당의 치열한 투쟁을 소재로 삼으면서, 수많은 콜롬비아 사람들이 경험했던 정치적 탄압과 경제적 수탈의 조건을 충실하게 재생한다.

『참바쿠, 흑인빈민굴』은 아프리카계 콜롬비아인들의 공동체를 괴롭힌 문제들을 제시한다. 이 작품의 문학 기법과 내용은 사회주의 리얼리즘과 유사하다. 그러나 동시에 인종적 주제와 주요 핵심 요소로써 아프리카계 콜롬비아의 문화적 의식의 관점에서 접근한다(Captain-Hidalgo, 1993: 43~76). 알레한드라 렝히포(Alejandra Rengifo)가 지적하듯이, 『참바쿠, 흑인빈민굴』은 억압자(국가 · 군대 · 상인대표들)와 피억압자(참바쿠의 주민들) 사이의 문제를 구성하는 모든 요인들을 제시한다. 바로 이런 피억압자들 중에서 혁명지도자 막시모가 탄생한다. 그는 마르크스주의와 레닌주의 사상을 정치적 의제에 적용하려고 노력하며, 결국 그를 따르는 참바쿠 주민들의 눈을 뜨게 만들어서 혁명과 해방을 향해 한 발짝 더 나아가게 만든다(Rengifo, 2001: 39).

이렇게 『참바쿠, 흑인빈민굴』에서는 당시 많은 작가들이 예술 창작에 사용하던 사회주의 리얼리즘의 특징을 볼 수 있다. 사파타 올리베야는 이런 사회주의 리얼리즘에서 출발하지만, 동시에 아프리카계 콜롬비아인들로 구성된 공동체의 정체성을 정의내리기 위해 그들의 문화적 의식을 향한 자각과 관련된 문제[23]를 통합한다. 즉, 당대의 형식적 경향을 눈에 띄게 보여주기 위해 사회주의 리얼리즘으로 출발하지만, 그것은 흑인 주인공이 아프리카 후손으로서의 나를 확인하고, 자신의 정체성을 자랑스럽게 여기고, 자신의 출신을 확인하고 지배 사회에서 자신의 하위주체적 위치를 의식하는 것으로 발전된다. 이런 주제를 통해 이 작품은 콜롬비아가

23 아프리카계 콜롬비아 문학을 연구한 많은 학자들은 이런 경향은 19세기에 낭만주의 시인인 칸델라리오 오베소(Candelario Obeso)에 의해 시작되었으며, 이후 20세기 초반에 카르타헤나 출신의 시인 호르헤 아르텔(Jorge Artel)에 의해 이어졌다고 밝히고 있다(Ortiz, 2007: 160).

공식적으로 침묵을 지켰던 인종차별과 사회적 부정을 밝힌다.

한편 이 소설은 식민화된 주체 혹은 하위주체의 관점에서 현실을 구성하려고 하지만, 담론은 식민주의의—이 경우는 백인 혹은 참바쿠 주민을 위협하고 수탈하는 참바쿠 이외의 사회— 구도를 그대로 답습한다. 그것은 작가가 만들어낸 하위주체가 식민주의 담론이 만들어낸 범주 속에서 움직이기 때문이다. 다시 말하면, 식민주의 담론이 지향하는 자아와 타자의 이분법적 구조를 띤다. 이 작품은 아프리카적 요소를 강조하면서, 아프리카계와 비아프리카계 그룹의 인종적 분리를 야기한다. 그렇게 이 소설은 흑인 주민들의 삶의 조건을 자연적 결과가 아닌 가난의 결과라는 결론으로 이끌려고 하지만, 여기서 아프리카계 주민들은 타자로 제시된다. 그래서 원주민주의(indigenismo)가 그랬듯이, 사파타 올리베야의 작품은 아프리카계 콜롬비아인들의 상황을 고발하려고 하지만, 그렇게 함으로써 타자로서의 그들의 존재를 영속화한다고 말할 수 있는 것이다(Ramírez, 2007: 174).

헤이든 화이트는 야만인과 비문명인이 타자를 구성한다고 지적한다. 『참바쿠, 흑인빈민굴』의 묘사와 그곳 주민들은 화이트의 결론을 떠올리게 한다. 즉, 야만인과 비문명인은 자연의 노예이며, 동시에 자기 욕망의 노예이고, 동물과 마찬가지로 자신의 열정을 통제할 수 없는 사람이라는 것이다. 그들은 불안정하며 혼란스러운 존재들이며, 자율적이고 정착적인 삶을 살아가거나 항구적인 노동을 영위할 수 없는 사람들이고, 열정적이고 말할 수 없는 하위주체들이며, 탐욕스럽고 음탕한 사람들이다(Ramírez, 2007: 174). 가령 『참바쿠, 흑인빈민굴』에서 호세 라켈은 자기 통제가 불가능한 사람으로 제시된다. 그는 열정적이고 음탕하며 어정쩡한 존재로 참바쿠에 돌아오자마자 자신의 아내를 버리고서 창녀들과 어울리거나 술집을 전전하며 살아간다. 막시모와 호세 라켈의 또 다른 형제인 크리스풀로와 조카인 도밍기토는 노름을 좋아하는 사람이다.

참바쿠의 모든 사람들은 안정적인 일을 할 수 없는 사람들로 제시된다(여기서 유럽여자인 잉헤는 예외이다. 그녀는 섬 바깥에서 비서로 일한다). 모두가 지리멸렬하며 혼란스러운 존재들이며, 여자와 술과 노름이라는 욕망에 의해 통제되는 사람들이다. 막시모는 이렇게 지적한다. "우리는 검은 암적 존재지요. 그들은 우리를 죽이려고 해요. 어느 날 우리가 다리를 건너가 도시를 오두막집으로 가득 채울지도 모른다면서 두려워하지요. 그래서 우리에게는 거리도 없고 하수도도 없으며, 학교나 위생시설도 없는 거지요. 그들은 우리를 가난 속에서 죽여버리려고 해요"(Zapata Olivella, 1963: 128). 클로틸데가 자기 어머니에게 말하듯이 참바쿠는 "죽음의 땅"(Zapata Olivella, 1963: 23)으로 표현된 타자이다. 여기서 참바쿠는 진흙탕과 고인 물이며 분뇨, 썩은 조개만 캘 수 있는 악취 풍기는 물이자 데울 것이 없어서 불 꺼진 아궁이와 동일시된다.

비록 참바쿠는 타자의 땅으로 제시되지만, 그 외곽도 그보다 낫지는 않다. 한국도 그렇고, 기본적으로 감옥으로만 제시되는 카르타헤나도 그렇다. 또한 참바쿠를 떠나려고 노력하는 사람 역시 소위 문명의 세계, 즉 중심으로 들어가지 못하고, 더욱 악화된 야만의 상태에 빠진다. 가령 호세 라켈은 입대하여 한국과 유럽으로 가지만, 결코 문명화되지 못하고 더 타락한 인간이 되어 돌아온다. 그리고 키로스 대위나 그의 조수들, 카르타헤나 주민들도 더 문명화된 사람들이 아니다. 한편 참바쿠로 들어오는 잉헤는 처음에 그녀가 두려워했던 밀림에 잡아먹히지 않고, 그 공간에서 야만적으로 변하지도 않는다.

이렇게 이 소설은 문명/야만의 두 축으로 구성된다. 즉, 인종의 분리를 주장하면서 저항 담론의 성격을 띠는 것처럼 보인다. 크리스풀로는 이것을 잘 보여주는 말을 한다. 그는 한국전쟁 참전에 반대하는 이유로, 자신이 콜롬비아에 속하지 않으며, 자기는 다른 상상의 공동체, 즉 인종과 공통의 역사로 구성된 참바쿠 공동체에 있기 때문이라고 설명한다.[24] 하지만 이런 주체/객체, 문명/야만의 대립은 근본적으로 중심을 주장하며 중심 해체를 거부하는 식민주의적 도식이며, 따라서 극복해야만 하는 과제이다.

7. 『참바쿠, 흑인빈민굴』의 의의

지금까지 살펴보았듯이 『참바쿠, 흑인빈민굴』은 한국전쟁을 아프리카계 콜롬비아인들의 경제적 · 사회적 상황을 부각시키기 위한 배경으로 사용하면서, 한국전쟁에 참가한 '콜롬비아 대대'에 왜 아프리카계 콜롬비아인들이 상당 부분을 차지하고 있는지를 보여준다. 여기서 작가 사파타 올리베야는 한국전쟁의 성격이나 전쟁의 비참함 혹은 한국전쟁 참전의 의미와 같은 것을 서술하는 대신, 한국전쟁이 참바쿠라는 공동체에 어떤 영향을 미쳤고, 또한 그것을 바탕으로 어떻게 아프리카계 콜롬비아인들이 반항 정신과 정체성을 회복할 수 있는지에 관심을 보인다.

24 릴리아나 라미레스(Liliana Ramírez)는 "흑인 동네인 참바쿠가 성벽 아래에 태어난 것은 우연이 아니에요. 우리의 조상들은 그 성벽을 건설하기 위해 이리로 끌려왔어요. 노예선은 아프리카 전역에서 온 노예들로 가득 차서 도착했지요. 만딩가, 욜로포, 미나, 카라벨리…… 등등 마흔 개의 부족이었어요"(Olivella, 1963: 121)라는 막시모의 말을 바탕으로 아프리카계 콜롬비아인의 단일성을 문제 삼으면서 혼종성을 주장하고, 본질적이고 순수적인 개념으로써 흑인성을 해체한다(Ramírez, 2007: 175~178). 이것은 호비 바바(Homi Bhabha)가 제안하는 것처럼 문화는 단일하지 않으며 항상 다른 문화와 섞여 있다는 말을 확인해주는 것처럼 보인다. 그러나 참바쿠가 다양한 흑인 부족의 후손으로 이루어진 공동체지만, 콜롬비아 내에서 그들은 모두 흑인으로 간주되고 있다는 점을 부인할 수는 없다. 그리고 이 소설은 이런 흑인 부족들 자체의 정체성이 아니라 흑인으로 여겨지는 아프리카계 콜롬비아인들의 공동체가 피부색과 사회계급적으로 다른 공동체와 다르며 그것을 바탕으로 의식화해야 한다는 분리주의적 사고를 갖고 있음은 분명하다.

『참바쿠, 흑인빈민굴』은 콜롬비아의 역사에서 잊혀버린 아프리카계 콜롬비아인들의 삶과 고통과 애환을 다루고 있을 뿐만 아니라, 한국전쟁사에서도 거의 언급되지 않는 사람들을 다룬다는 점에서 의미가 있다. 이것은 바로 라틴아메리카 작가의 의무이자 역할이기도 하다. 1977년에 멕시코의 소설가 카를로스 푸엔테스는 『테라 노스트라』(*Terra Nostra*)로 '로물로 가예고스'(Rómulo Gallegos) 소설상을 받으면서, 20세기 후반 라틴아메리카 문학의 구세주적인 임무를 "현대 라틴아메리카 문학의 거대한 과제는 우리의 역사에서 침묵을 지켜야만 했던 사람들에게 목소리를 주고, 우리 역사의 거짓말에 진실로 대답하고, 옛 과거를 새로운 언어로 흡수하는 것이다"(Kadir, 1984: 300)라고 설정한다. 그로부터 몇 년 후 진 프랑코(Jean Franco)는 가르시아 마르케스에 관해 말하면서 이렇게 지적한다.

> 그의 작품에서 그는 '우화의 창조자'뿐만 아니라 기자로서 근본적으로 역사가 잊어버렸던 것, 즉 라틴아메리카 대륙의 외딴 지방의 일상생활과 같은 진부하고 하찮은 것들이나 소외된 사람들의 멋진 전설이나 말 못할 영웅주의를 구해내는 것에 전념했다. 가르시아 마르케스에게 작가의 역할은 상상의 목록에서 오래된 사실들과 파편들을 되찾고, 권력자들의 자발적인 기억상실증에서 그런 것들을 회복하는 것이다. (Franco, 1983: 18)

카를로스 푸엔테스와 가르시아 마르케스의 작업처럼, 마누엘 사파타 올리베야의 소설 『참바쿠, 흑인빈민굴』은 아프리카계 콜롬비아인들의 역사를 전면에 부각시키면서, 역사에서 침묵을 지켜야만 했던 사람들에게 목소리를 준다. 그것은 콜롬비아의 문화유산을 상징적이자 온전하게 회복하는 일이기도 하다. 또한 아프리카계 콜롬비아인들의 역사를 은폐하기 위한 온갖 수사법을 동원하여 거짓말을 늘어놓았던 콜롬비아 정부의 속셈과 의도를 파헤치고 고발하면서, 아프리카계 콜롬비아인들의 정신적 자산을 되찾는다. 하지만 "옛 과거를 새로운 언어로 흡수하는" 소설미학적 측면에서, 이 소설은 사회주의 리얼리즘의 대표적 형식인 이분법적 구조를 구사함으로써 중심을 추구하는 식민주의 담론을 넘어서지 못하는 한계를 지니고 있다.

제4장
『맘브루』에 나타난 한국전쟁과 포스트모던 역사소설

1. 포스트모던 역사소설과 라파엘 움베르토 모레노 두란

포스트모던 역사소설이란 두 가지의 논쟁적인 용어를 포함하고 있다. 그것은 포스트모던 소설과 역사소설이라는 문제를 담고 있기 때문이다. 우선 포스트모던 소설에 대해서는 다양한 의견이 존재하지만, 가장 중요한 것은 모더니즘 작가들이 무질서 속에서 질서를 찾았다면, 포스트모던 작가들은 무질서를 수용한다는 점이다. 그리고 모더니즘 작가들이 언어의 실험에 치중했다면, 포스트모던 작가들은 언어기호와 관련되어 허무주의적 관점을 표출한다. 하지만 아마도 이런 포스트모던 작가들을 가장 특징짓는 것은 현실에 대한 개념일 것이다. 모더니즘과 달리 포스트모던 작가들은 극히 자의적이고 혼란스러운 현실을 만들어내고, 대부분 그것은 아이러니나 패러디와 관련되어 있다.

한편 아이러니와 패러디는 현대 역사소설의 주요 기법이기도 하다. 현대 작가들은 이런 기법을 이용해 공식 역사 담론에 비판적인 입장을 취하면서, 그들이 역사적 주제에 관심을 보이는 것은 과거의 정형화된 판본을 의문시하는 것임을 보여준다. 그런 목적을 이루기 위해, 그들은 '서사적 거리감'(바흐친의 표현)을 제거한다. 즉 1인칭 서술, 내면 독백이나 구어체 대화의 사용을 통해 역사적 과거와 현재의 거리를 사라지게 한다. 여기서 국가적 신화는 해체되고 파괴되며, 한 사회의 근본적 가치의 상징으로 사용되는 영웅들은 소설적 관점에서 유머와 아이러니로 가득 찬다 (Grützmacher, 2006: 148).

페르난도 아인사(Fernando Aínsa, 1997)에 의하면, 최근 역사소설을 결정하는 것은 바로 그런 패러디이다. 그는 현대 역사소설에 현존하는 두 가지의 반대적 경향을 지적한다. 하나는 알레호 카르펜티에르(Alejo Carpentier)의 작품들처럼 과거를 재구성하려는 텍스트이고, 다른 하나는 후안 호세 사에르(Juan José Saer)의 작품처럼 역사를 파괴하는 작품들이다. 전자는 사용 가능한 역사적 자료에 바탕을 두고 있는 소설이며, 후자는 작가의 자유로운 상상에서 나온 것이다. 현대 역사소설의 이런 두 갈래는 엘스비에타 스클로도브스카(Elzbieta Sklodowska)가 『라틴아메리카 신소설의 패러디』(*La parodia en la nueva novela hispanoamericana*)에서 지적한 원심력과 구심력 역사소설에 해당한다. 구심력 역사소설은 과거에 충실하고 정연한 관점의 구성을 향한 소설 담론을 지향한다. 그래서 역사를 다시 쓰는 작업은 역사학이나 유럽 문학에서 전해진 과거의 판본을 의문시하는 것에 제한되지 않고, 패자나 소외된 자들의 관점에서 만든 아메리카 역사의 묘사로 대체하고자 한다. 거짓을 참된 것으로 대체하려는 역사의 새로운 이미지는 이런 라틴아메리카 작가들의 기초를 이룬다.

하지만 이런 구심력 소설은 진실의 개념의 위기와 관련된 원심력 소설과는 상반된다. 이 힘은 과거의 진정한 재구성이 되려는 소망을 지닌 담론을 해체하는 것으로 나타난다. 이런 원심력에 이끌려 역사의 진지한 모든 해석을 패러디하고 우습게 만들어버리기 위해 작가는 상이한 시기의 이미지를 결합하고 자의적으로 현재의 요소들과 과거의 요소들을 뒤섞는 포스트모던적인 놀이에 전념하는 수밖에는 다른 도리가 없다(Sklodwska, 1991: 29). 여기서 구심력에 지배되는 소설은 전통적인 역사소설의 모델에 접근하며, 원심력을 따르는 작품들은 포스트모던 소설의 경향을 띤다(Grützmacher, 2006: 149). 구심력 역사소설은 관습을 따르거나 파괴하기도 하지만 독자가 과거의 재구성에 대한 믿음을 잃지 않도록 그것을 의문시하거나 그것에서 너무 벗어나지는 않는다. 반면에 원심력 소설은 현실에 대한 충실한 묘사를 하려는 소망을 계속 비웃으면서, 역사소설의 규범을 의문시한다. 갈수록 많은 작가들이 포스트모던적 경향을 지향하는 성향을 보인다(Grützmacher, 2006: 150).

이런 관점에서 콜롬비아의 포스트모던 역사소설을 살펴보면 알바루시아 앙헬(Albalucía Ángel), 다리오 하라미요 아구델로(Darío Jaramillo Agudelo)가 아이러니와 패러디로 두각을 나타낸다. 하지만 콜롬비아 포스트모던 소설을 가장 잘 보여주는 작가는 라파엘 움베르토 모레노 두란(Rafael Humberto Moreno-Durán)이라고 볼 수 있다. 모레노 두란의 작품은 첫 번째 소설 『여인들의 유희』(*Juego de damas*)[25]부터 포스트모던 작품으로 분류될 수 있다. 가령 그는 이 작품에 관해 "두운법, 언어의 유희와 이중적 의미의 탐색, 의미의 확장과 중립 화자에게 적절한 분위기 설정이 처음부터 내 소설과의 관계를 결정지은 몇 가지 목표였습니다"(Moreno-Durán, 1984: 866)라고 지적한다. 『여성 모음곡』(*Fémina Suite*) 3부작의 첫 작품인 이 소설을 비롯해, 이후 이어지는 『디아나의 촉각』(*El toque de Diana*)과 『마돈나와의 변덕스런 피날레』(*Finale capriccioso con Madonna*)

25 이 작품에 관해서는 송병선의 『'붐소설'을 넘어서』(고려대학교, 2008), pp. 150~154를 참고할 것.

에서도 언어의 유희를 통한 의미의 확장은 계속 이어진다. 가령 그는 『디아나의 촉각』의 진정한 놀이는 "성적인 재료가 최대한의 밀도를 지니게 하고 글쓰기를 통해 의미를 증폭하는 것"(Moreno-Durán, 1984: 873)으로 이루어져 있다고 밝히고 있으며, 『마돈나와의 변덕스런 피날레』 역시 '정액'(semen)과 '의미론'(semántica)의 관계를 점검하는 등(Williams, 1992: 47), 언어의 유희는 계속해서 중요한 주제로 사용된다.

그 다음 작품인 『외무부장관의 고양이들』(*Los felinos del canciller*)은 과거의 역사를 점검하는 역사소설 경향을 띠면서 언어의 유희를 잘 보여준다. 이 작품은 19세기 후반부터 1949년에 이르기까지 콜롬비아 외교관 가문의 세 세대를 다루며, 그 가족의 역사는 펠릭스 바라오나 프라데나스(Félix Barahona Prádenas)에 의해 서술된다. 그는 자기의 삶을 점검할 뿐만 아니라 할아버지이자 바라오나 집안의 가부장인 곤살로의 업적과 그의 아버지 산티아고의 업적을 이야기한다. 펠릭스는 뉴욕에서 외교관으로 일하는데, 작가는 외교를 '넥타이', 즉 아무 일도 하지 않는 외교관으로 "궁정에서 돈을 받으며 뚱뚱해진 식민지 최초의 관리들과 함께 여행했으며, 익히 예측할 수 있는 것처럼 누에바 그라나다에 정착된 스페인의 낡은 제도"(Moreno-Durán, 1987: 12)라고 평가한다. 레이몬드 윌리엄스는 이 작품에서 언어의 유희와 아이러니를 통해 과거에 대한 새로운 관점을 본다.

> 모레노 두란은 상류사회 보수층 지식인 계급의 옛 문체를 그런 계급을 대체했던 새로운 지식인의 문체와 연결시킨다. 화자는 고원지대의 문학 전통에서 기념비적인 작품들을 비판하고, 지배 담론 속에서 그런 작품들을 의문시한다. (Williams, 1992: 259)

한편 다섯 번째 소설이며 세르반테스의 『돈키호테』(*Don Quijote de la*

Mancha)와 루이스 마르틴 산토스(Luis Martín-Santos)의 『침묵의 시간』(*Tiempo de silencio*)과 상호 텍스트를 이루고 있는 『무적의 기사』(*El caballero de la invicta*)에서도 고도로 전개된 패러디와 아이러니, 풍자와 유머를 엿볼 수 있다. 이런 점에서 모레노 두란은 언어의 유희의 대가로 평가받는 마누엘 푸익(Manuel Puig)이나 기예르모 카브레라 인판테(Guillermo Cabrera Infante) 같은 작가들의 후계자라고 일컬어질 수 있다(Utley, 2000: 134).

모레노 두란의 마지막 소설인 『맘브루』(*Mambrú*)는 다시 과거의 역사로 돌아가서 현재 콜롬비아에서 거의 언급되지 않고 있는 역사적 사건을 다룬다. 그것은 바로 북한 인민군과 중공군과 맞서 싸운 콜롬비아 병사들에 관한 이야기이다. 이 소설을 구성하고 있는 다양한 목소리는 과거와 현재의 현실에 질문을 던지려는 포스트모던 역사소설가들의 관심을 반영한다. 특히 이 작품은 유머와 아이러니를 통해 엄숙한 공식 역사를 해체한다. 그것은 공식 역사나 구심력을 띨 경우에는 엄숙한 문체를 사용해야 하지만, 중심과 진실이 해체된 원심력 소설에서는 엄숙한 문체로 글을 쓸 수 없기 때문이다. 그래서 아이러니 사용이 불가피하다. 이렇게 모레노 두란은 원심력 역사소설을 향해 나아가면서 한국전쟁의 부조리함을 포스트모던 관점에서 서술한다.

2. 『맘브루』의 구조와 목소리들

라파엘 움베르토 모레노 두란의 『맘브루』는 모두 6부와 각 부의 앞과 맨 뒤에 이탤릭체로 삽입된 7개의 조각으로 이루어져 있다. 각 부는 다시 6개의 소부분으로 나눠지면서 여섯 화자의 목소리들을 보여준다. 이 화자들은 한국전쟁에 참전한 병사이거나 장교이지만, 모두가 전쟁의 희생자이고 정부에 의해 기만당한 사람들이다. 이들은 역사가 비나스코(Vinasco)의 인터뷰에 응하면서 이야기한다. 즉 한국전쟁에 참전했던 용사들의 증언들이다. 이 자료의 일부는 한국전쟁에서 전투 중에 전사한 역사가 비나스코의 아버지 라미로 비나스코(Ramiro Vinasco, 1923~1953) 대위의 삶과 활동을 이야기한다. 한편 이탤릭체로 된 부분은 라미로 대위의 아들인 비나스코가 바르코 대통령의 수행원 자격으로 서울 여행을 하는 장면을 이야기한다. 그의 이야기는 여행의 따분함을 떨쳐버리기 위해 나누는 수행원들의 대화를 옮겨 적으면서, 동시에 어린 시절의 한 장면, 즉 한국에서 전사한 자신의 아버지 비나스코 대위의 시체 없는 장례식을 기억한다.

이 소설은 비르힐리오 바르코(Virgilio Barco) 콜롬비아 대통령의 방한 여행과 콜롬비아 병사들이 한국전쟁에 참전하러 가는 여행 장면을 출발점으로 삼으면서 전개되는 병렬 구조를 띤다. 비르힐리오의 항공기는 3만 피트의 고도에서 크루즈미사일의 속도로 태평양 위로 나아간다. 그 아래로 푸른 남빛의 바닷물은 36년 전에 바로 한국의 항구로 향하던 '에이킨 빅토리'(Aiken Victory)호가 지나가면서 남기는 하얀 항적을 그린다. 그러면서 화자 비나스코는 "하늘도 동일하고, 바다도 동일하다. 여행도 동일하고, 수정 불가능해 보이는 패배도 동일하다. 첫 번째 원정의 결과 앞에서, 어떤 운명이 이 새로운 모험의 끝에서 우리를 기다릴까?"(Moreno-Durán, 1996: 9)라고 묻는다. 다시 말하면, 하늘로는 대통령과 아들 비나스코가 여행한다. 그리고 저 아래로는 배를 타고 가는 과거가 여행한다. 거기에는 전쟁의 혼란스러운 상황 속에서 세상을 떠난 그의 아버지인 대위 비나스코와 라우레아노 고메스(Laureano Gómez) 대통령이 파견한 모든 콜롬비아 병사들이 한국이라는 머나먼 땅으로 여행한다.

이 소설에 의하면, 그는 콜롬비아에서 가장 인정받는 역사가 중의 하나이다. 그는 세계 여러 지역에 있는 도서관과 고문서 도서관을 방문했을 뿐만 아니라, 멀리는 올라야 에레라(Olaya Herrera) 시절에 있었던 페루와의 전쟁부터 수에즈 운하와 관련된 조그만 전쟁에 이르기까지 콜롬비아가 참전했던 국제 전쟁의 전문가이다. 특히 그는 한국전쟁과 콜롬비아의 참전에 관한 글을 여러 편 발표했다. 그는 콜롬비아 군대의 한국전쟁 참전에 대한 공식 판본에 반대해 논쟁을 벌이기도 했으며, 다른 나라의 역사학자들과 알고 지내는 사이이다. 특히 런던대학교의 에릭 홉스봄 교수와 서울대학교의 정권태 교수와 긴밀한 관계를 맺고 있다. 그는 런던을 여러 차례 여행하면서 홉스봄 교수를 개인적으로 알게 되었으며, 정권태 교수와는 서신을 통해 알고 있는 사이이다.

역사가 비나스코는 비르힐리오 대통령의 공식 한국 방문에 초대받을 두 가지의 조건을 모두 가지고 있었다. 하나는 한국과 콜롬비아 사이의 관계를 비롯해 '콜롬비아 대대'에 관한 광범위한 역사 지식을 지니고 있기 때문이다. 또 다른 하나는 그 전쟁의 영웅 중의 하나였던 장교의 아들이었기 때문이다. 그는 기꺼이 그 초청을 수락한다. 그것은 정 교수를 개인적으로 만날 수 있는 기회가 될 수 있었고, 또한 그의 아버지가 세상을 떠난 전장을 방문하고 한국에 머무르기로 결정했던 참전용사 레오넬 갈린데스(Leonel Galíndez)를 인터뷰하기 위함이었다. 그는 갈린데스에게서 중요한 사실들을 알게 될 것이라고 내심 기대하고 있었다.

이 작품에는 갈린데스를 비롯한 여섯 참전용사, 즉 여섯 정보원의 목소리가 등장한다. 이들은 각각 자신들의 이야기를 들려주면서 구체적인 역할을 수행한다. 올리베리오 로차(Oliverio Rocha) 병사는 세상의 시적 시선이며, 바에나(Baena) 대위는 농담과 빈정거림으로 가득한 장난꾸러기이고, 미겔 아르벨라에스(Miguel Arbeláez)는 최대한의 긴장감을 조성하는 주인공이며, 인시그나레스(Insignares)는 전쟁의 일상을 관찰하는 일반인이고, 비야밀(Villamil)은 전쟁의 결과가 얼마나 잔인한지를 보여준다. 이렇듯 모레노 두란은 한국전쟁에 참가했던 5,000명이 넘는 병사들 중에서 그리 대표적이지 않은 여섯 명의 목소리를 선택하고, 그런 다음 주인공인 역사가 비나스코를 통해 그것들을 모두 하나로 합치려고 한다. 즉, 다양한 목소리와 역사가의 관점은 이 작품의 초석을 이룬다.[26] 이것은 이 소설의 뒤표지에 적힌 것처럼 "다양한 목소리가 역사가의 체에 걸러져 단 하나의 목소리가 된다"라는 말이 전혀 틀리지 않는다는 것을 보여준다.

이 작품의 어느 순간에 역사가 비나스코는 인터뷰한 사람들의 증언을 그대로 옮겨 적었다고 밝히면서 "내가 유일하게 멋대로 했던 것은 음운을 점검한 것입니다. 만일 그렇게 하지 않았다면, 아마도 은어나 지역 방언, 혹은 속담으로 뒤범벅되었을 것입니다"(Moreno-Durán, 1996: 254)라고 지적한다. 이렇게 자의적으로 증언을 자신의 언어로 다듬는 글쓰기 태도는 증언들의 다성적인 효과를 제한하며, 모든 증언의 문체와 언어를 유사하게 보이도록 만든다. 그러나 이런 글쓰기 방식을 비나스코는 이렇게 옹호한다. "나는 이것이 실제로 일어났던 일을 메이크업시킨 판본이라고 여깁니다. 따라서 이미 출판된 몇몇 증언에 대해 의문을 제기했던 몇몇 장교들의 경멸적인 의견을 받아들일 수 없습니다. [……] 사소한 변형을 통해 음운을 맞춘 것을 제외하고, 나는 그 증거로 모든 대화를 녹음한 녹음테이프를 가지고 있습니다"(Moreno-Durán, 1996: 254). 그리고 이렇게 덧붙인다. "나는 이야기의 순서에 불안을 느낍니다. 그러나 나는 그들이

26 비평가들은 모레노 두란의 소설이 어떤 관점의 원칙에서 이루어졌는지에 많은 관심을 보였다. 가령 『여인들의 유희』에는 현기증이 날 정도의 다양한 목소리가 존재한다. 이것은 이야기가 파티에서 전개되기 때문에 술을 마시고 감격하고 마약을 소비하는 사람들의 리듬에 따르기 때문이다.

'칸톤 노르테'에서 훈련을 받던 시절부터 비야밀의 동원 해제까지 연대기적 순서로 사건을 추적하는 경향이 있습니다. 비야밀은 한 번도 전투를 치르지 않고 후방에만 있었던 참전 군인이며, 캠프의 마지막 나날 동안에 경험했던 모든 사건을 들려준 사람입니다"(Moreno-Durán, 1996: 254).

『맘브루』는 모레노 두란의 다른 작품들에 비해 상대적으로 그리 다성적이지 못한 것은 사실이다. 이것은 역사가 비나스코가 대중의 기억을 역사의 언어로 옮기는 데 기인한다. 하지만 모레노 두란이 역사가를 작품의 캔버스를 짜는 사람으로 선택한 것은 문체적이고 윤리적인 결정으로 보인다. 우선 문체적으로 하급 병사들—파스토, 안티오키아, 해변, 보고타 출신—의 지방적 말투에서 해방되기 때문이다. 만일 그렇게 하지 않았다면, 이 작품은 20세기 초의 원주민주의나 리얼리즘적 특징으로 가득하게 되었을 것이기 때문이다. 한편 윤리적 문제는 역사가가 자기 아버지 비나스코의 죽음을 조사하면서, 모든 게 연극이었으며 그 시체 위에는 콜롬비아의 역사가 그려져 있다는 것을 깨닫기 때문이다.

3. 작품의 출처와 문학적 유희, 그리고 상호 텍스트

이 책의 여러 장면에서 역사가는 허구적이건 상상적이건 이 작품의 출처를 밝힌다. 특히 러셀 램지(Russel Ramsey)의 『한국에서의 콜롬비아 대대』(*The Columbian Battalion in Korea*)와 러셀 구겔러(Russel Gugeler) 대위의 『한국전쟁에서의 소부대 전투』(*Combat Action in Korea*)를 인용한다. 한편 콜롬비아 사람들이 쓴 작품 목록도 제공한다. 그것은 루이스 노보아와 발렌시아 대위의 회고록, 카이세도 몬투아(Caicedo Montúa)의 『일기』(*Diario*), 알레한드로 마르티네스 로아(Alejandro Martínez Roa)의 『한국에서의 피』(*Sangre en Corea*), 아벤다뇨 중령의 『화염의 군기』(*Insignias del fuego*)(Moreno-Durán, 1996: 208)이다. 그리고 여러 번에 걸쳐 가브리엘 가르시아 마르케스의 신문기사들을 언급하는데, 특히 참전용사들이 전쟁에서 돌아왔을 때 그들이 겪게 된 가난과 실업, 그리고 사회적 부적응에 관해 『엘 임파르시알』(*El Imparcial*)[27]에 출판한 글을 인용한다.

한편 허구적인 인물들 속에서 모레노 두란은 이미 그가 출판했던 작품의 주인공들을 주변적으로 포함시킨다. 가령, 군인 아우구스토 호타 아란다(Augusto Jota Aranda)는 『디아나의 촉각』(*Toque de Diana*)에서 자기 아내의 부티크에서 종업원으로 일했던 사람이며, 엔리케 몽칼레아노(Enrique Moncaleano)는 『마돈나와의 변덕스러운 피날레』(*Finale capriccioso con Madonna*)에 나오는 인물이다.

하지만 이런 구체적 자료는 모레노 두란의 소설이 이것들과 동일선상에 있다는 것을 의미하지는 않는다. 모레노 두란은 ≪레포르마≫(*Reforma*) 신문과의 인터뷰에서 "한국전쟁은 소설작품을 만들어내지 못했습니다. 그것은 오로지 자기만족적인 문학을 태동시킨 새로운 신화가 되었습니다. 그러니까 '세인들의 비판적 관심에서 주변'에 있도록 만든 그 전쟁의 책임자들과 군인들이 저술한 거의 '자위적'인 작품이었습니다"(Gámez, 1997)라고 지적한다. 이것은 그가 기존의 역사적 자료 및 소설과 거리를 유지하려고 한다는 점을 암시한다.

모레노 두란의 기존 작품들과 마찬가지로, 이 소설 역시 역사적 자료에 바탕을 두고 언어의 유희, 농담, 독창적인 문구 등을 사용해 작품에 다양한 색채를 부여한다. 가령 현재 콜롬비아의 유명 인사들을 언급하면서 그

27 가르시아 마르케스의 이 글은 『엘 임파르시알』이 아니라 ≪엘 에스펙타도르≫(*El Espectador*) 신문에 게재되었다.

는 '고전적 전통'에 관해 말한다. "호라티우스가 한니발과, 다리우스가 유베날리스와, 아우렐리아누스가 옥타비아누스와, 심지어 플리니우스가 아풀레이우스와 허물없이 지낸 것처럼 긴 목록을 작성할 필요 없이, 훌리오 세사르와 벨리사리오, 비르힐리오와 세사르 아우구스토[28]도 그런 전통을 따랐다"(Moreno-Durán, 1996: 18). 그리고 이렇게 덧붙인다. "이 나라에 단 한 명의 브루투스도 없었기 때문일까?"(Moreno-Durán, 1996: 18).

그가 가장 선호하는 주제 중의 하나인 여성들에 관해서, 그는 "예수회의 교육을 받은 여자아이들은 자신의 음부에 높은 값을 매긴다"(Moreno-Durán, 1996: 19)나 "모든 창녀들 안에는 헌신적인 어머니의 모습이 존재한다"(Moreno-Durán, 1996: 82)라고 말한다. 몇몇 여기자들과 정치인들의 관계에 관해 말하면서, 그 여자들을 '야심녀'(Moreno-Durán, 1996: 111)라고 부른다. 또한 은밀한 부분과 성관계에 관해서는 한국어와 일본어로 언급하기도 한다. 병사들에게 도착하는 포르노 잡지에 관해 말하면서, 그는 "그림 하나가 천 번의 자위보다 낫다"(Moreno-Durán, 1996: 280)라고 말한다. 전쟁에 관해 역시 냉소적인 농담이 등장한다. 가령 어느 병사에 관해, 그는 머리에 세 발의 총탄을 맞았지만, 너무나 무뇌(無腦)였던 나머지 "총알이 그 어떤 뇌도 손상을 입히지 않았기 때문에 아무 일도 일어나지 않았다"(Moreno-Durán, 1996: 87)라고 비아냥거린다.

이런 문체와 그가 참고한 엄청난 역사 자료들 이외에도, 역사가 비나스코의 목소리를 통해 작가가 전하려는 가르침은 한국전쟁이나 콜롬비아의

28 훌리오 세사르는 훌리오 세사르 트루바이 대통령(1978~1982), 벨리사리오는 벨리사리오 베탕쿠르 대통령(1982~1986), 비르힐리오는 비르힐리오 바르코 대통령(1986~1990), 세사르 아우구스토는 세사르 아우구스토 가비리아 대통령(1990~1994)을 의미한다. 스페인어에서 '훌리오'는 라틴어의 율리우스, 세사르는 카이사르, 벨리사리오는 벨리사리우스, 비르힐리오는 베르길리우스, 아우구스토는 아우구스투스에 해당한다.

참전과 같은 커다란 역사적 사건에 관해서는 결코 진실에 도달할 수 없다는 것이다. 소설의 마지막 부분에서 비나스코는 좌절감에 사로잡혀 이렇게 말한다. "전쟁은 우리가 들었던 것처럼 일어나지 않았다. 아마도 그런 이유로 9월의 그날 아침 우리가 함께 묘지를 방문하자고 초청하자, 그 장군은 우리와 동행하지 않으려고 했던 것 같다. 그는 그날의 일정에 따른 의전 행사와 관련된 핑계를 댔다. [……] 아마도 그는 우리처럼 너무나 환멸에 차 있고, 전쟁이 끝난 날부터 우리에게 주입한 거짓 역사에 지쳐 있으며, 현실은 아무렇게나 덕지덕지 칠해진 허구에 지겨워하고 있었을지도 모른다"(Moreno-Durán, 1996: 298).

이렇게 비나스코는 공식 역사가 허구이자 익살극에 불과하다는 것을 깨닫는다. 그것은 동시에 모레노 두란의 무기가 바로 유머와 아이러니일 수밖에 없다는 점을 보여준다. 그는 엄숙하기 그지없는 상호 텍스트와 역사를 향해 총을 쏜다. 그것은 공식 역사에 동의하지 않고 그것을 수용할 수 없을 때는 엄숙하게 쓸 수 없으며, 따라서 아이러니와 패러디를 비롯한 문학적 유희는 작품의 필수조건이 되기 때문이다.

이런 문학적 유희와 더불어 이 작품에서는 베르길리우스의 『아이네이스』와의 상호 텍스트를 볼 수 있다. 대통령 수행단은 세사르 아우구스토(César Augusto), 한국참전용사협회(UNEXCO) 회장이자 장군인 카르데나스(Cárdenas), 대통령자문위원인 알데마르 알후레(Aldemar Aljure), 너무나도 분명한 바람둥이인 '제7선거용지',[29] 정부에서 가장 고집 센 관료 중의 하나인 에비타 멘도사(Evita Mendoza), 언론 조정관인 라비니아 엔리케스

29 '제7투표용지'는 콜롬비아의 상원 · 하원 · 광역의원 · 도지사 · 시장 및 지방의원을 선출하는 1990년 3월 11일 선거에서, 제헌의회 소집을 통한 개헌에 대한 찬반을 묻는 투표용지를 포함하자는 학생들의 제안이었다. 이 제7투표용지는 법적인 효력은 없었지만, 비공식적으로 승인되었다. 그리고 마침내 대법원은 국민 다수의 의지를 인정하고 그 투표를 유효하다고 인정하였고, 그렇게 '제7투표용지'는 1991년 헌법의 기원이 되었다.

(Lavinia Henríquez), 그리고 아버지의 무덤을 찾아가는 역사가 비나스코로 구성되어 있다. 여기서 비나스코의 여행은 환유적 의미를 지닌다. 그것은 '누가 내 아버지인가?'라는 핵심 관심사이자 중심 질문을 해결하기 위해 연구자가 전쟁에 관한 자료를 모으는 다양한 증언으로 구성된다.

어둠의 세계로의 하강은 『아이네이스』의 전통에서 유래한다. 트로이전쟁에서 패한 후, 아이네아스는 자신의 아버지 앙키세스를 찾아 지옥으로 내려간다. 아이네아스가 살아 있는 아버지를 만나지만, 비나스코는 자기 아버지가 죽었다는 사실을 안다는 점에서 두 작품은 차이를 보인다. 아이네아스와는 달리, 비나스코는 아버지가 없는 고아이다. 그는 아버지라는 존재를 찾기 위해 콜롬비아 폭력사태 동안 경험했던 어린 시절의 쓰라린 고통을 잊고 한국으로 향한다. 그리고 그는 아버지의 죽음이 자신이 알고 있던 것과는 다르다는 사실을 알고 진정한 역사가 존재하는 새로운 조국을 건설할 필요를 느낀다. 하지만 비나스코는 새로운 조국을 건설할 수 있는 사람의 아이가 아니다. 아버지가 전쟁터로 떠났던 이후부터, 그의 조국은 죽은 자들의 왕국이었기 때문이다. 이런 점에서 『맘브루』는 『아이네이스』, 『페드로 파라모』와 가족관계를 이룬다.

이런 아버지의 부재는 개인적인 것이 아니라 집단적인 의미를 갖는다. 그것은 『맘브루』에서 비나스코는 전쟁터에서 아버지를 잃은 유일한 인물이 아니기 때문이다. 타말리토 페냐(Tamalito Peña)와 인시그나레스도 1950년대 콜롬비아 폭력사태에서 아버지를 잃은 사람들이다. 역설적이게도 그들은 콜롬비아 사람들 사이의 전쟁을 피하기 위해 콜롬비아 대대에 입대하여 한국전쟁에 참가한 젊은이들이다. "우리가 알고 있는 사람들이 아버지를 죽였지만, 그래도 나는 군에 입대했어"(Moreno-Durán, 1996: 137)라고 인시그나레스는 자기의 입대 동기를 밝힌다. 그리고 아버지의 무덤 앞에서 비나스코는 말한다. "나는 장례 행렬 끝에서 가고 있었다. 고통과 향수뿐만 아니라 호기심에 사로잡혀 십자가를 찾는 고아였다. 나는 그 아래 우리 아버지가 누워 있고……"(Moreno-Durán, 1996: 246). 이렇게 상호 텍스트 연구는 『맘브루』가 조국을 찾아 폭력사태에서 내쫓긴 사람들의 이야기임을 보여준다.

4. 『맘브루』에 나타난 한국전쟁: 콜롬비아 참전용사들이 증언

앞서 지적했다시피, 비나스코는 여섯 명의 참전용사들을 인터뷰하고, 그들의 증언이 이 소설의 6개의 장들을 구성한다. 상이한 계급으로 한국전쟁에 참가했던 증언자들은 자신들이 알고 있는 일화와 사실들을 이야기한다. 레오넬 갈린데스는 정치적인 이유로 아르메니아에서 올라노가 이끈 보수당원 중의 하나를 죽였었고, 그래서 사법당국의 손을 피하기 위해 '콜롬비아 대대'에 입대했다. 그는 비나스코 대위의 동료였다. 살인죄로 재판을 받을 수도 있다는 두려움에 그는 콜롬비아에 한 번도 발을 들여놓지 않았다. 처음에 그는 실종된 것으로 나타났지만 중상을 입고 도쿄의 미군 병원에서 회복되었다. 그는 미국 간호사와 사랑을 했고, 연금으로 먼저 도쿄에서, 그리고 후에는 서울에서 '스트립티스' 사업을 벌였다. 그리고 연극 단원이었던 윤혜(yunhei)와 결혼했다. 그는 일본인들이 세상에서 가장 지독한 관음증자라고 말한다. 그리고 사업의 성격에 대해 이렇게 생각한다. "어느 여자가 사랑 때문에 옷을 벗으면, 이 세상의 미스터리는 배가된다. [……] 역설적으로 여자의 나체는 그녀가 주는 것을 숨기는 선물이다"라고 말한다. 그러면서 "그녀를 바라보는 타인 덕택에 그녀가 존재한다"(Moreno-Durán, 1996: 31)라고 지적한다.

이들의 증언에는 많은 사람들이 등장한다. 그것을 종합해보면, 본색을 감추고 사람을 대하기 때문에 '친절한 사람'(La Gentileza)이라고 불리는 알폰소 카다비드(Alfonso Cadavid)는 콜롬비아로 돌아와 보고타, 마이애미, 멕시코와 카라라카스에서 사업을 벌였다. 한편 '콜롬비아 대대'에서 얼마 안 되는 고등학교 졸업자인 마리오 야녜스(Mario Yáñez)는 전쟁 후에 연극을 했으며, 미겔 아르벨라에스는 비나스코 대위의 발밑에 떨어졌던 수류탄을 던지려고 하다가 한쪽 팔을 잃어버렸고, 그래서 '외팔이 미겔'이라고 불린다. '고관대작'이라고 불리던 사령관 살디바르(Saldívar) 대령은 강철 같은 성격을 가진 것으로 유명했으며, "그 어떤 종류의 청탁도 소용이 없는 군인의 본보기이며 걸어 다니는 재판관"(Moreno-Durán, 1996: 150)이었다. 그리고 코르시(Corsi)는 전쟁 동안 포르노 잡지를 대여하고 판매하는 일에 종사했으며, 트레호스(Trejos)는 제칠안식일재림교회의 목사가 되었다.

또한 보오르케스(Bohórquez)는 귀국하면서 전쟁에서 받은 훈장들을 가난한 동료들로부터 구입하여 장사를 했으며, 오르도녜스(Ordóñez)는 절망의 순간에 머리에 총을 쏴서 자살했다. 종군신부이자 '호모'라는 별명을 지니고 있던 다닐로 카스트리욘(Danilo Castrillón)은 병사들과 함께 전쟁터에 있었지만, 자신의 애무에 몸을 주는 사람에게만 죄를 사해주었다. 카스트리욘 신부의 조수였던 아르세시오(Arcesio)는 자기보다 어린 병사인 에르메스(Hermes)에게 나쁜 짓을 해서, 그를 전선에서 위험에 처하게 할 뻔했다. 한편 페레이라 출신이며 '찰스 아틀라스'라고 더 많이 알려진 엘킨 트루히요(Elkin Trujillo)는 비나스코 대위가 목숨을 잃은 일화와 관련되어 등장한다.

콜롬비아 군인들은 미군과 한국군과 군사행동을 함께 했지만, 소설 속에서 언급되는 사람은 그리 많지 않다. 미국인으로는 웨인(Wayne) 하사,

슈말펠트(Schmalfeldt) 대령, 칼 로센블래드(Karl Rosenblad) 대위, 종군신부 호트리(Hawtree)가 등장한다. 한국인으로는 다카무라 간호사(일본인?) 정도만 눈에 띈다. 전투가 벌어진 한국 지역에 관해서도 그리 많이 나오지는 않는다. 이 작품에서는 부산항, 화천 계곡, 수미다(?)강, 금성 계곡과 금성시, 동래, 낙동강, 춘천시, 휴전협정이 맺어진 판문점 등이 언급된다.

한편 '콜롬비아 대대'가 진지를 구축하면서, 병사들은 조국 역사에 길이 남은 이름으로 그 장소들을 명명한다. 보야카 전선, 바르가스 습지,[30] 케세라스 델 메디오,[31] 바르불라(Bárbula) 전투[32]가 그것이다. 몇몇 병사들은 그들이 있었던 고지를 '영부인'이나 '라 침바'(La Chimba)라고 부른다. 그리고 지형에 따라 '테타'(젖꼭지)라고도 부른다. 그들은 미군들이 자기들이 붙인 이름을 도둑질해서 유타, 캔자스, 와이오밍 전선, 미네소타 전선, 그린 크로스, 불모고지 등의 이름을 붙였다고 불평한다.

증언 속에서 콜롬비아 대대의 역사, 참전병사들, 그리고 국내 정치 상황에 관한 견해를 비롯하여 징병 · 여행 · 전선 · 전투 · 귀국, 그리고 여러 운명에 대한 일화가 등장한다. 가령 애국심에 대한 증거이자 징병을 북돋우기 위해, 라우레아노 고메스 대통령의 아들들인 "바리토(알바로), 라파(라파엘), 키케(엔리케)"(Moreno-Durán, 1996: 42)는 콜롬비아 대대의 일원으로 참가할 의도를 밝힌다. 그러나 그들은 그런 약속을 지키지 않았다. 훈

30 1819년 7월 25일에 애국군과 스페인 왕실군대가 파이파 근처에서 맞붙은 전투이다. 시몬 볼리바르와 프란시스코 데 파울라 산탄데르 장군의 지휘로 보고타로 향하던 스페인 군대의 길을 차단한 전투로 콜롬비아 독립에 결정적인 영향을 미쳤다.

31 1819년 4월 2일 베네수엘라의 아푸레 주에서 일어난 중요한 군사 행동. 독립전쟁의 위대한 인물인 호세 안토니오 수크레는 153명의 창기병으로 1,000명의 스페인 기병들을 물리쳤다. 파에스가 지휘한 전투 중에서 가장 유명한 전투이다.

32 1813년 9월 30일에 베네수엘라의 발렌시아 근처에서 바르불라 전투가 벌어지고 여기서 시몬 볼리바르의 군대가 승리를 거둔다.

련은 보고타의 '칸톤 노르테'에서 이루어졌다. 처음부터 두 개의 그룹으로 나뉘어졌다. 하나는 글을 읽을 줄 알고 『일리아드』와 같은 책에 관해 말하던 라세데모니아 시민들이었고, 다른 한 그룹은 문맹 농부들로 이루어진 '라세데모니아의 노예들'이었다. 후에 그들은 '바보들'과 '악마들'로 불린다. 또한 술잔치와 농담과 싸움이 벌어진다.

어느 정보원에 의하면, 훈련은 일종의 '속임수'였다. 그것은 4개월 동안 총 한발도 쏘지 않았기 때문이다. 1951년 5월 12일에 1,000명이 넘는 훈련병들이 보고타의 7번가로 가두행진을 했다. 라우레아노 고메스는 그들에게 자유를 위해 싸우라고 말했고, 그들에게 콜롬비아 국기를 건네주었다. 그러자 몇몇 사람은 의문을 품는다. 콜롬비아에서 자유는 죄인데, 어떻게 머나먼 국가에서 자유를 위해 죽으라는 말인가? 정보원들은 대통령궁에서부터 지휘를 받았으며, 보수당 성향의 경찰은 정치 지도자들에게 장단을 맞추며 정치 탄압을 자행했음을 암시한다. 즉, 많은 훈련병들은 바로 그런 탄압에서 피하기 위해 입대했던 것이었다.

그들은 기차를 타고 부에나벤투라까지 갔고, 거기서 '에이킨 빅토리'(Aiken Victory)호에 승선했다. 호놀룰루에서 한 그룹이 '탈영'했다. 단지 장교들만 하선할 수 있었지만, 많은 병사들은 홍등가(Red Light District), 특히 아이웰레(Iwele) 지역을 방문하기 위해 육지로 뛰어내렸다. 그곳은 "태평양 한가운데 자리 잡고 있으며, 모든 종교의 여자들이 있는 전설적인 쾌락의 지역"(Moreno-Durán, 1996: 117)이다. 진주만으로 걸어가면서 그들은 몇 년 전에 일본군에 의해 파괴된 미국 전함의 잔해를 보았다. '에이킨 빅토리'호는 그들을 놔두고 출발했고, 그들을 탈영병으로 간주했다. 하지만 그들은 미군 헌병에 의해 체포되어 비행기로 부산으로 이송되었고 그곳에서 다시 콜롬비아 대대와 합류했다.

또 다른 증언에서는 '파디야 제독'의 프리깃함에 관해 말한다. 그 배는 미국 기지에서 수리를 받은 후 역시 한국으로 출발했다. 그곳에 알베르토 루이스 노보아(Alberto Ruíz Novoa) 대령이 타고 있었다. 어느 정보원은 그에 관해 이렇게 말한다. "아무리 기억을 되살리려고 애를 써도 그를 한 번도 전선에서 본 적이 없었다. 그런데 그에게 훈장을 수여했다"(Moreno-Durán, 1996: 50). 콜롬비아 대대는 1개의 본부중대와 3개의 보병중대, 그리고 1개의 포병중대로 이루어졌다. 또한 의무소대와 전사자를 대체할 보충소대도 있었다. 그 후 한국 도착과 전투에 관해 이야기가 나온다. "우리들은 도곡리라는 끔찍한 지역에 갇혔고, 그곳에 4개월간 머물러야만 했다"(Moreno-Durán, 1996: 85).

그리고 군대의 냄새, 미군에게 지휘를 받을 때 통역병들이 스페인어로 잘못 통역하는 바람에 생긴 혼란과 인명 손실, 크리스마스 파티에 대한 향수, 오르도녜스 병사의 자살들을 이야기한다. 끔찍한 전투에 관해서는 많은 증언이 존재한다. 험준한 지역에서의 깜깜한 밤들, 진흙탕, 통신두절, 폭탄 폭발, 피, 상처, 목숨을 건 용감한 구조, 치명적인 실수, 미쳐서 동료들에게 총을 마구 쏘아대기 시작하는 병사들이 그것이다. 또한 황량한 해변과 수륙양용 군함의 잔해, 녹슬었지만 아직도 위협적인 대포들에 관해서도 묘사한다.

또 다른 정보원은 당시 유행했던 페드로 인판테(Pedro Infante)와 넷 킹 콜(Nat King Cole)의 노래에 관해 말하고, 마릴린 몬로(Marylin Monroe)와 군대의 성 습관을 묘사한다. 많은 병사들은 코르시가 제공하는 포르노 잡지와 엽서를 보면서 자위를 하면서 울부짖었다. 그리고 휴가를 받게 되면 도쿄의 뜨거운 지역을 비롯한 사창가를 찾아가곤 했다. 후방 부대원들은 "구쿠몬, 진짜 문이라고 번역되는, 즉 보지"(Moreno-Durán, 1996: 263)를 찾아가기도 했다. 그러면 커다란 삽입구가 열리고, 그들은 극동의 가장 이상한 행위를 보게 된다. 성병에 관해서는 이렇게 말한다. "나는 우리

부대에서 총알보다 페니실린이 더 많이 사용되었고, 창녀들이 중공군보다 우리에게 더 많은 사망자를 야기했다는 걸 알고 있다”(Moreno-Durán, 1996: 184).

그런 동안 콜롬비아에서는 구스타보 로하스 피니야(Gustavo Rojas Pinilla) 장군이 권력을 잡는다. 소설에서 그는 ‘토르코로마의 부랑아’라고 불린다. 폭력사태는 콜롬비아 내에서 점점 심해졌다. 많은 사람들은 한국에 콜롬비아 군인을 파병한 것에 의문을 품었고, 정치적 논쟁과 여러 사건이 발생했다. 1953년에 언론은 ‘콜롬비아 대대’의 패배 소식을 전했다. 그러면서 33명이 전사했고, 97명이 부상당했으며, 92명이 실종되었다고 밝혔다. 하지만 그것은 국내에서 일어나고 있는 것을 숨기기 위한 연막이었다. 군대는 야노 지방에서 게릴라와 맞서 전투를 벌였고 몇 주 되지 않아 94명의 병사와 2명의 장교를 잃었다. 다른 사건은 섹스와 관련되어 있었다. 페레이라에서는 엘킨 트루히요와 관련된 포르노 사업이 발각되었다. 그는 한국으로 보내는 책자들을 제작하고 있었다. 이들 중 대다수는 동성애적 성격을 띤 것이었다. 그러자 군대는 부패했다는 비난을 받았고, 콜롬비아가 “포르노 정치국가”(Moreno-Durán, 1996: 280)라는 말이 떠돌았다.

자기 아버지에 관한 역사가 비나스코의 조사는 큰 결과를 얻지 못한다. 착하고 훌륭한 사람이었으며, 명령을 완수했지만 자기 병력의 한계를 알고 있었다. 그는 괴로움을 참지 못해 죽은 것이 아니라, 고립된 병력을 구조하는 힘든 작전을 수행하다가 목숨을 잃는다. 그는 엘킨 트루히요 중위의 도움을 요청했지만 그런 요청은 거부된다. 그러나 출발하려는 순간에 트루히요가 모습을 드러낸다. 비나스코 대위가 이끄는 부대는 이름 없는 넓은 지역 앞에 갇혀 있었다. 이런 사건들은 ‘사색가’ 로차의 입으로 서술된다. 그들은 탄광 입구에 있었고, 밤은 칠흑처럼 어두웠다. 누군지도 모르는 두 그룹 사이에서 총격전이 있었다. 그들은 바위 틈 사이에 웅크린 채 기다린다. 그러자 총알 하나가 그의 오른쪽 귀 밑을 관통한다. 그가 신임하는 부하들이 그를 에워싼다. 그들은 흑인 구아린(Guarín), 푸투마요(Putumayo), 그리고 앙가리타(Angarita), 카다비드, 타말리토 페냐, 랑헬(Rangel)이다. 트루히요는 조금 떨어진 지역에서 다리에 무기를 올려놓은 채 휴식 자세를 취하고 있었다. 하지만 "그의 눈에서 그의 불꽃이 꺼진 것"(Moreno-Durán, 1996: 274)처럼 보인다. 그리고 트루히요가 총을 쏘았을지도 모른다는 생각이 떠다니지만, 그가 왜 그랬는지는 결코 밝혀지지 않았다.

역사가 비나스코는 보고타에서 있었던 아버지의 장례식을 떠올린다. 어린아이였던 그는 "우리 어머니와 나머지 가족들은 삼색의 우리 국기와 한국인들의 푸르고 빨간 원이 그려진 국기, 그리고 미국인들의 별과 작대기가 그어진 국기로 뒤덮인 관 주위에 앉아 있었다. 한 번도 보지 못했던 많은 군인들이 마치 경비를 서듯이 관 옆에 서 있었다"(Moreno-Durán, 1996: 246)라고 회상한다. 한편 갈린데스는 비나스코 대위가 한국의 부산 근처에 묻혀 있다고 말한다. 그러자 젊은 역사가의 혼란은 가중된다. 보고타에서 "장교들과 외교관들에 둘러싸여, 국기와 훈장으로 뒤덮인"(Moreno-Durán, 1996: 294) 텅 빈 관으로 장례식을 치른 것이었다. 그는 전투 중에 죽었을까? 살해당한 것은 아닐까? 왜, 그리고 누구를 위해 죽은 것일까?

그러자 한국에 있는 무덤을 찾아가기로 결심한다. 실제로 아로야베, 솔라노 박사, 키뇨네스, 안드라데 병사, 테예스 대위의 무덤 옆에 이름과 전사 날짜가 적힌 그의 십자가가 있었다. 그러자 더욱 애통해하면서 역사가는 자기가 아무런 감정도 느끼지 않는다는 것을 깨닫는다. "우리 아버지를 둘러싼 모든 것은 각각의 새로운 증언 뒤에서 사라져버리는 하나의 전설인데, 어떻게 내가 무슨 느낌을 가질 수 있을까?" "모호함과 의문과 의심 속에서 꺼져버리는 역사를 갖는다는 게 무슨 특권인가?"(Moreno-Durán, 1996: 298) 그러면서 이 탐구의 순간에 "우리 아버지는 내게 아무 말도 하지 않는 머나먼 풍문이다"(Moreno-Durán, 1996: 298)라는 것을 깨닫는다.

5. 전쟁에 관한 성찰

이 소설은 제목부터 전쟁에 관한 것이며 동시에 반전(反戰) 성격을 띠고 있음을 암시한다. '맘브루'는 아이들이 거리에서 부르는 매우 유명한 동요이며, 역사적 배경이 담긴 노래이다. 여기서 맘브루는 영국의 말보로 가문의 첫 번째 백작인 존 처칠(John Churchill, 1650~1722)을 지칭한다. 그는 1709년에 스페인 왕위 계승 전쟁 중에 일어난 말플라케 전투에 영국 총사령관으로 참가하여 사보이의 오이겐이 지휘하는 10만 명의 신성로마제국 군대와 연합했고, 그렇게 빌라르 원수의 지휘를 받는 프랑스군을 대파했다. 이 노래는 주적인 영국의 총사령관을 조롱하기 위해 프랑스 병사들이 부른 노래였다. 하지만 프랑스 사람들의 뇌리에서 잊혀 있다가, 유모가 루이 16세의 아내인 마리 앙투아네트의 아이들에게 이 노래를 불러주었고, 베르사유 궁전에서 이 노래가 다시 널리 불리게 되었다. 그리고 부르봉 왕조의 영향으로 이 노래는 스페인으로 건너오게 되었다. 이 노래는 영국의 국민적 영웅이 전투 중에 목숨을 잃었고 결코 돌아오지 않을 것이라는 내용을 담고 있다. 프랑스 사람들은 '말보로'라는 이름의 발음을 너무 어려워한 나머지 '맘브루'라고 바꿔 불렀다.[33]

이 노래는 6개 이상의 연을 가지고 있다. 그리고 후렴구는 "맘브루는 전쟁에 갔다네/ 너무 슬퍼, 너무 가슴 아파, 너무 괴로워"로 시작한다. 그러고 나서 이렇게 말한다. "맘브루는 죽었다네/ 너무 슬퍼, 너무 가슴 아파, 너무 괴로워/ 그는 묻힐 곳으로 간다네." 여기에서 익히 짐작할 수 있듯이 이 노래는 전쟁터로의 출정과 기나긴 기다림, 그리고 적군 대장의 죽음과 매장을 다룬다. 이런 이유로 이 가사와 노래는 반전 조직의 신호로 사용되며, 오늘날 스페인의 사라고사에는 ≪맘브루≫라고 불리는 평화주의자 잡지가 유통되기도 한다.

소설의 작중인물인 홉스봄(Eric Hobsbawm) 교수는 전쟁이란 세월이 지날수록 커져가는 괴물이며 현대화되고 번창하는 존재라고 말한다. "우리의 세기가 역사상 가장 살인적이고, 진정한 야만의 숭배라는 것은 헛된 말이 아닙니다"(Moreno-Durán, 1996: 199). 언젠가 역사가 비나스코를 런던의 거리에서 만났을 때, 그는 이렇게 말한다. "콜롬비아는 미국의 사주를 받아 북한군과 맞서 싸우기 위해 갔지요. 한편 북한군들은 자신들이 소련군과 싸우는지도 모른 채 중공군의 사주를 받았지요"(Moreno-Durán, 1996: 199~200). 여기서 한국전쟁은 전지구적 차원의 전쟁으로 제시된다. 다른 대목에서 그는 "전쟁이 진정으로 혐오스러운 것은 죽은 사람들이 늘어가는 게 아니라, 무덤 파는 인부들의 차갑고 청결한 모습입니다. 전사자의 숫자를 숨기는 것은 면밀한 대량 학살보다 더 잔인합니다"(Moreno-Durán, 1996: 88)라고 지적하면서, 전지구상의 정치인들이 전쟁에 관한 통계를 조작한다는 것을 암시한다.

어떤 증언에서는 중국의 고전인 『손자병법』에 관해 말하고, 이 작품을 인용한다. "적을 물리치는데 적을 사용한다면, 어디를 가든지 너는 승자가 될 것이다"(Moreno-Durán, 1996, 127). "네 자신을 모른다면, 각 전투마

33 이에 관해 자세한 것은 Cillán Cillán(2004)의 글을 참고할 것.

다 너는 위험에 처할 것이다"(Moreno-Durán, 1996: 128). "지성에 대한 믿음은 반란으로 변질될 수 있으며, 과도한 인간성은 약한 사람으로 만들 수 있고, 과도한 믿음은 광기로 끝날 수 있다. 과도한 용기는 폭력을 수반하며, 너무 엄하게 명령하면 잔인하다는 말을 듣는다. 훌륭한 장수는 이런 장점들을 적절히 사용해야 한다"(Moreno-Durán, 1996: 181).

한편 콜롬비아의 참전에 관해, 이 소설은 여러 가지 의견을 제시한다. 어떤 사람들은 그것이 실수였다고 생각한다. 라우레아노 고메스는 정치적 편의로 참전을 추진했다. 정부 관리인 에두아르도 술레타 앙헬(Eduardo Zuleta Ángel)은 바로 미국 정부에게 1,083명으로 구성된 대대를 제공한 장본인이었다. 역사가 비나스코는 "대통령뿐만 아니라 그의 임명을 받은 사람들은 기본적인 변화에 귀를 기울이지 않았고, 이 나라를 지옥으로 만들었다. [……] 한국으로 갔던 많은 사람들은 여당이 나라를 끔찍스러운 몰살의 장소로 만든 탓에 거기서 도망치기 위해 입대했던 것이다"(Moreno-Durán, 1996: 156)라고 말하면서, 당시 콜롬비아는 민주 선거에 의한 대통령을 지니고 있었지만, 그것은 독재와 다르지 않았다고 비판한다.

한편 다른 사람들은 참전을 옹호한다. 한국참전용사협회 회장인 카르데나스 장군은 한국전쟁이 히로시마에 원자폭탄이 떨어진 후 불과 5년 후에 일어났다고 지적하면서, 콜롬비아는 제2차 세계대전에서 그 어느 편에도 참여하지 않았고, 따라서 "군대를 혁신할 기회를 잃어버렸다…… 한국에서 의심할 여지없이 그런 기회가 제시되었다"(Moreno-Durán, 1996: 157)라는 의견을 밝히면서, 군사적 차원의 중요성을 강조한다. 그는 전사자들의 숫자를 중시하지 않는다. 그러면서 한국이라는 바로 그 전쟁터에서 100명 이상의 장교와 거의 600명에 달하는 하사관들이 교육을 받았다고 반론한다. 군은 무기를 현대화했으며, 전투 기법을 배웠고, 새로운 전략과 전술의 원칙을 습득했으며, 고산지대의 작전에서 훈련을 받았다. 해군과 육군, 보병과 포병대원들, 공병대원들과 사관생도들은 그 경험의 혜택을 입었다. 그 결과는 가시적이었다. 콜롬비아는 라틴아메리카 대륙에서 가장 강력하고 효율적인 군대 중의 하나를 지니게 되었던 것이다 (Moreno-Durán, 1996: 158).

이렇듯 각자의 입장에서 한국전쟁의 이미를 서술하는 증인들과는 달리, 모레노 두란은 한국전쟁에 관해 이렇게 평가한다.

> 스물다섯 살이나 서른 살가량 된 콜롬비아 사람에게 한국전쟁은 교과서에도 등장하지 않는 이국적인 것입니다. 여기에서는 그 전쟁에 대한 평가가 제대로 이루어지지 않았습니다. 그 전쟁은 매우 복잡하기에 아직도 이해하기 힘든 것들이 있습니다. 소설 속의 등장인물인 홉스봄 교수는 이미 제3차 세계대전은 지나갔다고 설명합니다. 그것은 냉전이 아니라 바로 한국전쟁이었습니다. 남한은 북한과 싸우지만, 남한은 미국과 함께 있었고, 북한은 중공과 소련과 함께 있었습니다. 이 세상에서 가장 날조된 전쟁이었습니다. 그것은 인류 역사를 통틀어보아도 시작했던 지점에서 끝난 전쟁으로 유일할 것입니다. 전쟁이 공식적으로 끝났을 때, 아직도 적군들은 그 자리에 있습니다. 그러니까 콜롬비아는 제3차 세계대전에 참가했지만 결코 그런 사실을 모르고 있었던 것이지요…… (López Cáceres, 1999)

그러나 이런 의견은 공식 역사와는 매우 다르다. 즉, 작가의 진실은 역사와 양립되지 못한다. 그것은 기존의 공식 역사가 정치사 혹은 군사(軍史)에 머물러 있기 때문이다. 그렇기에 작가는 소설에 의존하여 그 진정한 의미를 파헤치려고 한다. 이런 점에서 『맘브루』가 보여주는 전쟁은 한국전쟁의 역사적 사실이 아니라, 그 전쟁이 자신의 조국에게 진정으로 어떤 의미를 지니고 있는지로 나아간다. 그것은 바나나 농장의 대학살 사건의 진정한 의미가 『백년의 고독』에서 발견되듯이 콜롬비아의 한국전쟁 참전에 대한 진정한 의미를 『맘브루』에서 구현하고자 하는 노력이다. 이런 점에서 발렌시아 고엘켈(Valencia Goelkel)의 지적은 적절하다.

> 전쟁에서 수십 명의 콜롬비아 병사들이 사망했고, 수많은 다른 콜롬비아 사람들의 운명이 일그러졌다. 그러나 한국의 일화는 빠르게 망각 속으로 빠져들었다. 불모고지와 다른 치열한 전쟁터의 상황에서 전사한 우리 동포들을 기리기 위해 한국 정부가 선사한 Calle 100[34]의 기념탑만 남아 있을 뿐이다. 이 일화에 관해서는 성도열전식의 애국 문학이 존재하지만, 이들은 모레노 두란의 소설을 특징지을 수 있는 방식과는 달리 그 전쟁의 모순이나 수정론에 반대하면서 망각을 합리화하는 위대한 민족적 열정을 보여줄 뿐이다. 우리는 한국전쟁을 잊기로 결심했으며, 그 전쟁의 참전용사들도 잊기로 했다. 우리는 우리 역사의 잔인하고 잘못된 사건들을 잊고자 했던 것처럼, 그 피비린내 나는 일화에 흙을 뿌렸다. 이 책의 작가가 제안하듯이 기억에 진실을 대면시키고, 그것의 양립 불가능성을 인정하기가 아마도 두려워서였던 그랬을 것이다. (Valencia Goelkel, 2000: 282)

모레노 두란의 『맘브루』는 역사와 문학 사이에 존재하는 관계를 탐구하고, 문학이 역사 수정에서 어떤 역할을 맡는지 관심을 보이는 라틴아메리카 포스트모던 역사소설과 동일한 맥락을 이룬다.[35] 오랫동안 라틴아

34 Calle 100과 Carrera 15가 만나는 지점에 있던 이 기념탑은 극심한 교통체증으로 인해 현재는 콜롬비아 육군대학(Escuela Superior de Guerra)으로 이전되었다.

35 라틴아메리카 역사소설이 역사를 재점검하는 것은 얼마 전까지 유효했던 아메리카의 과거에 대한 관점이 신대륙을 어떻게 '발견'했고 정복했으며 통치했는지 서술했던 유럽인의 관점에서 만들어졌기 때문이다. 다시 말하면, 이들의 관점은 신앙의 체계와 구대륙의 가치를 라틴아메리카 현실에 강요했기 때문에, 그리고 서인도제도에 대한 유럽의 지배를 합법화하

메리카 역사가들은 유럽적 관점을 받아들였는데, 그것은 자신들의 유럽중심주의적 성향에 의거한 '사실'을 선택하고 정돈하는 것으로 이루어져 있다. 결과적으로 얼마 전까지, 그리고 지금도 계속해서 역사의 '공식' 판본만이 알려지고 있다. '공식 역사'가 항상 권력을 지지한다는 사실을 가정하면서, 라틴아메리카 현대 작가들은 역사적 의식의 혁명을 시도하며, 이런 현상은 『맘브루』에서도 그대로 나타난다. 그것은 바로 지적 · 문화적 탈식민화이며, 동시에 현 체제의 합법성에 대한 의문이기도 하다(Grützmacher, 2006: 158).

6. 한국전쟁의 정치적 함의: 콜롬비아 내에서의 의미

『맘브루』는 한국전쟁을 다루고 있지만, 그것은 콜롬비아를 이해하고 수십 년 전부터 폭력에 휘말린 국가의 드라마를 이해하고 설명하는 방식이다(Espinosa, 2005: 275~276). 그가 패러디와 유머, 그리고 아이러니를 사용하는 것은 폭력으로 엉망이 된 나라가 한국으로 싸우러 가겠다는 결정처럼 의미 없는 행위를 고발하고자 한다는 의미를 지닌다. 콜롬비아 참전이라는 국가적 일화를 되돌아보며 어떻게 평가하느냐는 질문에 모레노 두란은 이렇게 말한다. "절대적 패배와 가장 광포한 면죄부입니다. 미국 국방성이 콜롬비아 대대의 패배를 조사하라고 지시했는지는 모르지만, 사령관들의 부주의로 피해를 입은 우리나라는 왜 그렇게 하지 않았는지 아무도 모릅니다. 다시 우리는 각각의 패배 뒤에서 거짓말로 포장된 영광

고자 했던 것 때문에, 유럽 역사학의 변형과 조작을 훑어봐야 한다는 것으로 종합될 수 있다. 그런 후에는 독립이 되었지만, 라틴아메리카 신생 국가들은 국가 정체성 형성에 없어서는 안 될 스스로의 신화를 만들면서 '공식 역사'의 변형 판본을 만들었다.

을 만납니다. 빌어먹을 전략가들은 손에 수갑을 차고 되돌아오는 게 아니라, 훈장을 가득 달고 돌아옵니다"(López Cáceres, 1999: ?)

이런 점에서 『맘브루』는 죽음의 공포를 경험했고 그 죽음에서 헤어나올 수 없었던 국가의 비극이기도 하다. 이것은 1948년 4월 9일부터 지금까지 콜롬비아의 역사를 구성하는 야만의 프레스코화이며, 콜롬비아 폭력의 기억이다(Martínez, 2002: 214) 그런 기억은 망각에서 그들의 역사를 구할 수 있는 유일한 방법이다. 타국의 전쟁에 참여하는 것은 난센스에 불과할 것이라고 생각하는 것은 그리 어려운 일이 아니다. 하지만 그는 그 전쟁을 자기 국가의 비극이자 자기 국가를 이해하는 방식으로 발전시킨다. 그리고 그 기억을 출발로 과거와 현재는 수렴된다. 다시 말하면, 현재의 관점에서 멀거나 가까운 과거를 말하면서, 콜롬비아 역사를 점철지은 전통과 사기, 침묵과 지금까지도 계속되는 문제 등을 이야기한다. 이렇게 모레노 두란은 『맘브루』에서 과거의 이미지를 현재의 요소들과 자의적으로 뒤섞으면서 포스트모던 역사소설로 나아간다.

『맘브루』는 공식 역사만 있지 기억이 없는 콜롬비아를 공격하는 용감한 작품이다. 그의 입장은 위정자들의 입장에서 쓰인 폭력적이고 정치적인 역사를 고발하는 윤리적 시선을 지니고 있다. 특히 특정한 이데올로기에 바탕을 두지 않은 채, 작가가 어렸을 때 일어났던 한국전쟁을 이야기하면서 콜롬비아 역사의 한 페이지에 빛을 비춘다. 그런 역사를 복구하기 위해 그는 연구자로서의 인내심, 재미있으면서도 신랄한 비판을 서슴지 않은 작가로서의 재능, 그리고 무엇보다도 소름끼칠 정도의 소설적 상상력을 사용한다. 그리고 포스트모던 역사소설의 특징인 패러디와 아이러니를 비롯한 문학적 유희를 통해 진실을 의문시하고 희화화하면서 한국전쟁을 선전문학이 아닌, 진정한 현대문학의 소재로 다시 태어나게 만드는 데 이바지한다.

제2부
푸에르토리코인들과 치카노의 한국전쟁 경험

제5장
푸에르토리코 소설과 한국전쟁

1. 한국전쟁과 푸에르토리코 문학: 비교문화적 접근의 필요성

일종의 미국 자치령인 자유연합주(Estado libre asociado)를 구성하는 푸에르토리코인들은 미군의 일원으로 한국전쟁에 참전한다. 특히 그들은 미국 제65보병연대의 주축을 이루어 아홉 개의 중요한 전투에 참가했다. 대표적인 전투로는 군우리전투(1950년 11월 26일~12월), 장진호전투(1950년 11월 27일~12월 11일), 지평리전투(1951년 2월 13일~16일), 800고지전투(1951년 5월 16일~19일), 불모고지전투(1952년 6월 6일~29일) 등을 들 수 있다.[1] 하지만 미군의 일원으로 참전한 까닭에 한국전쟁사에서 푸에르토리코 병사들의 역사는 제65보병연대의 기록으로만 존재할 뿐, 독립 국가의 군대로 다루어지지는 않는다.

그러나 푸에르토리코 자체 내에서 한국전쟁에 대한 관심은 사뭇 다르

---

1 이에 관해서는 국가보훈처(2006), 『미군참전사』를 참고할 것.

다. 특히 푸에르토리코 병사들의 한국전쟁 파병이 커다란 사회적 반향을 일으켰다는 사실을 보여주듯이, 푸에르토리코 문학에서는 한국전쟁이 주요 소재로 사용되고 있다. 대표적인 경우를 들자면, 현대 라틴아메리카 단편소설 작가로 명성이 높은 호세 루이스 곤살레스(José Luis González)의 「화염 속의 관목」(El arbusto en llamas, 1953)과 푸에르토리코 병사의 유해 송환을 중심으로 전개되는 「열 수 없었던 납 상자」(Una caja de plomo que no se podía abrir, 1952)가 한국전쟁을 주요 소재로 삼은 작품으로 유명하다. 또한 에밀리오 디아스 발카르셀(Emilio Díaz Valcárcel)의 「쓸모없는 피」(Sangre inútil, 1955)와 단편소설집 『공격』(*El asedio*, 1959)과 『12월의 심판』(*El proceso en diciembre*, 1963)에 수록된 다수의 단편소설도 한국전쟁을 다루고 있다. 그리고 1998년에 푸에르토리코의 노벨문학상 후보자로 추천된 엔리케 A. 라게레(Enrique A. Laguerre)의 『불과 공기』(*El fuego y el aire*, 1970) 역시 한국전쟁이 주요 동기로 작용하는 소설이다. 한편 2002년에 출간된 호르헤 펠리시아노 루이스(Jorge Feliciano Ruíz)의 『산의 악마들』(*Los diablos de las montañas*)과 2005년에 발표된 호세안 라모스(Josean Ramos)의 『전쟁 전에』(*Antes de la guerra*) 역시 제65보병연대의 일원으로 한국전쟁에 참전했던 작중인물들의 감동적인 이야기를 담고 있다.

한국전쟁은 한국이라는 경계를 넘어 푸에르토리코 작가들에게도 많은 영향을 끼치고 있다. 이렇게 한국전쟁은 푸에르토리코의 문학에서 중요한 위치를 차지하고 있으며 한국전쟁이 국지전이 아닌 국제전의 형태를 띠고 있었다는 점을 고려해본다면, 정치적 · 역사적 · 사회적 차원뿐만 아니라, 비교문화적 접근은 반드시 수행되어야 할 작업이다. 본 글은 이런 공백의 일부를 메우기 위한 일환으로 호세 루이스 곤살레스의 단편소설과 엔리케 A. 라게레, 호르헤 펠리시아노 루이스, 그리고 호세안 라모스의 작품을 중심으로 한국전쟁이 푸에르토리코 소설계에서 어떻게 수용되었으며, 어떻게 참전을 합리화한 푸에르토리코 정부의 공식 담론을 해체하는지를 중심으로 전개하고자 한다.

2. 푸에르토리코 문학과 미국 문학, 그리고 한국전쟁

푸에르토리코 병사들이 미군의 일원으로 참전한 관계로, 한국전쟁에 있어서 푸에르토리코 병사들의 역할은 개별적으로 다루어지지 않았지만, 문학작품을 통해 한국전쟁에 대한 미국인과 푸에르토리코인의 관심을 비교해보면 많은 차이를 보인다. 이런 점에서 한국전쟁과 관련된 푸에르토리코 문학은 미국 문학의 범주 내에서가 아니라, 독립적이고 개별적인 분야로 다뤄져야 한다.

존 제이콥(John Jacob)은 20세기에 일어난 대부분의 주요 전쟁과는 달리, 한국전쟁은 미국의 문학작품 속에서 거의 다루어지지 않았다고 단언한다.[2] 사실 한국전쟁에 관해 현존하는 대부분의 미국 문학작품은 전쟁이 끝난 후 어느 정도의 세월이 지난 후에 발표된다. 또한 한국전쟁에 관한 가장 훌륭한 문학작품들은 평화유지군으로서의 의무를 수행하기 위해 한국에 도착했던 미국 병사들이 전쟁이 종식된 후 한국을 자신들의 눈으로 바라보면서 쓰인 것이지, 전문 문학작가에 의해 발표된 것들이

2 정연선(2003) 역시 다음과 같이 밝힌다. "한국전쟁은 미국 소설작가들의 관심을 크게 끌지 못한 것처럼 보인다. 왜냐하면 1, 2차 세계대전의 많은 작품들에 비해 한국전쟁은 그렇게 많은 소설작품들을 생산해내지 못했기 때문이다. 1952년 전쟁이 한창 계속되던 때부터 1960년대 말까지 약 60여 권의 소설들이 쓰여진 것을 볼 수 있고 오히려 한국전쟁 50주년이 되는 2000년 전후로 해서 또한 많은 소설들이 쓰여진 것을 볼 수 있다. 그러나 어느 한 권의 소설도 어니스트 헤밍웨이의 1차 대전 소설인 『무기여 잘 있거라』와 같은 문학성과 문화적 중요성을 지니는 작품들을 발견하기란 쉽지 않다"(2003: 159~160).

아니라는 한계를 지니고 있다. 이렇게 한국전쟁이라는 주제는 할리우드 영화에서는 많이 다루어졌지만, 정작 미국 작가들은 오랫동안 침묵을 지켰던 것이다.

이런 침묵에 관해 제임스 존스(James Jones)는 제2차 세계대전이 대중적이며 애국적인 특징을 가지고 있는 반면에, 한국에 참전했던 미군 병사들은 무엇 때문에 한국전쟁에 참여했는지 잘 모르고 있었기 때문이라고 주장한다.[3] 마침내 한국에는 위태위태한 상태로 평화가 이루어지고, 평화 상태를 유지하기 위해 미군이 주둔할 필요성이 대두된다. 이렇게 한국전쟁은 완전히 끝이 난 것이 아니었기에, 더욱 그랬다는 주장도 제기된다.

어떤 사람들은 심지어 한국전쟁을 미국이 패배한 첫 번째 전쟁이라고 여기기도 한다. 그러나 1950년대는 많은 미국인들에게 번영과 만족의 시기였고, 따라서 작가들은 미국이 패배한 최초의 전쟁일 수도 있다는 가능성을 부인했다. 그래서인지는 몰라도 한국전쟁은 베트남전쟁처럼 대중적이지 못했다. 한국전쟁은 거의 시위에 불꽃을 당기지도 못했다. 즉, 제2차 세계대전처럼 전쟁에 참가해야 한다는 강력한 감정을 야기하지도 못했고, 베트남전쟁처럼 반전 감정도 만들지 못했던 것이다. 또한 한국전쟁은 상대적으로 짧은 시기에 이루어졌다는 사실도 그 요인이 될 수 있다. 이렇듯 미국인들은 한국전쟁을 결과와 목적이 불분명한 전쟁으로 바라본다. 많은 미국인들은 세계 평화의 유지자였다는 사실에 이의를

---

3 한국전쟁을 소재로 한 대표적인 할리우드 영화로는 로버트 알트만(Robert Altman) 감독의 「매쉬」(M. A. S. H., 1970), 마크 로브슨(Mark Robson) 감독의 「원한의 도곡리 다리」(The Bridges at Toko-Ri, 1954), 조슈아 로간(Joshua Logan) 감독의 「사요나라」(Sayonara, 1957), 딕 포웰(Dick Powell) 감독의 「헌터스」(The Hunters, 1958), 버즈 컬릭(Buzz Kulik) 감독의 「서전 라이커」(Sergeant Ryker, 1968) 등이 있다.

제기하며, 한국전쟁 참전용사들은 자신들의 경험을 서술하지 않은 채 침묵을 지킨다.

반면에 미군에 소속되어 참전한 푸에르토리코의 경우는 미국의 경우와 사뭇 다르다. 가령 호세 루이스 곤살레스의 「화염 속의 관목」(El arbusto en llamas, 1953)과 푸에르토리코 병사의 유해 송환을 중심으로 전개되는 「열 수 없었던 납 상자」(1952)는 한국전쟁이 공식적으로 종식되지 않은 시기에 발표되었으며, 에밀리오 디아스 발카르셀의 「쓸모없는 피」(1955)와 단편소설집 『공격』(1959) 역시 한국전쟁이 종식된 지 얼마 되지 않아 발표되었다는 것을 알 수 있다. 이것을 통해 푸에르토리코 문학과 한국전쟁의 관계는 미국과 한국전쟁의 관계와 사뭇 다르다는 것을 알 수 있다.

이것을 비롯하여 푸에르토리코의 작가들이 아직도 한국전쟁을 소재로 삼고 있다는 사실은 푸에르토리코 사람들이 미국인들과는 다른 관점에서 한국전쟁을 받아들였다는 것을 의미한다. 또한 미국과는 달리 푸에르토리코의 당시 현실에서 한국전쟁이 많은 화제가 되었으며, 푸에르토리코인들의 삶에 적지 않게 영향을 끼쳤음을 뜻하기도 한다. 바로 이런 점에서 한국 파병과 관련된 푸에르토리코 정치적 · 사회적 상황을 점검하여 당시 한국전쟁이 푸에르토리코인들에게 어떻게 수용되었으며, 미국 정부의 공식 담론과 어떤 인식의 차이를 보여주는지 살펴볼 필요가 있다.

3. 한국전쟁 참전과 푸에르토리코의 국내 상황

1) 1930년대~1950년대 푸에르토리코 상황 개요

1930년대에 들면서 푸에르토리코는 독립을 지지하는 쪽과 미국으로의 편입을 주장하는 쪽으로 양분된다. 1946년에 미국 대통령 해리 트루먼

(Harry Truman)은 최초의 푸에르토리코 주지사를 임명한다. 그리고 1948년부터 처음으로 국민투표를 통해 주지사를 선출하고, 1952년에는 정식으로 푸에르토리코가 자유연합주로 선포된다. 푸에르토리코의 독립운동은 트루먼 대통령의 암살 기도와 미국 의회에서의 저격 소동 등 미국 내에서의 산발적인 테러 행위로 표출된다.

1940년대 이후 푸에르토리코 대중주의는 공고화된다. 미국으로의 독립이 아니라 푸에르토리코의 낙후된 경제 현실을 극복하기 위해, 산업 개발과 선진 자본의 유입을 추진한 대중주의는 두 개의 커다란 전쟁, 즉 제2차 세계대전과 한국전쟁으로 확고한 기반을 닦게 된다. 수많은 푸에르토리코 젊은이들이 민주주의를 수호한다는 명분 아래 이 전쟁에 참가한다. 또한 산업 개발정책이 불가피해지면서, 시골에서 도시로 사람들이 대규모로 이주하기도 한다. 그리고 새로운 도시화가 푸에르토리코인들에게 매혹적인 효과를 야기한다. 이로 인해 대중주의 노선은 민족주의자들과 독립당 추종자들을 근절하는 정책을 시행하고, 이것은 그들의 투옥과 망명을 의미하게 된다.

한편 정치 투쟁은 공화당으로 대표되는 사탕수수 업자들의 이해관계와 경제 개발론자들의 충돌로 요약된다. 1938년에 루이스 무뇨스 마린(Luis Muñoz Marin)이 이끄는 경제 개발론자들은 "빵, 대지, 그리고 자유"를 모토로 민주민중당(Partido Popular Democraático, PPD)을 창당한다. 무뇨스 마린은 1940년 상원 선거에서 승리한 후, 상원의장으로 선출되고, 1944년에 민주민중당이 다시 상원 선거에서 최다 의석을 차지한다. 그리고 1946년에 미국 정부는 처음으로 푸에르토리코 출신이며 루이스 마린과 연합한 헤수스 피녜로(Jesús T. Piñero)를 푸에르토리코 주지사로 임명한다. 그리고 이듬해에 미국 의회는 푸에르토리코인들이 스스로 주지사를 선출할 수 있는 법안을 통과시킨다. 1948년에 민주민중당이 다시 선거에서 승리하고, 루이스 무뇨스 마린은 푸에르토리코 국민에 의해 선출된 최초의 주지사가 되며, 이후 세 번 연속하여 정치적 승리를 구가한다.

2) 푸에르토리코 내에서 한국전쟁 참전의 정치적 함의

푸에르토리코 병사들로 대부분 이루어진 제65보병연대에 관한 기록을 한국전쟁사에서 찾기란 쉽지 않다. 그것은 푸에르토리코 군인들이 미군이라는 신분으로 참전하였고, 푸에르토리코와 미국이 식민지적 주종 관계로 맺어져 있었기 때문이라고 보인다. 그래서 대부분의 한국전쟁 관련 서적에서는 65연대가 거의 언급되지 않는다. 단지 제임스 슈네블(James F. Schnable)이 저술한 『韓國戰爭: 미국합동참모본부사』에만 비교적 긴 언급이 등장한다.

> 처음에는 제3사단을 9월 중순까지 극동군사령관의 반격계획 시기에 맞게 극동으로 파견한다는 것은 불가능한 것처럼 생각되었다. 전투병력 보충의 흐름을 바꾸고 일반예비에서 추가적인 병력 차출이 필요한 것이며, 비록 병력이 회복되더라도 그 사단이 몇 개월간은 전투 준비를 갖추지 못할 것이다. 그러나 육군성은 대안을 발견해냈으며, 콜린스 장군이 8월 10일에 이를 합동참모본부에 제시하였다. 그 사단은 여러 부대가 추가되고 병력의 추가 보충에 의해 증강되었으나 아직도 1개 연대가 부족한 상태이지만, 포트 베닝에서 극동군사령부를 목표로 선적한다. 이 부족을 보충하기 위하여, 푸에르토리코에 위치한 제65연대를 제3사단의 일부로서 극동으로 직접 파견한다. 제65연대가 떠난 지역은 연방근무(Federal Service)로 소집된 푸에르토리코 주방위군에 의해 점령되도록 한다. 그러나 제65연대는 1개 대대가 부족한 상태이므로, 파나 주둔 제33연대의 1개 대대를 그와 함께 근무하도록 극동으로 파견한다는 것이다. (Schnable, 1990: 154)

유엔이 북한군의 남침에 반대하여 한반도 평화 유지를 위해 미군 파병을 결정하자, 워싱턴에 있던 푸에르토리코 주재 장관[4]인 안토니오 페르노스 이세른(Antonio Fernós Isern)은 따로 징병을 하지 않더라도 7만 5천 명의 병사를 보낼 수 있다고 자신 있게 밝힌다(Asencio Camacho, 2005: 9). 이것은 유엔 국가들이 한반도에 파견한 숫자 중에서 가장 많은 숫자이다. 8월 첫 주에 지원병을 모집한 후 당시 주지사였던 무뇨스 마린은 푸에르토리코 병사들에게 자원하여 참전하도록 이렇게 부탁한다.

> 푸에르토리코는 삶이라는 힘든 문제와 싸우면서 천천히, 하지만 지속적이고 점진적인 성공을 거두고 있습니다. 우리는 그런 문제를 해결할 힘과 희망을 가지고 있습니다. 그것은 위대한 민주주의의 일부일 뿐만 아니라, 우리 국민들이 세상에서 가장 훌륭한 민주주의를 발전시켰기 때문입니다. 그래서 우리는 민주주의를 위협하는 그 어떤 위험과도 맞서 민주주의를 수호할 태세를 갖추고 있습니다. (Alvarez Curbelo, 1992: 20에서 재인용)

그로부터 보름 후, 제65연대 병사들의 애인과 어머니와 아내들은 병사들이 승선한 '바다의 스라소니'라는 이름의 '마린 링크스'(Marine Lynx)호에서 「병사들에게 작별을 고하러 왔다」는 노래가 울려 퍼지는 가운데 작별한다. 그리고 주지사 루이스 마린은 거대한 군함 앞에서 제65연대 병사들에게 연설한다. 바로 푸에르토리코의 여당이었던 민주민중당이 추구하던 새로운 정치질서의 은유이기도 했던 이 연설문은 보안을 이유로 '마린 링크스'호가 출발한 지 두 달이 지나서야 신문에 게재된다.

4 미국의회에서 푸에르토리코를 대표하지만 표결권은 없다.

우리의 가장 강력한 무기는 우리의 영혼 속에서 왜 우리가 싸우는지를 분명하게 생각하는 것입니다. 그것은 수없이 반복된 '민주주의'라는 단어를 위해서만은 아닙니다……. 지상에 사는 인간의 투쟁은 빈곤과의 투쟁입니다. 경제적 빈곤, 지식의 빈곤, 지혜의 빈곤과의 싸움입니다. 지혜란 방법과 힘을 알고서 설명하는 것 이상입니다. 그것은 이해력과 가슴으로 여러분들이 무엇을 원하는지, 그리고 국민들이 어떻게 살기를 원해야만 하는 것인지를 아는 것입니다. (Alvarez Curbelo, 1992: 21에서 재인용)

이것은 루이스 무뇨스 마린이 당시 추구하고 있던 새로운 국가, 즉 자유연합주라는 미국의 자치령 추구와 긴밀한 관련을 맺고 있다. 전쟁은 푸에르토리코 시민의 정복 이미지, 즉 피를 흘려 자유민주주의를 수호한다는 상징으로 등장시키기 위한 것이었다. 푸에르토리코 지도자가 한국전쟁에 참전하겠다고 급히 성명을 발표한 이유에는 푸에르토리코의 여러 국내 사정이 집약되어 있다. 그러나 한국전쟁 참전을 결정한 이후 어떤 정치적 반향을 일으켰는지도 여러 면에서 중요하다. 한국전쟁 참전은 푸에르토리코라는 섬을 군사화하겠다는 루이스 무뇨스 마린 총독의 공개적인 태도를 보여줌과 더불어 미국에서 정치적 독립을 추구하지 않겠다는 총독의 태도를 드러내고 있다(Asencio Camacho, 2005: 12). 이런 태도는 몇몇 정치 분야를 분노하게 만든다. 대표적인 사람들이 카리스마적인 페드로 알비수 캄포스(Pedro Albizú Campos)가 이끄는 민족주의자들이었다.

하버드대학교 출신의 변호사이자 1922년에 푸에르토리코 민족주의당(Partido nacionalista)을 조직했던 그는 푸에르토리코가 어떤 방법을 쓰던, 어떤 희생을 치르던, 독립이 되어야 한다는 신념 아래 한때 동지였던 루이스 무뇨스 마린을 공개적으로 비판한다. 만일 무장 충돌이 필요하다면, 그의 푸에르토리코 당원들은 그렇게 할 준비가 되어 있었다. 10월 초 민족주의당은 독립주의 운동을 탄압하고 그들의 최고위 군인들을 투옥하려는 정부의 비밀 계획을 알고 극도의 경계 태세에 돌입한다. 10월 30일 민족주의자들의 보루인 하유야(Jayuya) 중심가는 향후 전국으로 확대될 봉기를 계획한다. 하유야 주민들과 함께 민족주의자들은 경찰서를 습격하여 경찰관 한 명을 살해하고 세 명에게 부상을 입힌다. 나머지 경찰들은 무기를 내려놓고 항복한다(Asencio Camacho, 2005: 13). 동시에 다른 곳에서도 공격을 감행했던 반란군들은 전화선을 절단하고 우체국을 방화하고, 다른 그룹은 도시 광장을 점거하여 당시 불법이었던 푸에르토리코 국기를 게양한다. 점령자들은 감동적으로 "자유 푸에르토리코 만세!"를 외치면서 푸에르토리코가 자유공화국임을 선포한다.

그러자 미국 의회는 푸에르토리코에 신속하게 계엄령을 선포하는 것으로 대응한다. 그리고 그런 상황을 진압하기 위해 주방위군 파견을 승인한다. 제295보병연대는 기관총과 소총 이외에도 바주카포와 박격포를 사용하여 민족주의자들에게 반격을 개시한다. 하유야와 인근의 우투아도(Utuado)의 70%가 파괴되지만, 이런 소식은 철저히 봉쇄된다. 11월 1일은 반란의 절정으로 치닫는다. 다섯 명의 민족주의자들이 대통령궁인 산타 카탈리나(Santa Catalina)궁으로 접근하여 그곳에서 무뇨스 마린을 살해하려고 기도한다. 그들의 기도는 네 명의 사망자로 끝을 맺는다.

이와 비슷한 사건이 워싱턴에서도 발생한다. 두 명의 민족주의자들이 해리 트루먼(Harry Truman)을 살해하기 위해 블레어 하우스(Blair House)[5]를 공격했던 것이다. 이 과정에서 한 명의 침입자과 한 명의 보안요원이 목숨을 잃었고, 다른 한 명의 침입자는 체포되어 사형을 선고받는다.

5 현재 블레어 하우스는 미국의 영빈관으로 사용되지만, 해리 트루먼 대통령 시절에는 백악관의 심각한 구조가 완전히 해결될 때까지 그곳에 머물렀다.

1952년 그는 종신형으로 감형되고, 1979년 지미 카터 대통령에 의해 사면된다(Asencio Camacho, 2005: 14). 민족주의자들이 일으킨 이런 사건들은 마린의 연방주의를 '식민주의적 익살극'으로 규정하고 미국 의회의 비준을 지연시키고자 하는 고도의 책략이었다.

이렇듯 푸에르토리코에게 있어서 한국전쟁은 단지 미군의 일원으로 민주주의를 수호하기 위해 참전한다는 이유 이외에도 국내의 여러 복잡한 정치적 상황이 있었다. 또한 그것은 루이스 마린 무뇨스 주지사가 푸에르토리코를 미국의 자유연합주로 승인받으려는 정치적 의도와 함께, 낙후된 푸에르토리코에게 선진 자본을 유입하여 발전시키려는 고도의 경제적 책략도 숨어 있는 획기적인 사건이었다.

4. 『불과 공기』: 한국전쟁과 푸에르토리코의 현실

『불과 공기』는 엔리케 A. 라게레의 아홉 번째 소설이며, 1970년 부에노스아이레스의 로사다(Losada) 출판사에서 간행되었다. 이 소설은 푸에르토리코 내에서 훌륭한 평을 받은 작품이지만, 민족주의 운동 내에서는 약간의 거부감을 표현하기도 했다. 그것은 바로 주인공이 푸에르토리코에서 혁명을 하는 대신 산토도밍고에서 혁명을 일으키기 위해 가는 편을 택하기 때문이었다(Zayas Micheli: 261) 후안 마르티네스 카포(Juan Martínez Capó)는 이 작품을 "가장 훌륭한 예술적 성과이며, 가장 열정적인 선언"(Martínez Capó, 1971: 20)이라고 여기고, 호세밀리오 곤살레스(Josemilio González)는 개인과 집단의 정체성 탐구를 강조하면서 왜 주인공이 "자기가 일원이라고 느끼는 민중과 함께 푸에르토리코에서 싸우지 않고"(González, 1971: 97) 다른 나라로 떠나는지 의문을 제기한다. 콘차 멜렌데스(Concha Meléndez) 역시 정체성을 강조하고, "쓰라림과 절망으로 바라본"(Meléndez, 1971: 8) 푸에르토리코의 현실과 불굴의 사회 비판이 뛰어난 작품이라고 평가한다.

한편 사야스 미첼리(Luis Osvaldo Zayas Micheli)에 의하면, 아르헨티나의 부에노스아이레스에서 간행되는 1971년 7월 25일자 ≪라 프렌사≫(*La Prensa*)는 『불과 공기』를 "문학적 재주"를 보여주는 작품이며 "구체성과 보편성이 수렴되는 이미지와 상징을 적절히 관통한다"라고 평가한다. 그리고 부에노스아이레스의 ≪청년지≫(*Cuadernos de Juventud*) 12호는 『불과 공기』가 "라틴아메리카의 드라마를 생생하게 건드리는" 작품이라고 말하며, 아르헨티나의 유력 일간지인 ≪라 나시온≫(*La Nación*)은 1970년 9월 16일자 기사에서 이 소설을 라틴아메리카의 문제를 "통찰력 있게 보여주는" 소설로 간주한다(Zayas Micheli, 1972: 262).

일반적으로 『불과 공기』는 엔리케 아기레의 최고 소설이자 이전에 출판된 작품들의 총아라는 평가를 받는다. 이 작품에는 이전 작품들의 사상과 기본 구조가 모두 망라되어 있다. 이전 작품들이 1930년대의 상황을 다룬다면, 이 소설은 1950년대에 위치하면서 현재까지도 유효한 푸에르토리코의 정체성을 주인공의 강도 높은 내면적 성찰과 감정의 눈으로 바라본다. 이런 점에서 『불과 공기』는 문학과 사회를 비롯한 모든 면이 총체적으로 녹아 있는 작품이며, 보편적 지평을 제공하는 개인의 관점에서 푸에르토리코의 전반적 현실을 포함한다.

1) 엔리케 A. 라게레

엔리케 A. 라게레는 프란시스코 파올리(Francisco Paoli)와 아벨라르도 디아스 알파로(Abelardo Díaz Alfaro)와 더불어 20세기 푸에르토리코 문학을 대표하는 작가이다. 파올리와 디아스 알파로가 시와 단편소설에 전념한 것과는 달리, 라게레는 소설 분야에서 가장 유명한 작가로 꼽힌다.

1923년 교육자가 되겠다는 생각으로 푸에르토리코대학교에 입학하지만, 학업을 마치지 못한 채 1925년에 시골학교 교사로 일하기 시작한다. 7년 후인 1932년, 잡지 ≪민주주의≫(*La Democracia*)에 문화와 정치에 관한 글들을 출판하면서 기자이자 에세이스트로 활동한다. 이후 ≪라틴의 혼≫(*Alma Latina*), ≪경계≫(*Ambito*), ≪예술과 문학≫(*Artes y Letras*), ≪나침반≫(*Brújula*), ≪수평선≫(*Horizontes*), ≪그림으로 보는 푸에르토리코≫(*Puerto Rico Ilustrado*), ≪섬≫(*Isla*) 등의 잡지에 글을 출판한다.

1935년에 안토니오 페드레이라(Antonio S. Pedreira)의 도움으로 『불꽃』(*La llamarada*)을 출판하고, 이 작품으로 1936년에 푸에르토리코 문학원(ICP) 상을 탄다. 이 기간에 그는 푸에르토리코대학교 졸업식에서 최우수 학생으로 선정되어 '메넨데스 펠라요 메달'을 수여받는다. 1937년에 사탕수수 노동자들의 어려운 상황에 영감을 받아 두 번째 소설『솔라르 몬토야』(*Solar Montoya*)를 쓰고, 이 작품은 1941년에 출간된다. 그는 동시에 ≪민주주의≫에 칼럼을 쓰고, 여러 문학지에 작품을 발표하며, 1939년부터 1941년까지 국영 방송국인 '공중파 학교'(La Escuela del Aire)의 대본작가로 활동한다.

엔리케 A. 라게레는 1941년 푸에르토리코대학교에서 석사학위를 받는다. 이듬해 스페인 연구학부에서 강의를 시작하고, 몇 년 후에 정식 교수로 발령받아 1988년까지 거의 반세기 넘게 푸에르토리코대학교에서 강의한다. 그 사이에 그는 뉴욕의 컬럼비아대학교에서 박사학위를 받는다. 그리고 ≪세상≫(*El Mundo*)의 칼럼니스트로 활동한다. 1988년 이후 폰세의 가톨릭대학에서 강의하고 1999년부터 세상을 떠날 때까지 잡지 ≪대변인≫(*El Vocero*)의 칼럼을 쓴다.

주요 소설로는 『솔라르 몬토야』(*Solar Montoya*, 1941), 『2월 30일』(*30 de*

febrero, 1943), 『인간쓰레기』(*La resaca*, 1949), 『손가락』(*Los dedos de la mano*, 1951), 『화분 속의 판야나무』(*La ceiba en el tiesto*, 1956), 『미로』(*El laberinto*, 1959), 『강물 없는 하상/내 세대의 일기』(*Cauce sin río/Diario de mi generación*, 1962), 『불과 공기』(*El fuego y su aire*, 1970), 『인자한 주인들』(*Los amos benévolos*, 1976), 『은밀한 지옥』(*Infiernos privados*, 1986), 『달팽이 입으로』(*Por boca de caracoles*, 1990), 『쌍둥이』(*Los gemelos*, 1992), 『두터운 바다를 자유롭게 떠다니는 배』(*Proa libre sobre mar gruesa*, 1995), 『고독의 대위법』(*Contrapunteo de soledades*, 1999) 등이 있다.

2) 『불과 공기』: 작품 소개

페드로 호세 엑스포시토(Pedro José Expósito)는 일곱 살 때 뉴욕의 정신병환자 요양소에 버려진다. 그곳 책임자인 파비아노(Fabiano) 신부는 그를 받아들여, '크로마뇽인' 즉 정신병자의 한 사람으로 교육을 시킨다. 페드로 호세는 그곳에서 2년간 입을 다물고 생활하다가, 마침내 '푸에르토리코'라는 말을 한다. 그것은 그가 어디 출신인지를 보여주는 첫 번째 핵심 단서이다. 페드로 호세는 파비아노 신부와 마리아 수녀(파비아노 신부의 여동생), 안토뇬(스페인 출신의 직원)의 보호를 받으며 자란다. 그리고 '크로마뇽인'들과 도미니카 상류층 출신의 청년 울리세스 피차르도 델라 로차(Ulises Pichardo de la Rocha)와 우정을 나눈다. 그는 '독재자'에 의해 붕괴된 도미니카 상류사회를 권력 지배층 속에서 복구하려는 꿈을 꾼다. 그런 동안 페드로 호세는 어린 시절의 기억을 복구하려고 노력하면서, 바다 · 어부 · 바닥에 흥건하게 고인 피 등을 떠올린다.

성인이 되자 페드로 호세는 요양소를 떠나야만 하는 상황에 놓인다. 그러자 파비아노 신부를 설득해서 그곳에 무급 직원으로 남는다. 페드로 호세의 일은 '크로마뇽인'들로 이루어진 합창단에서 작곡가로 참여하는 것이다. 그의 작곡에 힘입어 그의 음악적 재능은 간단한 콘서트와 "음악의 천재, 정신박약아 수용소에서 교육받다"라는 기사를 통해 수용소 밖에서도 인정받는다. 페드로 호세의 천재성은 뉴욕 음악학교의 교장인 델라니에르 씨(Mr. Delanier)의 관심을 끌게 되고, 그는 페드로 호세에게 음악 공부를 할 수 있도록 장학금을 제공하고, 페드로 호세는 그 장학금을 받기로 결정한다. 그래서 그는 오랫동안 정들었고, 그의 삶과 정체성을 대표하는 유일한 장소인 요양소를 떠난다.

뉴욕은 요양소와는 사뭇 다른 세계이다. 페드로 호세에게 그곳은 혼란스러운 기계와도 같고 각 개인은 그 기계의 부품과도 같다. 뉴욕의 모습은 그에게 어떤 강한 인상도 남기지 않고, 오히려 반대로 그는 친구 울리세스와 함께 있지만 요양소의 생활을 그리워한다. 페드로 호세는 푸에르토리코 출신의 가족이 사는 어느 집에 거처를 정한다. 그 가족은 미국의 삶이라는 이상에 적응하기 위해 부단히 노력하는 사람들이고, 따라서 푸에르토리코인의 정체성을 거부한다. 뉴욕은 그에게 소비사회와 자본주의, 생산 체계와 '애국적 추행' 사이를 오가는 애상적이고 퇴폐적인 현실로 나타난다. 특히 '애국적 추행'은 한국전쟁을 민주주의 체제를 이식하기 위한 것으로 변명하는데, 페드로 호세의 눈에 이것은 두 가지 측면에서 아이러니로 비쳐진다. 첫째는 뉴욕이 다양한 종류의 차별이 존재하는 곳이고, 둘째는 한국전쟁에 가기 위해서는 미군으로 입대해야 하기 때문이다.

이런 상황 앞에서, 페드로 호세는 음악학교와 그가 살던 가족의 집을 떠난다. 그는 친구 울리세스와 함께 군에 입대하기 전에 보름 동안 뉴욕의 거리를 헤맨다. 그러면서 그는 유럽인으로 제2차 세계대전을 피해 도망 온 루스(Ruth)를 만난다. 그녀는 이미 정신요양소가 주최한 자선행사에서 알게 되었던 사람이다. 그는 처음으로 루스와 성관계를 갖고, 2주간의 로맨스를 즐긴다. 그리고 자기 팔에 애인의 얼굴을 문신하고, 그렇게 한국으로 향한다.

어느 날 밤 울리세스의 어릴 적 친구이자 도미니카 망명객이며 의대 학생인 엑토르 메히아스(Héctor Mejías)가 페드로 호세가 임시로 거주하고 있던 루스의 집에 갑자기 들이닥친다. 메히아스가 그곳으로 도망친 이유는 도미니카의 독재자가 울리세스를 살해하여 충성심을 보이라고 요구했는데, 그 임무를 수행하지 않자 죽이겠다는 위협을 받고 있기 때문이다. 루스는 자기 집에 그 도미니카 학생을 받아들일 수 없다고 말한다. 그러자 페드로 호세는 그를 도와 안전한 장소를 찾아주려고 하지만, 이틀 후 메히아스는 살해당한다.

한국 캠프에서 페드로 호세는 삶에 대한 환멸적 생각을 구체화한다. 그의 삶은 어두운 어린 시절, 요양소에서의 삶, 요양소에서 나온 후 뉴욕에서의 삶, 그리고 한국전쟁 징병으로 점철되어 있다. 특히 한국전쟁 징병은 그에게 자살로 자신의 영혼을 위태롭게 만들지 않은 채(그는 가톨릭 교인이고, 따라서 자살을 거부한다), 자신의 존재를 이 세상에서 제거할 수 있는 기회로 제시된다. 전쟁에서 울리세스와 페드로 호세는 푸에르토리코 보병연대와 함께 중공군과 맞서 싸운다. 푸에르토리코인들의 위치는 페드로 호세의 입장보다 더 열렬하고, 따라서 "역사의 함정 앞에 목숨을 구하는 것"이기에 더욱 퇴폐적이다. 한편 울리세스는 전쟁을 이용하여 도미니카 독재자를 권력에서 축출하려는 자신의 의지를 더욱 확고하게 다진다. 또한 그들은 외국 신문을 통해 애국주의와 민주주의라는 완곡어법 속에 숨겨진 전쟁의 상업적 '붐'을 본다. 울리세스와 페드로 호세 부대를 지휘하는 대위는 병사들에게 진격할 것을 강요한다. 전쟁에서 울리세스는 옛 친구 마르셀루스 브라운(Marcellus Brown)을 만나지만, 그 친구는 전투 중에 목숨을 잃는다. 울리세스는 팔에 약간의 상처를 입고, 페드로 호세는 아무런 부상도 입지 않는다. 두 사람은 그 전쟁이 그들의 것이 아니며, 아무런 의미도 없이 자기의 목숨을 헛되이 걸고 있다는 사실을 의식하고 있다.

한국에서의 임무가 끝나자, 두 친구는 태평양 항구들을 쏘다닌다. 마침내 두 사람은 뉴욕과 푸에르토리코를 거쳐 베네수엘라로 향하는 '프로메테오'(Prometeo)호의 선원과 합류한다. 페드로 호세에게 그것은 자기의 출생지를 알게 될 기회이다. 울리세스는 그를 대동한다. '프로메테오'호의 선상에서 그는 미국 국적의 노르웨이인 에릭 산루히(Eric Sanrug), 스페인인 세군도 바르가스(Segundo Vargas), 터키인, 유럽계 아시아인, 그리스 국적의 아리스티데스 파파스(Arístides Pappas), 오달리(O'Daly) 신부를 만난다. 울리세스는 승무원들과 우정을 나누면서 배에 마약이 실려 있다는 것을 알게 된다. 그러나 확실한 증거를 발견하지는 못한다.

뉴욕에 도착하자, 페드로 호세는 전쟁의 흔적으로 인생에 대한 소외감을 계속 느낀다. 뉴욕에서 그는 푸에르토리코의 사회학자 아달베르토 리나레스(Adalberto Linares)를 사귀게 된다. 리나레스는 페드로 호세가 거부하는 요양소 바깥의 현실에 대해 설명해준다. 이제 '프로메테오'호는 뉴욕을 떠나 푸에르토리코를 향한다. 울리세스는 다시 승무원과 합류하지만, 그의 기분 상태는 전과 다르다. 선장은 그를 불신하고 그와 상관없는 일에서는 멀리 떨어져 있으라고 지시한다. 푸에르토리코를 향해 여행하는 사람은 페드로 호세, 울리세스, 아달베르토 리나레스, 아기레와 오스카르 마르틴(Oscar Martín)이다. 뒤의 두 사람은 푸에르토리코의 정치인이다. 그리스 사람인 아리스티데스 파파스가 아무도 모르게 뉴욕에서 사라지고, 그것은 울리세스가 의심하고 있던 것대로 그가 마약밀매상임을 확인시킨다. 이런 상황 앞에서 울리세스의 목숨은 위험에 처하고, 그는 '프로메테오'호가 푸에르토리코 근처에서 선박 수리를 위해 잠시 머무는 동안 도망친다.

며칠 후 페드로 호세와 아달베르토는 병원에서 울리세스를 발견한다. 산루히는 울리세스를 민주주의 체제와 '독재자'를 전복시키기 위해 음모를 꾸몄다고 고발하고, 게다가 그의 친구 메히아스의 살인범으로 지목한다. 울리세스는 도미니카공화국으로 인도된다. 페드로 호세와 아달베르토는 푸에르토리코에 머무른다. 산후안을 돌아다닌 후, 페드로 호세는 어릴 적의 희미한 기억에 남아 있는 푸에르토리코와 뉴욕 관광안내소의 푸에르토리코, 그리고 산후안의 거리 사이에 많은 차이가 있음을 알게 된다. 그에게 산후안은 미국의 이상을 보여주는 미니어처로 제시된다. 후에 그는 병원에서 간호조무사로 일자리를 얻는다.

푸에르토리코에는 타베라스 가족이 살고 있다. 그들은 신흥 부르주아의 대표자들로, 귀족 계층이 아니며, 감정적 공허함을 가지고 사회적 지위를 유지하려고 애쓴다. 이 가족의 엄청난 재산은 과자 판매에서 비롯된다. 그 과자 공장은 나중에 푸에르토리코의 디럭스(De Luxe) 비스킷 공장 제품을 위탁 생산하게 되고, 이후 다국적 기업의 희생양이 된다. 그것은 주인인 로렌소 타베라스(Lorenzo Taveras)의 공동 출자자들의 모함에 의해 이루어진다. 아기레와 오스카르 마르틴은 로렌소 타베라스와 함께 정치에 참여하지만, 두 사람의 관심은 수탈적인 경제 체제를 확립하고자 함이다. 이 과업은 로렌소 타베라스의 회사에서 성공적으로 이루어진다. 특히 오스카르 마르틴은 이런 일 이외에도 로렌소 타베라스의 딸인 로리(Lori)와 결혼을 하려고 한다.

로리의 오빠 라리(Lari)는 타바레스 가족의 소외감과 감정적 공허함을 가장 분명하게 보여준다. 로리와 마찬가지로 라리는 집에서 멀리 떨어진 기숙학교에서 수학한다. 그런 다음 의학을 공부하지만, 마약중독자라는 이유로 쫓겨난다. 그는 푸에르토리코로 돌아와 귀족 계급 출신의 엘다

(Elda)와 결혼한다. 엘다는 민중 계층의 아달베르토 리나레스의 어릴 적 친구이고 후에 그의 약혼녀이기도 했다. 라리와 엘다의 결혼은 단지 사흘만 지속된다. 라리는 그의 삶을 간섭하고 통제하려는 아버지의 압력을 참지 못한다. 그리고 회사의 경영 기법을 전수하려는 의도는 더욱 참지 못한다. 그는 다시 마약에 빠진다. 마침내 그는 마약 밀매에 관여하고, '프로메테오' 선장과 함께 체포되어, 미국 교도소로 향한다.

로리는 외국의 기숙학교에서 교육을 받는다. 영국에서 그녀는 이탈리아 백작을 알게 되고 미칠 듯이 사랑한다. 그러나 그 로맨스는 그녀에게 깊은 좌절감만 남겨주고, 그녀의 어머니인 마리아 루이사(María Luisa)에게는 백작을 사위로 맞는다는 환상만 심어준다. 푸에르토리코에서 그녀는 수녀학교에서 교육을 마친다. 그리고 이내 푸에르토리코의 사교계의 대표적 인물이 된다. 그런데 사고를 당하고, 질병에 걸렸다는 것이 발견되어 병원에 입원하고, 그곳에서 페드로 호세를 알게 된다.

로리와 페드로 호세는 친하게 지내게 되지만, 로리의 어머니는 그들의 교제를 별로 마음에 들어 하지 않는다. 마리아 루이사는 로리를 보스턴으로 보내 전문 치료를 받게 한다. 그리고 페드로 호세는 피아니스트로 카리브 호텔의 오케스트라 단원이 되어 일한다.

로리가 돌아오자 그녀와 페드로 호세, 아달베르토, 엘다의 사이는 더욱 돈독해진다. 아달베르토와 엘다는 어렸을 때부터 알던 사이지만, 그들의 첫 관계는 가족의 편견에 의해 방해받는다. 엘다는 귀족 계급 출신이고, 아달베르토는 엘다 집안에서 일하는 요리사의 아들로 후에 대학교수가 된 사람이기 때문이다. 엘다의 어머니는 두 사람이 사귀는 것에 반대한다. 엘다는 어머니의 편견과 자기 자신의 솔직함 사이에서 방황한다. 그러나 심령학을 통해 전생에서 그녀와 아달베르토가 좌절된 사랑의 주인공이었다는 것을 발견하면서 이런 모순을 해결한다.

로리는 라리가 경찰에 체포되어 마약범들과 연관이 있다는 혐의를 받은 그날 밤에 뜻하지 않게 세상을 떠난다. 며칠 후 마리아 루이사는 루스의 마사지 룸에서 페드로 호세와 만난다. 그곳은 밀물처럼 밀려드는 미국 관광객들을 대상으로 돈을 벌기 위해 페드로 호세의 첫사랑인 루스가 설립한 창녀집이다. 마리아 루이사는 페드로 호세에게 아마도 그가 오스카르 마르틴의 형이고, 푸에르토리코의 어촌인 '라 페르게라'(La Perguera) 출신인 어느 혼혈 여인의 아들일지도 모른다고 말한다. 그녀는 바로 오스카르 마르틴의 아버지가 젊은 시절에 마리아 루이사를 택하면서 버린 여인이다. 페드로 호세는 아무에게도 연락하지 않은 채 산후안을 떠나 어린 시절에 보낸 7년의 세월에 관한 의문을 조사하고 결정적으로 해결하기 위해 '라 페르게라'로 향한다.

그곳에서 그는 혼혈 여인과 오스카르 마르틴의 아버지 사이에 낳은 아들임이 밝혀진다. 그리고 그의 진짜 이름은 페드로 세라메(Pedro Cerame)이며, 아버지는 어머니와 함께 작은 배를 타고 도망치다가 그 배가 가라앉는 바람에 두 사람 모두 목숨을 잃었다는 것도 알아낸다. 그러자 아이는 여동생이 맡게 되고, 그녀는 그 아이를 뉴욕으로 데려가 요양소 문 앞에 버렸던 것이다. 또한 친구가 잠시 모습을 감추자 걱정이 되어 '라 페르게라'로 왔던 엘다와 아달베르토도 그 사실을 알게 된다. 그러나 그들은 그곳에서 페드로 호세를 만나지 못한다. 며칠 후, 그들은 뉴스를 듣고 페드로 호세/페드로 세라메가 도미니카공화국으로 가서 자기 친구 울리세스를 찾아 '독재자'의 독재에 반대하는 게릴라의 일원이 되었다는 사실을 알게 된다.

3) 『불과 공기』: 한국전쟁과 푸에르토리코의 내면적 실존

이 작품은 주로 한국전쟁부터 1957년 사이에 초점을 맞추어 전개된다.

이 시기는 자유연합주 사상이 민족주의의 모든 흔적을 질식시키려는 시기이다. 민족주의 정신이 억눌리면서, 병합주의 정신이 커져가는 시절인 것이다. 이 소설에서 한국전쟁은 주인공 페드로 호세 엑스포시토(Pedro José Expósito)와 관련되어 주로 나타나며 소설의 전반부에 집중적으로 다루어지고 있다. 한국전쟁은 주인공 페드로 호세가 뉴욕의 어느 푸에르토리코 가족의 집에 거처를 정하면서부터 본격적으로 등장한다. 그 가족은 미국의 삶이라는 이상에 적응하기 위해 부단히 노력하는 사람들이고, 따라서 푸에르토리코인의 정체성을 거부한다. 그러자 뉴욕은 그에게 소비사회와 자본주의, 생산 체제와 '애국적 추행'으로 점철된 퇴폐적인 현실로 나타난다. 특히 '애국적 추행'은 한국전쟁을 민주주의 체제를 이식하기 위한 것으로 변명한다(Laguerre, 1970: 29).

이런 현상을 보면서 주인공은 "이런 환경의 비인간이고 내 '동포'들의 끔찍스러운 극단적인 가난에 가슴 아파"(Laguerre, 1970: 30)라고 말하면서 뉴욕의 비인간적인 면과 푸에르토리코 이주민들의 극단적인 가난을 되돌아본다. 그렇게 그는 푸에르토리코인들이 한국전쟁에 참전할 수밖에 없었던 외부적 현실을 고발한다. 하지만 이 소설은 외부적 현실의 묘사에 치중하는 19세기 리얼리즘 소설과는 달리 등장인물들의 내부 세계로 침잠하면서 현대소설의 모더니즘적 양태를 보여준다. 인간은 환경의 산물이라는 관점에서 라게레는 등장인물들의 사회 · 정치적 상황을 내면적 삶과 융합시키는 것이다. 그래서 이 작품에서 종종 등장하는 내면 독백은 개인의 정신세계를 외부 세계와 관계를 맺게 하면서 전개된다. 다시 말하면, 객관적인 눈으로 바라보지만, 주관적 렌즈로 초점을 맞추고 있는 것이다.

한국전쟁에 징병된 페드로 호세는 전쟁 캠프에서 삶에 대한 환멸적 생각을 구체화하면서 정신적 세계로 나아간다. 그의 외부적 삶은 어두운 어린 시절, 요양소에서의 삶, 요양소에서 나온 후 뉴욕에서의 삶, 그리고 한국전쟁 징병으로 점철되어 있다. 하지만 그는 그 전쟁이 자신의 것이 아니며, 아무런 의미도 없이 자기의 목숨을 헛되이 걸고 있다는 사실을 의식하고 있다. "한국. 그것은 산토도밍고, 베트남, 레바논이 될 수도 있었다. 우리는 지금 한국에 있다. 우리는 목숨과 쓸모없는 인간들을 매매하는 장사치들에게 이끌려 이곳으로 왔다. 나는 강물이 흘러가는 것을 보기 위해 단 하루를 사는 이런 벌레들과 마찬가지로 시간을 보낸다. 안녕, 루스와 함께 보낸 속세의 천국이여……"(Laguerre, 1970: 62).

한국에서의 임무가 끝난 후 페드로 호세는 뉴욕으로 돌아온다. 하지만 그는 전쟁 후유증에 시달리면서 계속해서 인생의 소외감을 느낀다. 그런 후 페드로 호세는 자신의 조국인 푸에르토리코로 향하지만, 어릴 적의 희미한 기억에 남아 있는 푸에르토리코와 뉴욕 관광안내소의 푸에르토리코, 그리고 산후안의 실제 거리 사이에는 많은 차이가 있음을 알게 된다. 그에게 산후안은 미국의 이상을 보여주는 미니어처로 제시된다. 이후 그는 타베레스 가족의 마리아 루이사를 알게 되고 그녀를 통해 자신의 신원에 관한 단서를 발견한다. 그러자 그는 7년의 어린 시절에 관한 의문을 조사하고 해결하기 위해 산후안을 떠나 '라 페르가라'라는 곳으로 향한다. 그곳에서 자신이 고아가 된 이유와 자신의 진짜 이름은 페드로 세라메라는 것을 확인한다. 그러자 그는 이렇게 회상한다. "경악을 느끼자 수수께끼를 해결하려는 갈망이 사라진다. 그곳 텍사스에서 나는 한국의 민주주의를 수호하기 위한 훈련을 받았다. 모두 인간들의 오래된 거짓말이다. 인간의 육체는 단지 소화기관을 위장하기 위해 이용될 뿐이다. 그리고 양철 쪼가리 훈장으로 우리의 마음을 속인다"(Laguerre, 1970: 264) 페드로 호세/페드로 세라메는 이런 인간 세상에 환멸을 느끼고 도미니카공화국으로 가서 독재자의 독재를 전복하기 위해 게릴라가 된다.

이런 점에서 엔리케 A. 라게레가 이 소설의 제목으로 선택한 『불과 공기』라는 제목은 객관적 현실에서 주관적 현실로 나아가는 단계를 잘 보여준다. 먼저 이 작품은 객관성에 바탕을 둔 과학적 성격을 띠고 있다. 「악타이온의 개들」이라는 제목이 붙은 이 소설의 6장은 이것을 잘 보여준다. 한국에서 뉴욕으로 돌아온 주인공은 촛불 위로 컵을 들이대면서 촛불이 계속 켜져 있으려면 심지와 기름 이외의 또 다른 것이 필요하다는 것을 확인한다. 그런 다음 이 작품은 정신적인 내용으로 발전한다. 작중인물 중의 하나인 아달베르토 리나레스(Adalberto Linares)는 페드로 호세의 의견에 동의하면서 "사회적 · 경제적 발전은 푸에르토리코에게 제공되는 연료야. 하지만 불이 탈 수 있는 공기가 없다면 어떻게 될까? 그러니까 내 말은 내면의 불이 없다면 국민들은 살아남을 수 없다는 소리야…… 아무리 많은 연료가 있더라도 정신이 질식하면 살 수 없어"(Laguerre, 1970: 92)라고 지적한다. 그러면서 그는 "현재는 역사를 잉태해. 무엇보다도 내면의 불이 있고 질식과 싸울 때에 말이야"(Laguerre, 1970: 92)라고 말한다.

제목이 암시하듯이 물리적 불에서 정신적인 내면의 불로 나아가면서, 이 작품은 푸에르토리코의 역사적 현실, 푸에르토리코 병사들이 바라본 한국의 현실, 그리고 작중인물의 심리적 현실을 뒤섞는다. 한국전쟁은 객관적 현실로 제시되지만, 주인공에게 자신과 조국의 물리적 · 정신적 빈곤을 강조하는 것으로 발전한다. 그런데 루이스 무뇨스 마린이 자유연합주 정책을 통해 공장을 세우고 외국 자본을 유치하고 보다 나은 삶을 제공하려고 노력하던 시기에 왜 푸에르토리코의 대표 작가인 엔리케 A. 라게레는 빈곤을 이야기하는 것일까? 그는 절대로 공장을 세우거나 외국 자본의 투자를 끌어들이거나, 아니면 거리에 자동차들이 꼬리를 물고 지나가거나, 특급 호텔이 즐비하고 오가는 사람들로 가득한 대규모 국제공향을 찬양하지 않는다.

그것은 작가들이 대부분 자본주의나 도시화의 주변에 위치하며, 변화에 따르는 중류층의 불안감을 주로 서술하는 것과 관계가 있다고 여겨진다. 그런 사회 변화에 대한 문제적 주인공을 등장시키면서, 엔리케 A. 라게레는 자국인들의 내면과 심리를 되돌아보고자 하고, 한국전쟁은 바로 그런 목표를 이루기 위해 최상의 문학 소재로 등장하는 것이다. 다시 말하면, 엔리케 A. 라게레의 『불과 공기』는 한국전쟁에 참여했던 푸에르토리코의 병사들의 애환에 초점을 맞추고 있지는 않지만, 바로 그 당시 루이스 무뇨스 마린이 추구하던 정책으로 말미암아 푸에르토리코의 지식인들이 겪고 있던 내면적 실존의 문제와 자본 사회의 주변화를 형상화하는데 한국전쟁이라는 소재를 사용하고 있다고 말할 수 있다.

5. 『전쟁 전에』: 공식 역사와 비공식 역사의 대립

1970년에 출간된 『불과 공기』가 당시 전세계를 휩쓸고 있던 실존주의 성향의 관점에서 서술된 것과는 달리, 2005년에 발표된 호세안 라모스(Josean Ramos)의 『전쟁 전에』(*Antes de la guerra*)는 탈식민주의와 포스트모더니즘 소설에서 주로 보여주는 공식 역사와 비공식 역사의 대립을 통해 공식 역사의 위선을 드러내기 위해 한국전쟁을 이용한다. 우선 이런 면을 살펴보기 전에 이 작가와 작품의 내용부터 알아본다.

1) 호세안 라모스

호세안 라모스는 푸에르토리코의 유명 작가이자 기자이다. 여러 작품 중에서 특히 신화적 인물인 가수 다니엘 산토스의 생애를 다룬 소설 『젊은 병사들에게 작별인사를 하러 왔다』(*Vengo a decirle adiós a los muchachos*)가 유명하다. 이 작품 이외에도 산후안의 전 시장인 펠리사 린콘(Felisa Rincón)의 생애를 소설화한 『여자의 말』(*Palabras de mujer*), 연대기와 단편소설의 혼합 장르 성격을 띤 열두 편의 이야기를 모은 『크로엔토스』(*Croentos*) 등이 있다. 국내외에서 유명한 상을 수상했는데, 그 중에서 스페인의 '호세 라몬 피녜이로 국제 기자상', 펜클럽의 '국가 기자상'을 비롯하여, 푸에르토리코의 여러 문학기관에서 상을 탔으며, 푸에르토리코 최고의 영예인 '볼리바르 파간 상'을 탔다.

2) 『전쟁 전에』: 작품 소개

푸에르토리코의 청년 호세안(Josean)은 2주간에 걸친 미국 해군의 신병훈련소 이야기를 들려준다. 대학 농성 이후 조지(George), 카를로스(Carlos) 그리고 호세안은 학업을 중단하고 일거리를 찾지만 모두 실패한다. 어느 날 그들은 구직 사무소 앞에서 미군 징집 장교를 만난다. 장교는 미국군이 되었을 경우 어떤 이점과 특권을 누리게 되는지에 관해 설명한다. 호세안은 작가 조종사를 희망하고, 카를로스는 가수 조종사가 되고자 한다. 그러자 세 청년은 가장 특권을 누리면서 군대 중에서 육체적으로 가장 힘들지 않은 공군이 되려는 꿈을 가지고 다음날 공군 입대를 자원한다. 그들은 여러 체력 시험을 비롯해 영어로 작성된 시험을 치른다. 호세안은 어린 시절을 뉴욕에서 보냈기 때문에 영어는 그에게 커다란 문제가 되지 않는다. 그러나 두 친구는 그런 언어 능력이 없다. 시험을 치른 후에 호세안의 점수는 두 친구의 점수보다 높이 나오고, 결국 두 친구는 미국 공군 입대 자격이 충분하지 않다고 판명된다. 화자는 두 친구와 헤어져 군인으로 활동하기를 원치 않고, 따라서 세 사람은 해군에 지원하기로 결정한다.

푸에르토리코 출신의 조지는 애인과 사랑하고 뜨겁게 사랑하고 있고, 신병 훈련이 끝난 후 그녀와 결혼하고 싶어 한다. 신병 훈련은 3개월간 지속되는 기초 훈련으로, 이 기간에 신병들이 어떻게 교관들에게 학대당하는지에 관한 이야기가 서술된다. 그러나 그는 입대를 포기하고 애인과 결혼하기 위해 푸에르토리코에 남는다.

마찬가지로 푸에르토리코 출신인 카를로스는 활달하고 음악을 사랑하는 청년이다. 그의 아버지는 어머니를 버렸고, 그의 형제들은 부모의 결합을 시도하지만 결국 실패하고 만다. 그러자 그의 어머니는 심리적 위기를 맞는다. 어머니를 책임지고 있던 카를로스는 신병 훈련에 참가한다(소설은 카를로스의 삶에서 두 가지 사항을 상술한다. 그는 신병훈련소를 나온 후 미치고 자동차 사고를 당한다).

가톨릭 집안 출신의 호세안은 어린 시절 동안 몇 년을 뉴욕에서 보낸다. 이후 그는 문학을 공부하고, 그래서 감수성이 예민한 성격이며, 전쟁 기간에 범해진 잔혹함을 공개적으로 의문시한다. 이것 이외에도 그의 아버지는 제65보병연대의 병사로 한국전쟁에 참가했으며, 호세안은 아버지의 한국전쟁 참전 경험을 공식 역사에 의해 기록되지 않은 관점에서 서술한다.

카를로스와 호세안은 'buddy partners'(동반 입대)라는 프로그램에 가입한다. 이 프로그램은 두 사람이 같은 부대와 같은 전선에 함께 머무는 이점을 제공한다. 그들은 1977년 마지막 날 밤에 징병되고, '라 플로리다'(La Florida)의 해군기지로 보내진다. 그곳에서 그들은 상관들, 특히 끊임없이 모욕하는 맥칼리프(McCalip) 하사에게 일련의 학대를 받는다. 그들은 전쟁 기간에 행해진 온갖 불법적인 행위를 가사로 노래하는 군가를 듣고 노래한다. 또한 군인 복무규율이라는 비논리적 삶과 전쟁의 이미지에 세뇌당하는 삶을 산다. 그들은 '더러운 놈'이라고 그들을 부르는 미국 병사의 인종차별적 행동도 참아야 한다.

이런 상황에서 두 젊은이들은 그곳에서 도망칠 방법을 구상하기 시작한다. 가장 적당한 해결책은 영어를 말하지 못하는 것처럼 위장하여 상관들의 명령을 이해할 수 없는 것처럼 행동하는 것이다. 이 젊은이들의 발언이 진실인지 규명하기 위한 조사가 시작되자, 이들은 멕시코 신병인 하이메 차베스(Jaime Chávez)의 감시를 받게 된다. 차베스는 자기에게 국적을 부여한 미국에게 감사의 표시로 군에 입대했고, 두 젊은이들과 상관의 의사소통을 돕기 위해 통역사로 자원한 사람이다. 차베스는 이렇게 상관과 두 젊은이를 돕겠다는 좋은 의도를 지니고 있었지만, 두 청년에게는 문제로 등장한다. 차베스의 등장으로 몹시 불편해진 카를로스는 그를 비웃고, 영어를 말하지 못하는 바보로 행세할 뿐만 아니라, 스페인어도 엉터리로 구사한다. 그의 친구 호세안은 카를로스의 의도를 이해하고, 그의 놀이를 따라하면서 차베스를 피곤하게 만든다. 한편 '더러운 놈'라는 말을 듣자 두 젊은이들은 분노하고 복수를 결심한다. 그들은 어느 날 하사 매칼리프의 사무실에서 친필 서명이 된 야구공을 훔쳐 자신들의 소지품 안에 보관한다.

수사가 진행되는 동안, 두 젊은이들은 수영 시험을 치르게 된다. 그러자 두 사람은 바보 역할을 재확인시키기 위한 기회로 사용한다. 카를로스는 수영을 할 줄 한다는 것을 보여주지만, 호세안은 물을 두려워하고, 지도 교관과 물속에서 우스꽝스럽게 몸부림을 친 후 '부적격 군인'으로 분류된다. 그러나 두 신병들이 입대한 프로그램에 따라 그들을 분리하는 것은 불법이다. 그들은 그 결정에 항의하고, 결국 두 사람은 부적격 신병 중대로 보내지고, 그곳에서 에르난데스(Hernández) 장교의 지휘를 받게 된다.

새로운 중대에서 그들은 베탕쿠르(Betancourt)를 만난다. 그는 그들과 함께 입대 시험을 치른 푸에르토리코 청년이다. 시험을 치르던 날 그는 자신의 전술과 군사(軍史)에 관한 지식을 자랑했었다. 그곳에서 또한 그는 한국전쟁과 베트남전쟁에 관한 이야기도 들려준다. 베탕쿠르는 베트남에서 찰리 보병중대가 민간인들에게 저지른 잔혹함과 그 이미지를 즐기며 만끽한다. 게다가 그는 한국전쟁에 관한 공식 역사도 읽었고, 파병군의 숫자와 무기들, 장교들의 이름 등등을 알고 있다. 그러나 그는 또 다른 역사를 모른다. 그것은 바로 제65보병연대에 속해 있던 푸에르토리코 병사들의 역사이다. 그들은 안전한 장소에서 쌍안경으로 전쟁을 보고 있던 미국 장교들의 지시에 따라 자살과 다름없는 임무를 띠고 파견되었다.

베탕쿠르와의 만남으로 호세안은 그와 맞설 기회를 갖는다. 베탕쿠르는 공식적인 출처에 의지한다. 반면에 호세안은 제65보병연대의 일원이었던 자기 아버지의 이야기에 기초한다. 호세안의 아버지의 이야기는 한국전쟁에서 미군의 일원인 푸에르토리코 병사들이 어떻게 이용되었으며, 목숨이 보장되지 않은 곳에서 가톨릭 종교의 성화(聖畵)를 이용하여 안전하게 보호받고 있다고 믿게 만들었다는 사실을 들려준다. 또한 그는 자살과도 같은 위험한 임무를 맡고 있는 동안 자행된 제65보병연대 장교들의 폭언과 푸에르토리코 친구인 리베라(Rivera) 하사의 배신도 이야기한다. '브로델'(bródel)이라는 이름의 그 하사는 호세안의 아버지를 매우 위험한 임무에 파견하지만 그는 그곳에 가기를 거부한다. 그 작전에서 목숨을 건진 사람은 하나도 없었다. 또한 그는 제65보병연대가 여러 힘든 임무를 수행하면서 영예를 얻었지만, 그 연대를 지휘한 푸에르토리코 장교가 해임되고 그 대신 미국 출신의 젊은 장교가 임명되자, 제65보병연대의 사기가 저하되었다는 이야기도 들려준다.

젊은 장교의 도착으로 제65보병연대는 적극적인 전투 정신을 북돋았던 정체성에 입각한 특정 습관을 버려야만 했다. 즉, 수염을 기르고(남성

성의 문화적 상징), 탈환한 고지에 푸에르토리코 국기를 게양하고, 식량으로 완두콩이 든 쌀밥을 받는 것 등등의 습관들이 금지되었던 것이다. 새 장교는 그들에게 수염을 깎고, 푸에르토리코 국기를 잊어버리고, 밥 대신 핫도그를 먹을 것을 강요한다. 게다가 그 장교는 스페인어를 몰랐기 때문에, 종종 의사소통의 문제가 발생했다.

새로운 부대의 과업과 군사 훈련을 피하기 위해, 호세안은 힘겨루기 시험에 도전하고, 거기서 부상을 당한다. 그리고 휴가를 얻어 마침내 휴식을 취한다. 자기 친구의 영악함을 모방하여 카를로스 역시 먹는 것을 거부하여 병에 걸린다. 그 역시 병가를 받는다. 두 신병에 대한 조사와 판결이 진행되는 동안, 이렇게 이들은 보다 편안한 삶을 영위한다. 그들은 자기들이 먹고 싶은 시간에 먹는다. 아무 시간에나 일어나고, 언어를 모른다는 이유로 경례도 하지 않는다. 며칠 후 그들은 군사법정으로 이송된다. 다행히 그들은 상관들을 속이는 데 성공하고, 군인 정복을 입은 채 '명예 제대'라는 이름으로 바로 그날 군사 기지를 떠난다. 푸에르토리코에 도착하기 전에 그들은 마이애미에서 제대를 축하한다.

3) 『전쟁 전에』: 공식 역사와 비공식 역사 속의 한국전쟁

『전쟁 전에』가 서술하고 있는 푸에르토리코 병사들의 한국전쟁 참전은 미국과 푸에르토리코 정부가 국민들에게 어떤 식으로 역사를 왜곡하고 있는지, 그리고 '자유연합주'라는 이름으로 미국의 하위주체로 살아왔고 지금도 살고 있는 푸에르토리코의 숨겨진 역사를 잘 보여준다. 이런 점에서 우리가 교과서에서 배우는 '공식 역사' 역시 왜곡된 역사일 가능성이 많이 있다. 그렇다면 '비공식 역사'는 어떨까? 공식 역사는 비공식 역사가 구체적인 사료에 근거하지 않는다고 배격하는 경향이 있다. 그러나 여기서 우리가 생각해봐야 할 것은 공식 역사가 탄압하고 말살하려고 하는 비공식 역사가 어떻게 많은 사료를 확보할 수 있느냐는 것이다. 바로 여기서 역사 기술의 문제가 드러난다. 비공식 역사는 하나의 사료도 없이 구전으로만 전해지는 경우도 있다. 그리고 종종 그렇게 말로만 전해져 내려온 것이 진실로 확인되기도 한다.

이 작품에서 주인공은 공식 역사를 "차갑고 기술적인 공식 역사, 그것은 전쟁 주역들의 극적인 상황을 숫자나 자료, 혹은 적의 사망 숫자와 같은 통계로 축소시킨다. 그것은 적들의 위치와 전략을 분석하는 역사이며, 쌍안경으로 전투를 주시하고, 리모컨으로 자기 병사들에게 명령을 내리는 장군들의 유명한 말을 기록하는 것에 불과하다"(Ramos, 2005: 176~177)라고 생각한다. 이런 공식 역사와 비공식 역사, 즉 '또 다른 판본'의 대립은 푸에르토리코 군인들로 구성된 제65보병연대가 전쟁 내내 승리를 구가하다가 와해되기 시작하는 켈리 고지와 잭슨 고지 전투 대목에 이르러 절정에 달한다. 베탕쿠르는 "이것에 관해서는 『휴전 텐트와 전선』(*Truce Tent and Fighting Front*)라는 책이 있어. 이 책은 제65보병연대가 왜 제 색깔을 잃어버렸는지, 특히 켈리 고지와 잭슨 고지의 치열한 전투 후에 그렇게 되었는지를 설명하고 있어"(Ramos, 2005: 175)라면서 공식적인 역사에 의존하여 설명한다. 그러면서 그는 푸에르토리코 병사들로 이루어진 제65보병연대의 역사를 1920년의 창설 시기부터 차가운 한국전쟁터에 이르기까지 이야기하면서, 한국전쟁에서 그 부대의 명성이 추락했다고 지적한다.[6] 그리고 한국전쟁에서 제65보병연대는 미국 제3사단의 일부

6 1952년 2월에 제65보병 연대를 처음부터 이끌었던 윌리엄 해리스(William Harris) 대령이 교체되고, 더불어 푸에르토리코에서 함께 파병되어 병사들을 지켜준 하사관들이 다른 곳으로 전보된다. 그러자 제65보병연대의 단결과 결속을 주도했던 사회·문화적 토대는 놀라울 정도로 약화된다. 새로 부임한 푸에르토리코 출신의 연대장 후안 세사르 코르데로 다빌라(Juan César Cordero Dávila)는 공개적으로 조국애에 호소하면서 그런 상태를 바로잡으려고 노력한다. 그는 여러 번 전쟁터에서 1952년 7월에 시작된 새로운 국가의 시민으로서 영웅적 면모

로 최고의 명성을 누렸으며, 가장 훈련이 잘 되었고 일사분란해서 맥아더 장군이 침이 마르게 칭찬했었다는 사실을 덧붙인다.

그러자 주인공 호세안은 그토록 용감한 군인들이 왜 군사재판에 회부되었고, 제65보병연대가 왜 본래의 색깔을 잃어버렸는지 아느냐고 되묻는다. 베탕쿠르는 전선에서 상관의 명령에 복종하지 않았고, 그래서 연대의 명예가 실추되었다고 대답한다. 그러자 주인공은 만일 아무런 희망도 없이 자살과 같은 임무에 몸을 던지라고 명령한다면, 그리고 그런 임무에 이미 500명의 동료가 희생되었다는 것을 안다면, 어떻게 하겠느냐고 묻고, 베탕쿠르는 병사란 상관의 명령에 무조건 복종해야 하며, 그들의 행동은 역사가 판단해줄 것이라는 판에 박힌 말만 반복한다. 그러면서 그 이외의 판본은 존재하지 않으며, 한국전쟁을 기술한 모든 역사가들 역시 동일하게 주장한다고 강조한다.

하지만 호세안은 베탕쿠르의 해박한 지식에 겁먹지 않고 이렇게 반박한다. "아직도 이야기되지 않은 수많은 역사가 있어. 만일 군 역사가들이 기초 자료로 펜타곤과 동일한 기록과 그 결론을 사용한다면, 똑같을 수밖에 없어"(Ramos, 2005: 177~178). 그러면서 호세안은 자기 아버지가 들려

를 배가하고 쇠약해지지 말라고 충고한다. 그리고 이내 한국에는 최초의 푸에르토리코 국기가 도착하여 그들이 정복한 고지 꼭대기에서 휘날릴 것이라고 말한다. 사실 그때까지만 해도 제65연대 병사들이 점령한 고지에는 푸에르토리코 국기의 게양이 금지되어 있었다. 그러자 병사들은 고지들을 성 요한, 로스 히바로스, 도냐 펠라 등의 이름으로 부른다. 그러나 1952년 가을부터 제65보병연대 병사들의 사망률은 놀라울 정도로 증가하기 시작한다. 마침내 9월 말에 켈리 언덕에서의 비극이 일어난다. 전쟁에 참가했던 사람들은 푸에르토리코 병사들이 언덕을 가득 덮었다고 증언한다. 그러자 푸에르토리코의 정치인이며 독립주의자들인 야당 지도자들은 무뇨스 마린 주지사에게 한국에서 푸에르토리코 병사들을 철수시키라고 요구한다. 그들은 주지사와 코르데로 아빌라를 아무도 기억하지 못하는 고지 정상에 자유연합국의 국기를 휘날리게 만들기 위해 병사들을 죽음으로 이끄는 죄를 지었다고 비난한다. 그러자 코르데로 아빌라는 교체되고, 그 대신 스페인어와 푸에르토리코 병사들의 문화를 전혀 모르던 미국 연대장 체스터 B. 드가브르(Chester B. DeGavre)가 임명된다.

주었던 이야기를 베탕쿠르에게 반복한다. 특히 제65보병연대의 사기가 급속히 저하된 것은 켈리 고지에 25만 명의 중공군이 있었고 그 달에만 500명이 넘는 사망자가 발생한 것이 두려워서가 아니라, 제65보병연대의 문제는 연대장인 코르데로 대령이 웨스트포인트 군사학교를 졸업한 젊은 대령 드가브르로 교체되면서 시작되었다고 지적한다. 그러면서 베탕쿠르가 모르고 있던 은밀하고 결정적이며 공식 역사에 등장하지 않는 이야기를 들려준다.

> 새로 부임한 대령은 도착하자마자 고위 장교들과 논쟁을 벌이면서, 제65보병연대가 켈리 고지에서 비겁하게 싸우고 있으며, 군기가 빠져 있고, 싸우고자 하는 마음도 없다고 비난했어. 그것은 제65보병연대 병사들이 다른 수많은 전투에서 보여주었던 것과 상반된 의견이었지. [……] 그리고 앞으로 제65보병연대 병사들이 스페인어로 말하는 것을 금지하는 것 이외에도, 드가브르DeGavre 대령은 그들의 정신상태를 바로잡기 위해 진정한 사나이로 보이도록 수염을 깎으라고 지시했어. 그것은 바로 남성의 자존심에 상처를 입히는 대책이었지. [……] 제2대대장은 그런 사실을 알게 되자, 그런 방책은 수염을 문화적 의식의 일부로 여기고 있는 푸에르토리코 병사들의 사기에 치명타가 될 수 있다고 경고했어. (Ramos, 2005: 180~181)

하지만 드가브르 대령은 이런 충고를 무시한다. 그러자 푸에르토리코 병사들 사이에는 반항 정신이 지배하고, 그들은 드가브르 대령이 최대 기한으로 설정했던 1주일의 마지막 순간까지 수염을 깎지 않다가, 마침내 군사법정에 명령 불복종으로 재판받지 않기 위해 하는 수 없이 자신들의 문화적 유산을 포기한다. 이 운명의 사건은 미군의 이름으로 참전하면서도 푸에르토리코의 문화적 정체성에 굳게 바탕을 둔 제65보병연대의 푸에르토리코 병사들이 미국 속의 하위주체로서 인종차별적 대우를 받았음을 잘 보여준다. 그러자 많은 푸에르토리코 병사들은 가족과 가정을 떠나 그토록 먼 곳에서 무엇을 하고 있으며, 왜 중공군 포대의 목표물이 되는지(Ramos, 2005: 185), 그리고 왜 자신들의 희생을 고마워하지 않은 조국을 위해 그곳에서 죽으려고 하는지 자문하면서 자신들이 왜 전쟁을 하고 있는지 생각하게 된다.[7]

이 소설은 '분리되지만 평등하다는' 미국 사법 정책 아래서 미군에 의해 조종된 인종차별과 인종적 편견, 그리고 사회적 편견을 잘 보여준다. 그렇게 20세기 중반 푸에르토리코에 팽배해 있던 인종차별적 담론과 깊은 관련이 있다는 것을 드러낸다. 이렇듯 제65보병연대와 그들의 역할을 읽는 것은 예측 가능한 범주—인종주의 · 제국주의 부대에 있는 식민지의 부대—를 설정해주며, 또한 그런 읽기는 푸에르토리코가 한국전쟁에 유달리 관심을 보이고 있다는 사실이 우연만은 아니라는 것을 보여준다.

이렇듯 『전쟁 전에』는 공식 역사와 비공식 역사가 대립된다. 그러나 개인의 입에서 입으로 내려오는 역사가 주관적이고, 게다가 한국전쟁의 경

7 이후 제65보병연대의 제2대대를 임시로 맡고 있던 대위와 푸에르토리코 병사 수십 명이 체포된다. 그들은 적과의 전투를 기피하고 상관들의 명령에 복종하지 않았다는 이유로 기소된다. 미국 고위 지휘관들은 한 치의 자비심도 베풀지 않는다. 90명 이상의 병사들이 군사재판에 회부된다. 재판은 전례 없이 신속하게 이루어지고, 급히 변호인단이 구성된다. 그리고 단 한 명을 제외하고는 기소된 모든 사람들이 유죄판결을 받는다. 증인들의 증언이 서로 엇갈리고 결정적인 증거도 없었지만, 일반적으로 그들은 과도하게 엄격한 형량(어떤 사람은 16년 형을 받는다)을 선고받는다. 당시 푸에르토리코의 언론은 자국 병사들이 겁쟁이와 탈영으로 기소된 사실을 알고 푸에르토리코 국민들이 불신과 고통으로 반응했다고 밝힌다. 불확정적으로 미국과 히스패닉이라는 두 개의 문화 속에서 강제로 움직이고 있던 푸에르토리코는 정치적 · 문화적 정책이 자신들이 추구하고 있던 이상과는 동떨어져 있다는 것을 경험한다. 또한 언론은 새로운 국가 조직인 자유연합주가 시작된 시기에 미국에 의해 식민지적 주종관계로 전락하고, 인종차별적 문제 앞에서 루이스 무뇨스 마린 정부가 매우 불편해했다고 기록한다(Curbelo, 1992: 58). 그리고 체 파랄리티시(Ché Paralitici) 역시 이 사건이 푸에르토리코에서도 거의 알려져 있지 않다고 밝힌다(Paralitici, 2005~2006: 6).

우는 시간상으로도 그리 멀리 떨어져 있지 않기 때문에 개인의 심리가 많이 개입되어 있더라도, 그런 역사가 오히려 진실로 판명될 경우도 많다. 특히 인종적 편견에 사로잡힌 미국 군부의 상황을 미군 역사가들이 있는 그대로 묘사하거나 서술할 경우는 거의 없을 것이기 때문에, 호세안 아버지의 개인 역사로 한정된 비공식 역사는 공식 역사가 감추고 있는 또 다른 진실에 빛을 비추고 있다. 이런 점에서 『전쟁 전에』에 등장하는 이 일화는 역사를 제대로 바라보고 평가하는 눈과 그런 시각을 바탕으로 우리의 뇌리에서 사라진 사실들을 재조명할 때야 비로소 진정한 역사를 갖게 된다는 것을 시사한다.

6. 『산의 악마들』: '히바로'의 정체성을 찾아서

2002년에 1,000부 한정판으로 출간된 호르헤 펠리시아노 루이스(Jorge Feliciano Ruíz)의 소설은 총 24장으로 구성되어 있으며, 그 안에서 많은 푸에르토리코 병사들이 한국전쟁에서 어떤 충격을 받았는지를 보여준다. 따라서 소설적 색채를 띠고 있지만, 역사적 내용을 담은 기록물이라고 평가될 수도 있다. 이 소설의 뒤표지에 삽입된 엑토트 라게레(Héctor Laguerre)의 추천사는 "[이 소설은] 푸에르토리코의 젊은 세대들에게 이 전쟁이 어떤 의미를 가지고 있는지 이해시키는데 커다란 공헌"을 한다고 적고 있지만, 이것 이외에도 이 소설은 한국전쟁에서 푸에르토리코의 정체성과 조국애가 어떻게 구현되고 있으며, 푸에르토리코 병사들이 국가적 귀속감을 얼마나 소중히 여기고 있었는지를 잘 드러내주고 있다.

1) 『산의 악마들』: 작품 요약

하사 펠리페 푸엔테스(Felipe Fuentes)가 이끄는 제65보병연대의 푸에르토리코 병사들은 한국에 주둔하고 있고, 전쟁터로 나가려는 순간에 있다. 그때 푸에르토리코 용사들은 가족의 위문편지를 받고 푸에르토리코가 자유연합주로 선포되었다는 뉴스를 신문에서 읽는다. 그러자 조국에 대한 기억이 물밀 듯이 밀려오고, 이해할 수 없는 전쟁에서 싸우고 있다는 사실에 절망을 느낀다. 하지만 그들은 36점을 얻은 후에야 푸에르토리코로 돌아갈 수 있다는 사실을 잘 알고 있다. 그것이 바로 푸엔테스와 로페스(López), 그리고 베니테스(Benítez)의 희망이다. 그들은 이미 36점을 획득했지만 아직 언제 귀국할 것인지, 언제 후방에 배치될 것인지 그 어떤 공식적인 통보도 받지 못한 상태이다. 그래서 그들은 전쟁터로 다시 파견될지도 모르며, 조국으로 돌아가기 바로 직전에 죽을지도 모른다는 두려움을 느낀다. 제65보병연대는 최고의 연대 중의 하나이며, 푸엔테스 하사가 이끄는 그 분대는 쌍둥이고지를 점령하는 데 혁혁한 전과를 세운다. 쌍둥이고지는 금화에서 동북쪽에 위치한 삼각고지 중에서 598고지와 파이크스 봉을 일컫는다.

피게로아(Figueroa)는 그 분대의 가장 용감한 병사들 중의 하나이다. 경제 상황 때문에 그는 학업을 포기하고 부모님들을 도와야만 했다. 부모님이 모두 돌아가시고 화재로 집을 잃자, 미군에 자원했다. 미군이 휴가를 보내던 일본에서 피게로아는 한국인 아버지와 멕시코인 어머니를 둔 윤이라는 여자를 알게 되고, 그녀와 결혼하고자 한다. 그러나 그 결혼 허가 수속은 오래 걸리고 너무나 복잡하다. 하지만 피게로아는 사랑하는 애인과 함께 푸에르토리코로 돌아갈 것이라는 희망을 잃지 않는다.

또 다른 병사인 니에베스(Nieves)는 호출을 받는다. 대대장인 로하스(Rojas) 대위는 니에베스나 그의 동생 암브로시오 중의 한 사람이 푸에르토리코로 돌아갈 수 있다고 알려준다. 그것은 두 형제가 동일한 시기에 전쟁에 참가할 수 없다는 법령 때문이다. 두 형제는 모두 한국을 떠나고 싶어 한다. 하지만 서로 가까이 있고 싶다는 소망 때문에 한국에 함께 남아 있기로 결심한다. 그 분대의 또 다른 병사인 루고(Lugo)는 결혼한 사람으로 아이가 한 명 있다. 그의 아내와 아들은 그의 부모님 집에서 산다. 그는 병역 의무를 이행해야 하기 때문에 한국전쟁에 있다. 다른 병사인 로만(Román)은 경제 상황이 위태로워지자 자원병으로 군대에 입대했다.

푸엔테스 하사는 로하스 대위와 아주 가깝게 지낸다. 푸엔테스는 피게로아의 결혼에 큰 문제가 생기지 않도록 개입하여 도와준다. 대화를 나누면서 로하스는 푸엔테스에게 푸에르토리코의 국기가 그 캠프에 도착할 찰나에 있으며, 그 국기는 바로 그곳, 즉 '산후안'이라고 불리는 고지에 게양될 것이라고 말한다. 국기가 도착한다는 소식을 듣자 푸에르토리코의 병사들은 모두 들뜬다. 그 순간부터 그들은 한국전쟁을 자신들의 조국을 위한 전쟁으로 느끼기 시작한다. 한국의 고지에서 별 하나가 새겨진 조국의 국기가 펄럭이는 것을 본다는 사실만으로도 푸에르토리코 병사들은 사기가 충천하여 더욱 열심히 적군과 맞서 싸우고자 한다. 비록 그 국기 옆에 미국의 국기가 펄럭이지만, 그런 것은 개의치 않는다.

국기가 도착하기 전에 푸엔테스가 이끄는 분대는 전투지역으로 이동하라는 명령을 받고, 그 고지를 향해 나아간다. 그리고 중공군과 맞서 치열하게 싸우다가 후퇴한다. 밤이 되자 분대원들은 조그만 텐트를 치고 푸에르토리코 국기의 도착과 그들의 자긍심을 축하한다. 그러면서 그들은 국기가 도착했으며, 후안 세사르 코르데로 다빌라(Juan César Cordero Dávila) 대령이 직접 국기를 게양할 것이라는 소식도 무전기를 통해 듣는다. 그러자 용사들의 애국심은 더욱 불타오르고, 중공군을 격퇴시켜야겠다는 의

욕은 더욱 커진다. 하지만 분대원들은 가장 위험한 임무 중의 하나인 전선 초계 순찰이라는 지시를 받는다. 그래서 분대원들 중의 그 누구도 국기 게양에 참여할 수 없게 된다.

푸에르토리코의 국기가 고지에 게양될 것이라는 기대감은 날이 지날수록 커지고, 애국심은 고양되며, 병사들은 더욱 열심히 싸우겠다는 각오를 보인다. 다음날 그들은 초계 순찰에서 일어날 수 있는 그 어떤 공격과도 맞설 수 있도록 만반의 준비를 한다. 분대는 초계 임무를 수행하면서, 국기 게양 이전에 막사가 공격받는 소리를 듣는다. 국기는 약간 손상을 입지만, 이내 수선된다. 또한 게양식 동안 대령과 국기를 보호할 안전 조치가 취해진다. 그 행사 동안 푸에르토리코 병사들의 애국심을 고취시키는 여러 푸에르토리코 노래가 연주된다. 분대원들은 막사에서 멀리 떨어져 있지만 그 노래를 듣는다.

그렇게 초계 일정은 계속된다. 휴식 시간에 분대원 중의 하나인 미란다(Miranda)는 한국 여자와의 사랑 모험을 들려준다. 전쟁으로 야기된 위기로 인해, 어머니가 몸을 팔게 시킨 어린 소녀이다. 초계 순찰에는 푸에르토리코 군대의 일원이자 후에 미군의 일원으로 근무하는 멘데스(Méndez) 대위도 동행한다. 대위는 자기가 맡은 임무에 책임감이 강하기로 유명하다. 분대에서 가장 훌륭한 병사 중의 하나인 로페스는 푸엔테스에게 푸에르토리코로 돌아가면 법학을 공부하고 싶다는 소망을 이야기한다. 그뿐만 아니라 그의 동료들에게도 미군에 소속되어 전투에 참여한다는 것은 재정적 걱정과 학비를 해결하는 데 도움을 주기 때문이다. 멀리서 총격전 소리가 들리고, 국기를 볼 수 있다는 병사들의 기쁨이 커져가면서 더불어 두려움도 커진다.

국기가 게양되었다는 소식을 들은 후, 멀리서 적군과의 교전이 시작된다. 국기 게양에 고무된 병사들은 더욱 용감하게 적군과 전투를 벌인다.

분대원들은 적군으로 가득할지도 모르는 동굴을 발견한다. 분대원들의 엄호를 받으며 용감한 피게로아는 화염방사기를 들고 성난 사자처럼 들어가 저항하는 적군들을 물리치지만, 불행하게도 팔에 부상을 입는다. 헬리콥터가 그를 후방지역으로 공수하고, 그는 공중에서 고지에 게양된 푸에르토리코의 국기를 본다. 그런 동안 나머지 병사들은 대위의 쌍안경을 번갈아가면서 조국의 국기를 바라보며 감격에 젖는다.

동굴을 점령한 후 그들은 참호를 구축한다. 로페스와 푸엔테스, 그리고 베니테스는 푸에르토리코로 돌아갈 것이라는 소식을 받는다. 그러나 그날 밤 적군과의 전투에서 생명을 잃을지도 모른다는 불안감에 잠을 이루지 못한다. 다음날 그들은 트럭이 그들을 막사로 데려갈 것이며, 그곳에서 개인 용품을 챙긴 후 일본으로 간 후, 푸에르토리코로 이송될 것이라는 공식 통보를 받는다.

2) '히바로': 국기에서 찾은 푸에르토리코의 정체성

이 소설을 쓴 작가 호르헤 펠리시아노 루이스에 대해서는 거의 알려져 있지 않다. 심지어 이 소설조차 푸에르토리코 군인들의 사이트에서 이 작품의 내용에 관해 간략하게 언급만 되고 있을 뿐, 그 어떤 비평가도 관심을 갖지 않은 듯하다. 실제로 현대문학적 관점에서 살펴본다면, 이 소설은 기록적이며 증언적 가치 이외에는 그 어떤 소설미학도 구현하지 못하고 있는 것 같다. 작가는 순진하게도 "이 소설은 허구다. 비록 역사적 사실에 바탕을 두고 있지만, 여기에 등장하는 인물들과 사건들은 작가 개인의 상상적 산물이다. 생존해 있거나 세상을 떠난 그 어떤 사람과의 유사성도 단지 우연일 뿐이다"(Feliciano Ruíz: 5)라고 밝히고 있다. 또한 이 소설의 주제와 관련된 서지로 1950년에서 1952년까지의 ≪엘 문도≫(*El Mundo*) 기사를 비롯하여, 미니 세이호 브루노(Miñi Seijo Bruno)의 『1950년 푸에르토리코의 민족주의 반란』과 호세 노라트 마르티네스(José Norrat Martínez) 하사의 『제65보병연대의 역사(1899~1960)』, 그리고 니콜라스 산티아고 오르티스(Nicolás Santiago Ortiz)의 『한국 1951: 잊힌 역사와 살아남은 자의 자부심』을 언급하면서, 이 작품이 한국전 당시의 신문기사와 세 권의 책에 의존하고 있음을 보여준다.

이와 더불어 작가는 한국전에 참전했던 데메트리오 아얄라 루이스(Demetrio Ayala Ruíz), 호세 A. 레데 레온(José A. Ledee León), 훌리오 C. 플로레스 산체스(Julio C. Flores Sánchez), 데시데리오 모랄레스(Desiderio Morales), 하이메 이리사리 가르시아(Jaime Irizarry García)를 비롯해 후안 A. 로드리게스 칸셀(Juan A. Rodríguez Cancel)과 윌리엄 펠리시아노 루이스(William Feliciano Ruíz)의 경험을 참고했다고 밝히고 있다(Feliciano Ruíz, 2002: 201).

그러나 면밀히 살펴보면, 이 작품은 한국전쟁을 통해 '히바로'의 정체성을 구현하려는 노력을 보이고 있음을 알 수 있다. '히바로'(jíbaro)의 원래 의미는 산속에 사는 농민들을 일컫는 용어였지만, 현재는 보다 광범위한 문화적 의미로 사용된다. 푸에르토리코에서 스페인 통치가 끝났던 1898년만 하더라도 '히바로'는 일반적으로 토지 소작인이나 농부들이었지만, 이제는 진정한 푸에르토리코 사람, 즉 '푸에르토리코의 위대한 가족'의 영혼을 상징하게 되었다. 특히 제65보병연대의 한국전 파병과 관련이 있던 루이스 무뇨스 마린이 1938년에 민주민중당의 상징으로 히바로의 모자를 채택한다.

작품을 시작하면서 작가는 이렇게 말한다. "그들은 수많은 전투에서 싸웠고, 수많은 승리를 이루었다. 목표가 할당되면, 그 목표를 이루었던 것이다. 그래서 푸에르토리코 병사들은 '산의 악마들'이라고 알려져 있다. 그들은 한국전쟁이란 무대에서 미국 제3사단의 가장 훌륭한 연대였다. 병사들은 그 연대에 속한다는 사실에 자부심을 가지고 있었다" (Feliciano Ruíz, 2002: 10). 이 대목과 앞서 언급한 작가의 말에서 알 수 있듯이, 이 소설은 전쟁에 대한 비판적 성찰이나 한국전쟁에 대한 의문보다는 전투 행위 중심으로 이루어져 있으며, 이런 전투 행위 속에서 푸에르토리코 병사들의 애국심이나 당시 푸에르토리코 사람들의 초미의 관심사였던 자유연합주의 문제를 집중적으로 조명한다. 이런 애국심이나 자유연합주의 문제는 푸에르토리코 국기라는 상징을 통해 나타난다.

분대장인 푸엔테스는 "혼자 펄럭이건 미국 국기와 함께 펄럭이건, 이 순간에는 무형이며 정신적인 것이야. 중요한 것은 우리의 국기가 우리 조국의 모든 마을들과 장소에 펄럭이고 있다는 사실이야. 그리고 처음으로 우리의 섬 밖으로 나와 여기 한국에서 펄럭이게 될 것이라는 거야. 우리 모두는 우리의 국기가 이 고지들 중의 하나에서 펄럭이는 걸 보고 싶어 해. 그렇지 않아?"(Feliciano Ruíz, 2002: 84)라고 말한다. 그러자 루고는 "그 국기를 수호하기 위해 폰세의 대학살과 1950년 민족주의자들의 반란 사건이 일어났어요"라고 지적한다. 이후 푸에르토리코 국기에 대한 분대원들의 의견이 오간다. 그리고 마침내 푸엔테스 하사는 루이스 마린의 자유연합주 정책을 지지하면서 이렇게 지적한다.

> 민주민중당은 자유연합주를 선포했고, 미국과의 협정을 통해 우리 민족의 정체성을 보여주는 상징으로 우리의 국기를 사용할 수 있도록 공식적으로 인정을 받았어. 다시 말하자면, 우리는 공식적으로 우리의 국기를 가지고 있었던 것이 아니며, 따라서 게양할 수 없었어. 미국 정부에 의해 금지되었기 때문이지. 이제 자유연합주가 되면서, 우리는 아무런 금지도 없이 우리 국기를 자랑할 수 있으며, 게양할 수 있어…… (Feliciano Ruíz, 2002: 85)

이 작품은 국기 게양이란 소재를 사용하여, 한국전쟁 파병과 관련된 푸에르토리코 국내의 정치적 상황을 작중 인물들을 통해 드러낸다. 특히 민주민중당과 민족주의자들의 대립이 두드러진다. 하지만 자국의 국기를 게양한다는 상징성 앞에서 양당의 투쟁은 무력화된다. 그것은 푸에르토리코의 독립을 외치는 민족주의당이 자국의 국기를 사용하고자 염원했으며, 푸에르토리코의 미국 합병을 주장하는 민주민중당 역시 합법적으로 푸에르토리코 국기 사용을 승인받았기 때문이다.

하지만 이 작품의 목소리는 민족주의자들의 주장에 관해서는 상당 부분 침묵을 지키는 한편, 루이스 마린의 유명한 연설문은 대목은 길게 인용한다.

> 우리의 가장 강력한 무기는 우리의 영혼 속에서 왜 우리가 싸우는지를 분명하게 생각하는 것입니다. 그것은 수없이 반복된 '민주주의'라는 단어를 위해서만은 아닙니다. 그것은 자유와 생명의 실질적 실체를 위한 것입니다. 지상에 사는 인간의 투쟁은 빈곤과의 투쟁입니다. 경제적 빈곤, 지식의 빈곤, 지혜의 빈곤과의 싸움입니다. 지혜란 방법과 힘을 알고서 설명하는 것 이상입니다. 그것은 이해력과 가슴으로 여러분들이 무엇을 원하는지, 그리고 국민들이 어떻게 살기를 원해야만 하는 것인지를 아는 것입니다. 인간이 이런 세 가지의 빈곤을 정복한다면, 심오하고 진정한 자유의 땅으로 들어갈 것이고, 하느님께서 이 땅을 지나시면서 주고자 하셨던 의미를 찾을 수 있을 것입니다. 민주주의는 이런 꿈이 점잖고 가장 효과적으로 이루어질 수 있도록 인간이 수행해야 하는 투쟁의 방편입니다. (Feliciano Ruíz, 2002: 159)

이렇듯 이 소설은 호세안 라모스의 작품과는 달리, 비교적 공식 역사에 많은 비중을 둔다. 비록 작가가 한국전쟁 참전용사들을 직접 만나 경험을 들었고 한국전쟁에 관한 여러 책을 참고했지만, 그들의 밝혀지지 않은 개인적인 문제나 참전 이후의 상황에 대해서는 논하지 않은 채, 전투 경험 자체에만 치중함으로써 공식 역사와 그다지 큰 차이를 보이지는 않는다.

익히 알려져 있다시피, 공식 역사란 권력의 이야기이며 승리자들의 이야기다. 따라서 역사란 일어난 것이 아니라, 일어났다고 말해지는 것이다(Miletti Gaztambide, 2007: 77). 문학작품은 작가의 관점에 따라 역사를 다양한 시선으로 바라볼 수 있으며, 그런 시선을 형성하는 과정에는 '침묵'이라는 요인이 존재한다. 미셸 롤프 트루이요(Michel-Rolph Trouillot)는 침묵이 네 가지 단계로 역사 생산의 기계 속으로 들어간다고 지적한다. 첫째는 사건을 만드는 순간, 둘째는 그런 사건들을 수집하는 순간, 셋째는 그런 사건들이 이용되는 순간(서술 창작), 그리고 마지막으로 그 회고적 의미이다. 이런 과정은 파불라(fabula)와 쉬제(sujet)를 중심으로 이루어지는 문학작품의 구성 과정과도 일치한다(Trouillot, 1995: 22).

이런 침묵은 왜 동일한 방법이나 관점으로 문학작품이 역사에 접근하지 않는가에 대한 이유를 보여주는 개념적 도구이다. 그 어떤 문학작품이건 침묵은 반드시 존재한다. 그것은 바로 사건이나 이야기가 모두 서술되는 것이 아니기 때문이다. 어떤 것은 작품 속에 기록되는 반면, 다른 것은 작품 외부에 남아 있다. 호르헤 E. 펠리시아노 루이스의 『산의 악마들』에서 이런 침묵은 국가적 정체성의 일부를 구성하기 위해 사용된다. 즉, 권력 담론이 당대의 이데올로기와 압도적 편견에 바탕을 두고 창조했던 국가적 상징인 '히바로'의 의미를 강조하기 위해 의미 있는 자료와 침묵을 지켜야만 하는 자료를 선택했다고 말할 수 있다. 이렇게 이 작품은 장교들보다는 병사들에게 초점을 맞추고 있지만, 권력 담론의 수사적 표현을 그대로 수용함으로써 푸에르토리코 엘리트들의 관점을 재생산하고 있다는 평가를 내릴 수 있다.

7. 「열 수 없었던 납 상자」: 공식 정책 뒤의 숨겨진 얼굴

호세 루이스 곤살레스는 사회주의적이며 독립주의적 정치 성향을 지닌 작가이다. 이것은 그가 푸에르토리코에서 체류하고 있던 1950년대와 1960대초에 많은 제약을 받았음을 의미한다. 이 시기는 전세계적으로 매카시즘과 냉전, 도미니카와 쿠바의 잔인한 독재, 그리고 푸에르토리코에서는 민족주의자들의 패배로 점철된 기간이다. 1943년에 17세의 나이로 곤살레스는 푸에르토리코 공산당에 가입한다. 그리고 1950년대 초에는 그의 문학 세대—레네 마르케스(René Márquez), 페드로 후안 소토(Pedro Juan Soto), 에밀리오 디아스 발카르셀(Emilio Díaz Valcárcel)—는 극도로 신변에 위험을 느끼게 된다. 이것은 자력 작전[8]이 절정에 달하고, 한국전쟁과 대량 이민이 발생하는 기간에 일어난다. 이런 푸에르토리코의 산업화, 한국전쟁, 대량 이민은 푸에르토리코 민주민중당이 추구했던 근대화의 세 얼굴이기도 하다.

그의 작품세계는 푸에르토리코의 가난한 노동자들에게 영향을 끼쳤던 사회정치적 문제에 초점을 맞추고 있다. 1952년에 발표된 「열 수 없었던 납 상자」 역시 한국전쟁을 소재로 아무것도 모르는 푸에르토리코의 국민들이 몬초 라미레스의 유해 송환 앞에서 어떻게 느끼고 있는지를 잘 보여준다.

1) 호세 루이스 곤살레스

1926년 도미니카공화국에서 출생하여 1955년 멕시코 시민권을 취득했다. 1996년 멕시코시티에서 사망한다. 푸에르토리코와 미국에서 정치

8 Operation Bootstrap. 1948년에 시작된 푸에르토리코를 산업화시키려는 야심찬 계획.

학을 전공했으며, 멕시코 국립대학에서 문학 석사학위와 박사학위를 취득했다. 이후 멕시코 국립대학에서 라틴아메리카 문학을 강의했다. 『또 다른 시대의 발라드』로 1978년 하비에르 비야우루티아 문학상을 수상했다. 중앙아메리카의 대표적인 소설가이자 단편소설가로 인정받고 있으며, 주로 헤밍웨이와 사르트르, 포크너의 영향을 받았다고 알려져 있다. 그의 작품은 심오한 내용을 담고 있으면서도 모든 사람들이 이해할 수 있는 단순한 문체를 사용한다. 푸에르토리코 문학을 혁신시킨 주인공이며, 1996년 멕시코시티에서 세상을 떠나자 그의 유해는 푸에르토리코로 옮겨져 그곳에서 최고의 지성인으로 추앙받는다.

대표적인 작품으로는 『맘브루는 전쟁에 갔다네』(1972), 『도착』(1980), 『하느님의 귀』(1984), 『호랑이의 사랑』(1984) 등이 있으며, 『4층짜리 나라』(1980), 『달은 치즈가 아니었다』(1988) 등의 에세이집이 있다.

2) 『열 수 없었던 납 상자』: 작품 요약

이 작품의 화자는 2년 전에 일어났던 몬초 라미레스 유해의 도착을 이야기한다. 그러면서 아무도 열 수 없었던 납 상자 안에 유해가 들어 있었고, 그래서 그 안에 무엇이 있는지 그 누구도 알 수 없었다면서 작품을 시작한다. 몬초 라미레스가 한국으로 떠난 지 6개월 정도 흘렀을 때, 몬초의 어머니인 마야 부인은 몬초가 실종되었다는 편지를 받는다. 편지는 영어로 쓰여 있었기 때문에 다른 사람에게 읽어달라고 부탁하고, 편지 내용을 알게 되자 마야 부인은 사흘 동안 울면서 집에서 두문불출한다.

한편 같은 건물에 사는 주민들은 몬초 라미레스의 실종에 관해 말한다. 어떤 사람들은 몬초가 산속에서 길을 잃었지만 곧 모습을 드러낼 것이라고 말하고, 또 다른 사람들은 포로로 잡혔고 전쟁이 끝나면 석방될 것이라고 희망 섞인 말을 한다. 이내 주민들은 '실종자'파와 '포로'파로 나뉜다. 사실 많은 사람들은 그가 죽었을 것이라고 생각했지만, 한 번도 그런 마음을 입 밖에 내지 않았던 것이다.

첫 편지를 받고 두 달이 되던 때, 다른 편지가 도착한다. 그 편지는 몬초 라미레스의 유해를 찾았다는 소식을 전한다. 그러자 마야 부인은 절규하고 실신한다. 그리고 세 달 뒤 도저히 열 수 없었던 납 상자가 도착한다. 소총을 어깨에 메고 하얀 장갑을 낀 네 명의 헌병이 아무런 통보도 없이 어느 날 오후 군용 트럭에 실어왔던 것이다. 그들은 성조기로 뒤덮인 납 상자를 마야 부인의 집으로 가져간다. 그러자 마야 부인은 비명을 지르고, 이웃사람들은 억지로 그녀를 진정시킨다.

온 동네 사람들이 마야 부인의 집에 모인다. 마야 부인은 안정을 되찾고 그 상자를 열어달라고 부탁한다. 그러자 책임자인 헌병 대위는 밀봉되어 있기 때문에 열 수가 없다고 말한다. 마지막으로 아들의 얼굴을 보고 싶어 하는 마야 부인에게 대위는 "한국에서부터 바다를 건너오는 동안 잘 견딜 수 있도록"(González, 1997: 198) 납으로 만들어져 있다고 말한다. 그러자 마야 부인은 "몬초! 내 아들 몬초야! 내가 너를 보지 않는 한 그 누구도 너를 묻지 못할 거야! 아들아, 그 누구도, 그 누구도 안 돼!"(González, 1997: 199)라고 절규한다.

마야 부인은 아들의 관을 붙잡고 울부짖었고, 이후 그곳의 상황은 혼란스럽게 변한다. 마침내 사람들은 마야 부인을 천천히 침실로 데려간다. 그러나 마야 부인은 계속해서 아들을 마지막으로 보지 않고는 그 누구도 묻을 수 없다고 소리 지른다. 그러나 그 상자는 납으로 만들어져 밀봉되었기에 그 누구도 열 수가 없다. 그 다음날 몬초 라미레스는 장례식을 치른다.

이 모든 것이 2년 전에 일어난다. 그런데 이야기를 서술하고 있는 바로 그날 아침 우편배달부가 란촌으로 편지를 가져온다. 바로 그의 징병을 알리는 편지이다.

3) 『열 수 없었던 납 상자』: 식민화된 국가의 애환

『열 수 없었던 납 상자』는 한국전쟁을 소재로 삼은 라틴아메리카 단편소설 중에서 가장 많이 언급되는 작품이다. 이 작품은 미국의 중급 스페인어 강독 교재에 수록되어 있기도 하다. 이것은 이 단편소설이 대중적이고 네오리얼리즘적인 필체를 구사하고 있는 것과 밀접한 관계를 띠고 있는 것으로 보인다.

이 작품에서 가장 많이 연구되는 부분은 푸에르토리코 공동체의 삶이다. 바라크와 흡사하게 생긴 길고 낮은 건물로, 수많은 아파트가 다닥다닥 붙어 있는 서민들의 주거지인 '란촌'을 무대로 전개되는 이 단편소설에는 왜 몬초 라미레스가 한국전쟁에 파병되었는지에 관한 이야기가 등장하지 않는다. 그리고 작중인물들도 한국전쟁에 관해 구체적으로 이야기하지 않는다. 그들에게는 북한과 남한의 구분도 없다. 아니, 오히려 남한과 북한이 있는지도 모르고 있다. 몬초 라미레스가 실종되었다는 편지를 받자 란촌 사람들이 서로 주고받는 이야기를 종합하는 화자의 말에서 이런 것이 명확하게 드러난다.

> 몬초 라미레스의 실종에 관해 란촌에서는 말이 많았습니다. 처음에 어떤 사람들은 몬초가 틀림없이 산속에서 길을 잃었지만 곧 모습을 드러낼 것이라고 말했지요. 또 다른 사람들은 한국 사람들이 그를 포로로 잡았을 것이고, 전쟁이 끝나면 석방할 가능성이 훨씬 높다고 말하기도 했답니다. 밤마다 우리 남자들은 란촌 현관 앞에 모여서 이런 두 가지 가능성에 관해 토론을 벌였지요. 그래서 우리는 몬초 라미레스에게 어떤 일이 벌어졌는지 생각하는 것에 따라, 우리 자신들을 '실종자'와 '포로'로 부르게 되었습니다. (González, 1997: 194)

과연 이런 서술 앞에서 독자들은 어떤 느낌을 갖게 될까? 푸에르토리코의 대중들에게는 한국인은 한국인이지 북한과 남한을 구별할 수 있는 지식이 없다. 그런 이데올로기 투쟁은 위정자를 비롯한 정치권의 것일 뿐, 일반 대중들은 전혀 관심을 보이지 않는다. 그러나 미국 국방성이 무지한 푸에르토리코 대중들에게 영어로 편지를 보내면서 중요한 사실을 알려준다는 것은 미국인들이 푸에르토리코 국민들을 식민주의적 관점에서 바라보고 있다는 사실을 암시한다. 즉, 작가는 한국전쟁이라는 소재를 통해 푸에르토리코가 미국의 식민지이며 따라서 푸에르토리코 국민이 미국의 식민주의적 · 제국주의적 모험의 희생양이 된다는 것을 간접적으로 보여준다. 몬초 라미레스의 징병 편지가 마지막으로 도착한다는 사실 역시 바로 미국의 이런 태도가 시대착오적임을 보여주는 대목이라고 해석될 수 있다.

이런 해석은 이 작품의 쓰인 시대가 '자력 작전', 한국전쟁, 그리고 대량 이민이라는 근대화의 세 얼굴로 점철된 푸에르토리코 민주민중당의 정책과도 연결된다. 사회주의자이며 독립주의자이며 거의 20년 넘게 푸에르토리코 정부에 의해 입국 금지 인물로 지목되었던 호세 루이스 곤살레스는 자유연합주 사상이 수많은 공산주의자들과 민족주의자들에게 침묵을 강요하면서 승리를 구가하던 분위기를 이렇게 이 짧은 단편소설에서 비판한다. 하지만 그가 "우리의 스승들은 당시 세계 문학에 결정적인 영향을 끼치고 있던 어니스트 헤밍웨이, 윌리엄 포크너, 존 스타인벡"(Díaz Quiñones, 1997: v)이라고 밝히고 있듯이, 노골적이고 직접적인 문체를 사용하지 않으면서 푸에르토리코의 식민지적 상황을 암시적으로 서술함으로써 푸에르토리코와 미국의 공식 정책에 숨겨진 이면을 보여준다.

8. 한국전쟁에 관한 푸에르토리코 소설의 특징

지난 50년간 한국전쟁에 대한 해석의 흐름을 살펴보면, 1970년대까지만 해도 미국의 개입을 소련의 세계 공산화 획책이라는 도전에 대한 미국의 응전으로 해석하는 경향이 일반적이었다. 소련의 세계 적화야욕을 시작 단계에서 봉쇄하지 않으면 비슷한 도발이 반복될 것으로 보았기 때문에 미국은 남한을 지키고 소련의 적화야욕을 꺾기 위해 개입했다는 주장이다. 이런 시각에서 한국전쟁을 보면 미국의 성공적인 전쟁 개입으로 유럽과 아시아의 공산화가 방지될 수 있었다. 냉전이 격화되었던 1950년대와 1960년대 미국의 한국전쟁 연구의 주류를 이루던 해석이었다(김남균, 2000: 140).

그러나 이런 해석에 대한 근본적인 도전이 생긴다. 한국전쟁은 소련의 세계 적화라는 거대한 음모 속에서 발발했으며, 외형적으로는 북한을 앞세웠지만 실질적으로는 소련이 주동자라는 사실을 부정하는 주장이다. 한국전쟁의 책임은 소련이나 북한에 있는 것이 아니라, 미국이나 남한에 있다고 주장하거나 혹은 국제 전쟁이 아니라 한국 내부 문제 때문에 발생한 내전이라는 소위 수정주의 시각의 출현이다. 또한 전쟁이 발발한 원인은 북한의 기습 공격에 의한 남침이 아니라 남한과 북한이 옹진반도를 중심으로 수차에 걸친 교전을 거듭하다가 전면전으로 확대되었다고 주장하면서, 한국전쟁에 대한 미국의 개입 배경을 미국의 거대한 자본주의 체제가 세계 경제를 장악하기 위한 음모였다고 본다. 이런 커다란 미국의 음모라는 틀 속에서 미국의 사주를 받는 남한과 자주 독립을 지키고 통일을 이룩하려는 북한 김일성의 통일 의지가 맞부딪혀 생긴 한국 내부 문제였다는 것이다.

한편 냉전이 종식된 1990년대에 들어오자 소련과 중국의 비밀문서들이 개봉되면서 한국전쟁 연구는 새로운 전기를 맞이한다. 한국전쟁에 개입한 소련의 명백한 증거들이 나타나면서 북한 단독으로 남침을 기도했다는 주장이나 혹은 김일성이 주도했고 스탈린의 역할은 부수적이었다는 등의 수정주의 학설에 근본적인 수정을 가할 수밖에 없는 상황이 되었다. 이후 소련이란 배후 세력 없이는 김일성이 남침할 수 없었을 것으로 파악하기 때문에 한국전쟁을 한국 내부의 모순에서 발발한 것으로 보는 수정주의 해석을 근본적으로 반대한다(김남균, 2000: 145~146). 즉 한국전쟁은 내전이 아닌 국제 전쟁이라는 것이다.

이런 해석들이 한국전쟁을 바라보는 역사가들의 관점이라면, 소설가들의 관점은 사뭇 다르다. 특히 미군의 일원으로 자국의 병사들을 파견했던 푸에르토리코 작가들은 정치적 관점에서 접근하는 것이 아니라, 자국민들이 느끼고 자각했지만 공식 역사 속에 배제된 이야기—가령 군대 속에서의 인종차별이나 문화적 정체성 탐구—를 서술하거나, 아니면 혹은 한국전쟁이란 소재를 통해 주인공의 물리적 · 정신적 빈곤을 강조하면서, 자국인들의 내면과 심리를 되돌아보고 지식인들이 겪고 있던 내면적 실존의 문제를 형상화하는 데 사용한다.

이렇듯 한국전쟁에 대한 문학적 해석은 한국전쟁의 기원이나 국제적 의미, 혹은 정치적 이데올로기와는 상관없이 이루어진다. 푸에르토리코의 경우, 우리가 살펴보았던 엔리케 A. 라게레나 호세안 라모스, 그리고 호세 루이스 곤살레스의 경우는 영문도 모르고 파병된 푸에르토리코 병사의 경험을 통해 자국의 문화적 정체성 탐구와 인종차별주의의 고발, 그리고 실존의 문제로 확장되고 있음을 알 수 있다.[9] 그리고 '전쟁'이라는

9 호세 루이스 곤살레스와 호세안 라모스의 작품에 관해 최근의 신문과 잡지에서 접근되는 관점을 보면, 이라크 전쟁과의 관계 아래서 다루어지고 있음을 알 수 있다. 가령 *Alternativa Latinoamericana* 잡지의 문학면 책임자인 노라 페르난데스(Nora Fernández)는 "이라크 전

보다 큰 범주 내에서 작중인물들이 겪는 고통을 소설 형식과 조화시키면서, 참전을 합리화한 푸에르토리코 정부의 공식 담론을 해체한다는 특징을 보여준다. 즉, 역사적 자료들을 소설 속에 통합하는 과정 속에서 대화적 상상력이 어떤 면으로 구체화되는지를 보여준다.

반면에 비교적 공식 역사에 바탕을 두고 있는 호르헤 E. 펠리시아노 루이스의 경우에는 푸에르토리코 참전용사의 경험을 들려주지만, 앞의 세 작품과는 달리 당시 푸에르토리코를 통치하고 있던 루이스 마린의 자유연합주 정책을 지지하는 목소리를 띠면서 푸에르토리코 사람들의 정체성인 '히바로'라는 개념이 어떻게 한국의 전투 고지에서 구현되었는가에 중점을 두고 있다. 이런 차이는 앞의 세 작가가 권력층이 사용했던 한국전쟁 참전에 대한 수사법에 의문을 가졌던 것과는 달리, 펠리시아노 루이스의 경우는 엘리트들의 관점을 무비판적으로 재생하면서 푸에르토리코 참전용사들의 증언을 허구화했던 것에 기인한다고 볼 수 있다.

쟁과 이유도 모른 채 그곳에서 싸우는 병사들에게 한국전에 참가했던 푸에르토리코 병사에 관한 곤살레스의 이 단편소설(「열 수 없었던 납 상자」)은 미제국의 군사적 도발을 보여준다" (Fernández, 2006: 14)고 말하면서 이 작품을 재수록하고 있다. 또한 체 파랄리티시 역시 호세안 라모스의 소설은 "스페인 · 소련 · 영국을 비롯해 자원이건 의무건 징병제도가 존재하는 그 어떤 나라에서도 전개될 수 있다"(Paralitici, 2005~2006: 2)라고 밝히면서 이라크전쟁과의 관계로 확장시킨다.

제6장
『카인의 동기』: 한국전쟁 탈영병의 탈영토화와 실존적 문제

라틴아메리카 소설에서 한국전쟁이란 소재는 직접 그 전쟁에 참가한 콜롬비아나 미국 연합주의 자격으로 참전했던 푸에르토리코에만 한정되지 않는다. 미국은 민주주의를 수호한다는 명분으로 한국전쟁에 많은 병사들을 파병했으며, 그 병사들 중에는 미국 사회에서 차별받던 가난한 멕시코계 미국인들이 많이 포함되어 있을 것이라는 사실은 익히 추측 가능하다. 이들 멕시코계 미국인들은 흔히 '치카노'라고 불린다.

많은 미국인들은 '히스패닉'이나 '라티노' 혹은 '치카노'라는 단어를 동의어로 사용한다. 하지만 이 용어들은 히스패닉 후손들의 서로 다른 두 개의 경험을 보여주는 의미를 지니고 있다. 히스패닉은 스페인어 사용 국가에서 태어나고 자랐으며 교육받았지만, 정치적이거나 경제적인 이유로 조국을 떠나 미국에 사는 사람들이다. 반면에 '라티노'는 미국에서 태어나고 자랐으며 교육받았고, 미국 사회와 문화의 요구를 받는 사람들을 지칭한다. '치카노'는 '라티노'의 일부로 멕시코 혈통을 이어받은 사람들을 말한다. 여기서 히스패닉은 스페인어권의 언어와 문화와 밀접한 관계가 있다. 반면에 라티노와 치카노는 부모의 혈통을 인정하지만 미국 문화를 더 친숙하게 느낀다.

라티노 문학은 라틴아메리카와 미국 문학계에서 가장 빨리 성장하고 있는 영역이다. 그것은 미국에서의 히스패닉과 라티노의 경험을 영어로 쓰는 라티노 문학이 특정한 국가적 · 지리적 공간이라는 경계를 넘은 문학적 · 문화적 결과임을 강조한다. 라티노 문학 연구는 라틴아메리카와 미국의 학자들에게 학문 영역의 경계를 확장시켰고, 타자를 연구하게 했으며, 일반적으로 상이한 연구 영역이라고 여겨지던 것과의 대화를 가능하게 만들어준다.

치카노들이 미군의 일원으로 한국전쟁에 참가하여 고귀한 생명을 바쳤지만, 일반적으로 치카노 문학에서 한국전쟁은 그리 큰 관심의 대상이 되지 못했다. 그러나 치카노 문학의 선구자라는 롤란도 이노호사 스미스(Rolando Hinojosa-Smith)나 역시 치카노 문학에서 빼놓을 수 없는 작가인 토마스 리베라(Tomás Rivera)에서는 한국전쟁이 주요 소재로 쓰인다. 이렇게 치카노 문학의 초기 작가들이 한국전쟁을 다루는 것은 아마도 치카노로서의 본격적인 의식이 소위 주트슈트 반란이라고 불리는 1943년 이후가 되어서야 출현하기 시작하는 것과 맞물려 있는 것 같다. 그 해에 미국 군인과 경찰은 로스앤젤레스에 있는 치카노들을 공격하고, 불평등한 치카노의 지위는 표면화되고, 치카노 정체성의 정치적 의미가 커지기 시작한다. 하지만 이런 정체성의 의미는 1960년대에 와서 비로소 공고하게 이루어지고, 따라서 이 시기에 비로소 초기 치카노 문학미학이라고 인정될 수 있는 것이 만들어진다고 말할 수 있다. 앞서 언급한 두 작가는 바로 이런 치카노 미학에 지대한 공헌을 한 작가들이다.

이 글은 한국전쟁이 치카노 작가들에게 어떻게 수용되고 있는지를 간단히 살펴본 후, 치카노를 주인공으로 삼아 본격적인 치카노 문학의 서곡을 장식하고 있다는 평가를 받는 멕시코의 소설가 호세 레부엘타스(José

Revueltas)의 1957년 작품 『카인의 동기』(*Motivos de Caín*)를 집중적으로 살펴보고 1950년대의 치카노들에게 한국전쟁이 어떤 의미로 수용되고 확장되는지 알아보려고 한다. 또한 이 작품이 한국전쟁에서 체포된 공산당원인 등장인물을 영웅시하는 이유를 살펴보고자 한다.

1. 한국전쟁과 치카노들

많은 치카노들이 1940년대 말의 정치적 · 사회적 · 경제적 상황으로 인해 미군으로 한국전쟁에 참가하게 되었을 것이라고 추측되지만, 치카노 작가들에게서 한국전쟁을 소재로 삼는 작품을 찾기란 그리 쉽지 않다. 그러나 아주 없는 것은 아니다. 가령 치카노 문학의 새로운 지평을 개척했다는 평을 받는 롤란도 이노호사와 토마스 리베라의 작품에는 한국전쟁이 주요 주제로 등장한다는 것을 확인할 수 있다. 이것은 아마도 현대의 치카노 작가들이 1960년대 이후의 치카노들을 다루는 것과 달리, 두 작가들은 1940년대의 치카노들의 삶에 관심을 두기 때문인 것이라고 판단된다.

롤란도 이노호사 스미스는 현재 가장 중요한 치카노 작가 중의 하나이다.[10] 그는 '클라일시티 죽음여행'(Klail City Death Trip) 시리즈에서 한국전쟁을 몇 가지 반복되는 주제 중의 하나로 사용한다. 그것은 아마도 그가 전쟁이라는 끔찍스러운 이미지에서 자신을 완전히 정화할 필요를 느끼기 때문인 것 같다. 이 시리즈 내에서 한국전쟁은 『한국의 사랑 노래』(*Korean*

10 롤란도 이노호사의 전반적인 작품세계에 관해서는 이 책의 부록으로 수록된 「롤란도 이노호사: 치카노의 경험으로 한국전쟁을 바라본 작가」를 참고할 것.

Love Songs, 1978)를 시작으로 『의식과 증언』(*Rites and Witnesses*, 1982)으로 이어지고 『보잘것없는 종』(*The Useless Servants*, 1993)에서 끝나는 '한국 3부작'에서 중점적으로 다루어진다. 하지만 첫 작품인 『계곡 스케치와 다른 작품들』(*Estampas del Valle y otras obras*, 1973)의 한 장인 「라파 부엔로스트로의 삶」에서도 다루어지고, 『클라일시티와 그 주변』(*Klail City y sus alrededores*, 1967)을 비롯하여 『라파에게』(*Mi querido Rafa*, 1981)와 『벨켄의 유명인사들』(*Claros varones de Belken*, 1986)에서도 산발적인 형태로 언급된다. 여기에서는 한국 3부작에 관해서만 간단하게 알아본다.

『한국의 사랑 노래』는 시 모음집이기도 하며, 동시에 서사 지향성이 강하게 발현된 '이야기 시'(narrative poem)라고도 말할 수 있다. 이 작품에서 1인칭 화자인 라파 부엔로스트로는 자기 자신과 「북쪽 수용소/한국」에서 만났던 치카노들이 경험했던 공포를 시적으로 표현하면서 한국에서의 고된 체험으로 인한 정신적 외상을 승화시킨다. 작품의 행위는 한국과 일본에서 전적으로 이루어진다. 이 작품은 비인간화, 상실, 죄의식처럼 기본적인 전쟁 주제를 다루고 있지만, 또한 미국 사회에서의 멕시코계 미국인, 인종차별, 한국전쟁을 비롯한 다른 전쟁들에서 이루어진 치카노의 공헌에 대한 앵글로색슨의 무관심, 인종 편견, 그리고 사회 정의의 결핍을 다루기도 한다.

『의례와 증언』은 '의례'와 '증언'의 두 부분으로 나뉘어져 있다. '의례' 부분은 35개의 장(章)으로 구성되어 있고, 이 중에서 24개의 장이 영화대본의 대화처럼 이루어져 있다. 이 장들은 KBC 가족제국(중역회의, 비밀 정책, 가족의 잘못)을 둘러싼 드라마와 한국전쟁(전쟁터의 라파, 부상당한 라파, 병원에 입원한 라파, 훈장을 받은 라파)에 대한 회상 장면을 번갈아 사용한다. 한편 '증언' 부분에는 10개의 장이 르포르타주 스타일로 작성되어 있다. 여기서 증인들은 계곡에 거주하는 멕시코계의 텍사스 주민들을 증언하는 앵글로색슨계의 텍사스인들이다. 그들은 앵글로색슨의 문화와 멕시코 문화가 충돌하는 지역에서 익히 기대될 수 있는 감정을 모든 영역에 걸쳐 다룬다. 노골적인 인종 차별과 완곡하게 표현된 백인의 우월성부터 문화를 초월한 우정과 개인의 관계에 이르기까지 모든 것이 무차별적으로 라파의 한국전쟁 체험 장면과 혼합된다.

『보잘것없는 종』은 라파 부엔로스트로(Rafa Buenrostro)의 삶에서 가장 격변적인 경험이고 그의 뇌리에서 떠나지 않고 있던 한국전쟁 참가를 선택하고, 그로 인해 '클라일시티 죽음여행' 시리즈를 가장 깊이 이해할 수 있는 핵심을 제공한다. 이 작품은 『한국의 사랑 이야기』를 소설화시킨 것이라고 평가된다. 『보잘것없는 종』은 라파 부엔로스트로가 한국전쟁 기간에 미군 보병으로 참가했을 때 쓴 일기로 이루어져 있으며, 주로 전쟁의 경험과 멕시코계 미국인으로서 경험한 군대의 삶을 이야기하고 있다.

치카노 문학의 또 다른 대표 작가인 토마스 리베라(Tomás Rivera)는 그의 대표작인 『그리고 대지는 그를 삼키지 않았다』(Y no se lo tragó la tierra, 1971)[11]에서 한국전쟁을 비교적 비중 있게 다룬다. 부르스 노보아(Bruce-Novoa)와의 인터뷰에서 그는 이렇게 밝힌다. "이 소설에서 나는 10년 기간(1945~1955) 동안의 이주 노동자에 관해 썼습니다. 그 시기에 나는 스스로의 경험을 통해 이 사람들의 고통과 힘과 아름다움을 잘 알고 있었습니다……. 나는 내가 알고 있던 이 사람들의 힘을 기록하고 싶었습니다. 나는 단지 내가 가장 잘 알고 있던 이주노동자들에게만 관심이 있었습니다" (Leal, 1989).

11 이 소설은 한글로 번역되어 출판되었지만, 이 작품과 한국전쟁과의 관계는 전혀 연구되지 않고 있다. 번역 작품명은 『어느 꼬마의 마루밑 이야기』(장원, 1991)와 『해를 삼켜버린 9.4239』(장원, 1996)이다. 여기서는 『어느 꼬마의 마루밑 이야기』의 수정판이라고 볼 수 있는 『해를 삼켜버린 9.4239』를 인용한다.

파편화된 구조를 띠고 있는 이 소설의 「기도」라는 부분은 "주 예수 그리스도여, 제 마음의 고향이시여. 당신께 제 아들 소식을 달라고 기도하고 간구하기 위해 여기에 벌써 세 번째로 옵니다"(리베라, 1996: 17)라고 시작한다. 이것은 한국의 전쟁터에서 실종된 아들을 위해 어머니가 올리는 기도이다. 또한 「초상화」라는 부분은 3차원으로 제작된 초상화를 판다고 선전하던 치카노 상인들이 모든 마을 사람들을 속이는 일화를 소개한다. 여기서 가족은 한국전쟁에서 실종된 아들의 유일한 사진을 맡기면서 살아 있을 때와 똑같은 모습으로 바꾸어달라고 부탁한다. 그러나 그 가족에게 소중하기 짝이 없는 그 사진이 쓰레기 매립장에서 발견되고, 아버지는 그 사기꾼들을 찾아 샌안토니오로 향한다.

이렇게 한국전쟁은 한국이라는 경계를 넘어 치카노 작가들에게도 중요한 문학 재료로 사용된다. 그러나 롤란도 이노호사나 토마스 리베라와 같은 치카노 작품의 대부분은 한국전쟁의 이데올로기를 설명하거나 한국의 전쟁을 다루는 것에는 관심이 없다. 대신 한국전쟁에 참가했거나 아니면 전쟁에 참가했다가 사망한 가족이나 친구들로 인해 고통 받는 멕시코계 미국인들의 심리적 상태에 치중하거나, 혹은 한국전쟁을 통해 미국 내에서 치카노들이 어떤 사회적 · 경제적 위치에 처해 있는지를 보여준다.

2. 『카인의 동기』와 호세 레부엘타스

앞서 언급한 롤란도 이노호사나 토마스 리베라가 치카노 작가인 것과는 달리, 이 글에서 주로 살펴볼 『카인의 동기』를 쓴 호세 레부엘타스는 멕시코 작가이다. 그러나 레부엘타스는 치카노 문학이 본격적으로 등장한 1970년대가 아니라, 한국전쟁이 끝난 지 몇 년밖에 지나지 않았던

1957년에 이미 이 소설을 통해 1960년대에 나타날 치카노의 문제를 예시한다는 점에서 매우 중요하다. 호세 레부엘타스는 1914년 11월 20일 멕시코의 두랑고에서 태어난다. 그의 형제 중에서 세 명은 멕시코 문화에서 매우 중요한 인물이다. 페르민(Fermín)은 화가로, 실베스트레(Silvestre)는 음악가로, 로사우라(Rosaura)는 여배우로 유명하다. 호세 레부엘타스는 문학적 소명의식을 정치적 행동주의와 결합시켰으며, 문학계와 정치계에서 널리 알려지고 존경을 받는다. 1968년 학생운동에 참가한 후, 그 행동으로 투옥까지 되지만, 그는 멕시코 지성계에서 갈수록 명성을 얻는다. 1976년 4월 14일에 그가 멕시코시티에서 세상을 떠났을 때, 그는 진보적 지식인들 사이에서 이미 대표적 작가로 자리 잡은 상태였다.

호세 레부엘타스는 1938년에 단편소설 「외국인 클럽」(Foreign Club)을 출판하면서 작품 활동을 시작한다. 그의 마지막 작품은 1973년에 발표한 단편소설 「헤겔과 나……」(Hegel y yo……)이다. 이렇게 35년에 걸친 작가 생활을 하면서 그는 『물의 벽』(*Los muros de agua*, 1941), 『사람의 장례식』(*El luto humano*, 1943), 『속세의 나날들』(*Los días terrenales*, 1949), 『눈물의 계곡에서』(*En algún valle de lágrimas*, 1956), 『카인의 동기』(*Los motivos de Caín*, 1957), 『실수들』(*Los errores*, 1964), 『감옥』(*El apando*, 1969)과 같은 일곱 편의 소설을 썼다. 그리고 단편소설집 『지상의 하느님』(*Dios en la tierra*, 1944), 『지상에서 잠자기』(*Dormir en la tierra*, 1960), 『꿈의 재료』(*Material de los sueños*, 1974)를 발표했다. 또한 출간되지 않았거나 잘 알려지지 않은 매체에 발표된 단편소설의 일부와 몇몇 시를 모은『재』(*Las cenizas*, 1981)가 유고작품으로 출판되었다.

이 글에서 살펴볼 레부엘타스의 소설 『카인의 동기』는 6장으로 이루어져 있으며, 세 개의 서로 다른 배경에서 세 개의 일화를 다룬다. 1장과 2장의 배경은 멕시코 티후아나의 거리다. 화자는 잭 멘도사(Jack Mendoza)

가 정처 없이 거니는 장면을 이야기한다. 그는 최근에 미군에서 탈영하여 멕시코로 도망친 치카노 병사이다. 한숨도 잠을 자지 못하고 나흘을 보냈던 그는 거리를 걸으며 혼란스러워하며, 망상과 거의 정신착란 상태에 사로잡힌다. 아웃사이더인 멘도사는 일상생활을 추구하는 티후아나의 주민들을 두려움에 질린 시선으로 주시한다. 2장은 잭 멘도사가 샌디에이고의 군사기지에서 자신의 탈영을 떠올리는 장면으로 끝난다.

3장은 그가 티후아나에 도착하기 대략 보름 전이며, 무대는 로스앤젤레스이다. 탈영 후 잭 멘도사는 친구 보브(Bob)와 마저리 마스코로(Marjorie Mascorro)를 찾아 로스앤젤레스로 간다. 그들이 집에 없다는 사실을 알자, 그는 그들의 차고에 은신한다. 그런데 그곳에 재림교회의 미친 흑인 목사인 루테로 스미스(Lutero Smith)가 도착하자, 그는 소스라치게 놀란다. 스미스는 젊은 소년이 죽은 다음, 그곳에서 치카노들을 대량 체포하는 사태가 벌어졌다고 그에게 전해준다. 스미스는 멘도사가 그 사건과 관련이 있다고 결론지으면서, 재빨리 그곳을 떠난다. 공산당원인 보브와 마저리는 얼마 후에 도착해서 그에게 멕시코 국경을 넘어 도망치도록 도와주겠다고 제안한다.

4장의 무대는 한국전쟁 당시의 한국으로 옮겨진다. 여기서는 한국에 파병된 미군 하사인 잭 멘도사의 경험을 이야기한다. 그는 배를 타고 한국에 도착한다. 그는 군부의 명령을 이행하지만, 미국인들이 전쟁을 합리화하는 방식에 회의를 느끼며, 군사 임무에 매력을 느끼지 못한다. X-25 고지의 전투 후, 그의 분대는 막사로 돌아온다. 그런데 그때 울창한 보리밭을 보게 된다. 화염에 헐벗은 한국의 땅에서 그런 모습을 보자, 그들은 일종의 기적이라고 생각한다. 미군 인종차별주의 조직의 요원인 톰(Tom)은 감동하여 성경의 몇 구절을 읽는다. 그런데 그때 조그만 소리를 듣고, 성경 읽는 것을 멈추고는 땅에 던진 다음 조그만 굴로 향한다. 그곳에서 그들은 남몰래 무전을 보내고 있던 젊은 북한군 병사인 김(Kim)을 발견한다. 김은 잭의 분대에게 생포된다. 톰은 그를 마구 때리며 학대하지만, 잭은 자제할 것을 요구한다. 그들은 그를 취조를 하기 위해 막사로 데려간다. 그들이 가는 동안, 멘도사는 김이 한국인 아버지와 멕시코 어머니를 두고 있으며, 멕시코의 쿨리아칸(Culiacán)에서 태어났고, 그래서 스페인어를 알아듣고 말할 수 있다는 사실을 알게 된다. 포로에게 어느 정도 동정심을 느낀 잭은 김이 일반 포로가 아니라 첩자로 여겨져 심문관들에게 심한 학대를 당할지도 모른다고 두려워한다. 그래서 멘도사는 북한공산당원증을 빼앗고서 김에게 대학을 다녔고 공산당원이라는 사실을 밝히지 말라고 충고한다.

5장과 6장은 미군 막사에서 김이 고문당해 결국 죽는 장면이다. 김은 죽을 때까지 저항하기로 마음먹는다. 잭은 그런 상황을 지켜보고, 그런 고문에 참여하고 싶어 하지 않는다. 그러자 톰은 그에게 김이 고문을 받았으며 북한 병사의 신분증을 버렸다는 사실이 문제를 야기할지도 모른다고 넌지시 암시한다. 잭은 군 첩보부대 장교의 방문을 받고, 통역관으로 심문에 참여해달라는 부탁을 받는다. 북한군이 있는 텐트에 도착하자, 그는 온몸이 벗겨진 채 계속된 구타에 의식을 잃고 묶여 있는 김을 본다. 그곳에는 남자 같고 기괴한 면모의 제시카(Jessica)라는 간호장교가 있다. 그녀의 임무는 포로의 건강 상태를 점검하는 것이다. 그것은 그가 한 번도 불평하거나 신음소리도 내지 않는 게 이상하다고 생각했기 때문이다.

그러자 그들은 그를 다시 깨어나게 하고, 모리스(Morris) 하사는 잭에게 그를 심문하고 고문하는 일에 참여하라는 지시를 내린다. 잭은 김과 대화를 하는 편을 택하지만, 김은 자기가 공산당원이라는 사실을 밝히지 않는다. 그러자 잭은 고문 팀에게 그곳을 나가달라고 부탁하고, 그들은 간호장교만을 제외하고 모두 그곳에서 나간다. 제시카는 김과 잭이 대화를 나누는 동안 그들을 주시한다. 잭은 아무 눈치도 채지 못했지만, 제시카는 스페인어를 알아듣고 그가 김의 증언에 관해 거짓말을 하고 있음을 눈치 챈다. 그러자 멘도사를 권총으로 위협하면서, 그녀는 그에게 죄수의 거세에 참여할 것을 강요한다. 그런 다음 그녀는 그에게 성적으로 접근한다. 그는 김이 더 이상 고통을 받지 않도록 김을 죽여달라는 조건으로 그녀의 유혹을 받아들이는 데 동의한다. 제시카는 그 제안을 받아들인다.

이 소설은 작가의 말로 끝난다. 거기서 작가는 잭을 티후아나에서 알게 되었으며, 그가 바로 이런 이야기를 들려주었고, 자기는 그 이야기를 옮겨 적었을 뿐이라고 말한다. 작가는 잭이 말해준 것 이상을 만들어낼 수도 없었고 바꿀 수도 없었으며, 이런저런 길을 따라가도록 할 수도 없었고, 자기 마음대로, 특히 미리 생각했던 논지에 따라 그의 운명을 결정지을 수 없었다고 밝힌다. 또한 레부엘타스는 보브와 마저리가 일정 기간을 함께 살았던 친구이며, 그들이 자기에게 끼친 이데올로기적 영향을 받고 평가하며 감사할 준비가 되어 있으며, 아마도 잭도 그들의 영향을 받았을 것이라고 지적하면서 끝을 맺는다.

3. 레부엘타스와 『카인의 동기』에 대한 문단의 평가

호세 레부엘타스는 1943년에 『사람의 장례식』으로 일찍이 멕시코 국가문학상을 수상했고, 1967년에 멕시코의 권위 있는 문학상 중의 하나인 '비야루티아'(Villarrutia) 상을 수상한 유명한 작가였지만, 오랫동안 레부엘타스의 작품에 대한 비평은 대부분 신문에 게재된 단편적인 서평이나 간단한 작품 소개가 전부였다. 이런 평들을 살펴보면, 대부분의 비평가들은 호세 레부엘타스를 재능이 있으며 미래가 촉망되는 작가로 여기고 있었지만, 불행하게도 미완성이며 다소 결함이 있다고 여겼음을 알 수 있다(Negrín, 1995: 15). 그러나 이것은 주로 도덕적이거나 정치적인 평가에 기인한다. 이런 유형의 평가는 소설이나 단편작품을 자족적인 세계로 보며 설명하는 것이 아니라, 단지 비평가들의 이데올로기적인 차원과 작가의 이데올로기가 상이하다는 사실에 머무르고 있다.

대학 및 문학 연구자들은 레부엘타스의 작품을 실질적으로 거의 무시했다. 1956년에 제임스 이스트 어비(James East Irby)가 쓴 석사 논문[12]을 제외하면, 1970년대가 되어서야 멕시코 연구기관에서 호세 레부엘타스에 관한 논문들이 발표된다. 외국 대학, 특히 미국 대학과 프랑스 대학에서도 역시 1970년대에 들어서 레부엘타스의 작품을 진지하게 연구하기 시작한다. 1970년대 초, 레부엘타스가 1968년의 학생운동에 적극적으로 참여한 죄로 거의 3년 동안 레쿰베리(Lecumberri) 교도소에 수감된 후 출옥하는 것과 동시에 그의 작품은 제대로 된 평가를 받기 시작하는 것이다.

1976년에 호세 레부엘타스가 세상을 떠나자, 멕시코의 주요 신문들과 대학 신문들, 그리고 야당의 잡지들과 문학 전문잡지들은 이데올로기적인 차원을 떠나 모두 애도를 표한다. 회고의 글들과 헌사와 작가에 대한 특별 강연이 줄을 잇는다. 이렇게 레부엘타스의 신비화 작업을 시작하면서, 이런 글들은 1968년의 학생운동이 새로운 관점을 가진 새로운 독자층을 만들었다고 지적한다. 레부엘타스를 "위대한 멕시코 작가 중의 한 명"이라고 부른 엠마누엘 카르바요(Emmanuel Carballo)를 제외하고는, 엑토르 만하레스(Héctor Manjarrez)가 지적했듯이 "레부엘타스는 동시대인들에게 결코 이해되지 못했다"(Negrín, 1995: 15)는 것은 사실이었다.

---

12 어비의 논문 역시 레부엘타스에 관해서만 다루는 것이 아니라 네 명의 작가에 관해 다룬다.

이렇게 과소평가된 호세 레부엘타스의 작품들 중에서도 『카인의 동기』는 가장 주변적인 작품으로 여겨졌고, 따라서 이 작품에 대한 비평을 발견하기란 그리 쉽지 않다. 가령 호세 아구스틴(José Agustín)은 "레부엘타스의 허약하기 그지없는 작품이며 가장 전통적인 그의 마르크스주의적인 작품이고, 유일한 장점은 마르크시즘의 시도에 있다"(Agustín, 1967: 643)라고 혹평한다. 메렐은 "주제적으로 레부엘타스의 소설들 중에서 가장 허약한 작품"(Merrel, 1977: 242)이라고 지적한다. 한편 몇몇 서평들은 이 작품에서 이데올로기적 가치를 발견했다. 예를 들면, 마테오 사엔스(Mateo Sáenz)는 "민주주의 수호자가 되고자 하는 전쟁꾼들의 가면을 벗기기 때문에 세계 평화에 도움이 되는 소설"(Sáenz, 1958: 9)이라고 말한다. 『카인의 동기』와 관련되어 존재하는 평가들 중에서, 가장 독창적이고 통찰력이 엿보이는 것은 에보디오 에스칼란테(Evodio Escalante)의 말이다. 그는 『카인의 동기』와 『눈물의 계곡에서』를 "자기 유도의 정화, 쓸모없음의 증명, 김빠지고 미리 제작된 리얼리즘의 규칙을 준수하면서 문학작품을 쓰는 행동의 비생산성"(Escalante, 1979: 14)을 보여준다고 말한다. 에스칼란테가 의식적으로 이런 말을 했는지는 알 수 없지만, 그가 지적한 사항들은 다음 작품인 『실수들』에서 본격적으로 발전된다.

이렇게 『카인의 동기』에 대한 평가는 멕시코 내에서는 주로 이데올로기나 당대의 사상에 따라 좌우된다. 그러나 치카노적 관점에서 바라보면 이 작품의 가치는 달라진다. 1975년에 출판된 글에서 샘 L. 슬릭(Sam L. Slick)은 이렇게 지적한다. "종종 이 소설은 단순한 정치적 논쟁으로 축소되지만, 거기에는 그런 것을 상쇄시키고도 남는 여러 훌륭한 점들이 있다. 현대 독자들에게 특히 관심의 대상이 될 만한 것은 주요 작중인물로 두 명의 치카노들을 그린다는 것이다"(Slick, 1975: 53). 즉, 『카인의 동기』를 출판하면서, 호세 레부엘타스는 치카노를 생명력 있는 작중인물로 통합하는 최초의 멕시코 작가 중의 하나가 된다(Durán, 1980: 106).

에보디오 에스칼란테는 레부엘타스가 치카노들이 정체성을 위협받고 경제적으로 수탈당하는 것 이외에도 인종 차별을 경험해야 했기 때문에, 그의 작품에서 반드시 다뤄야만 할 주제가 된다(Escalante, 1992: 125)고 지적한다. 하지만 에스칼란테는 치카노에 대한 레부엘타의 관점이 그들을 도주하는 백성으로 간주하면서, 항상 무언가에서 도망치려고 하며 그런 도주의 불확실성에서 자신의 존재를 찾는 것으로 보는 경향이 있다(Escalante, 1992: 126). 이런 에스칼란테의 평가는 1950년대라는 특정 시기의 관점에 해당한다. 그러나 하비에르 두란은 이런 특징 속에서 주인공의 탈영토화 개념을 보면서, 앵글로색슨이 치카노를 비난하는 소리가 울려 퍼지고 있을 당시, 멕시코성과 치카노의 특성을 통합하려고 시도한다는 점을 부각시키고, 유목민적 존재로서의 치카노의 특징을 구현하고 있다고 지적한다(Durán, 1980: 106).

그럼 이제는 비평가들이 지적한 실존적 마르크시즘과 경계인으로서의 치카노의 문제를 살펴보면서, 한국전쟁이 이런 주제에 어떻게 기능하는지를 구체적으로 살펴보고자 한다. 이를 통해 레부엘타스가 왜 한국전쟁을 『카인의 동기』의 주요 역사적 배경으로 삼게 되었으며, 그 효과는 어떤 것인지를 밝히고자 한다.

4. 『카인의 동기』: 실존적 마르크시즘을 향하여

『카인의 동기』의 시간은 1950년대 초의 어느 날로 시작하여 연대기적 순서를 역전하여 진행된다. 우선 보름 전의 시기가 등장하고, 그런 다음에는 두 개의 일화 이전의 사건이 등장한다. 역사적 무대로 한국전쟁은 제2차 세계대전 중에 로스앤젤레스에서 일어난 주트슈트 반란(1942~1943)과 허구적으로 혼합된다. 한편 이 작품의 심리적 분위기는 폭력과 공포와 소외와 절망으로 점철되어 있다. 플로이드 메렐이 지적하듯이, "심리적 감옥"(Merrel, 1977: 242)이다. 잭 멘도사가 마스코로의 집에서 피난처를 찾는 짧은 장면을 제외하고는 모든 다른 공간들은 그의 정신과 삶에 부정적으로 나타난다.

잭 멘도사는 인종 차별과 제국주의에서 인간의 비인간성을 구체적으로 기록하는 역사의 수동적인 눈이다. 한국전쟁을 시작으로 꾸준하게 악화되어가는 그의 상황은 그를 조국이 없는 위축되고 불쌍한 존재로 축소시킨다. 자신이 한국전쟁에서 탈영했다는 사실로 인해 그는 무력한 존재가 되어 티후아나로 이동해야만 한다. 그러나 멘도사의 탈영은 결코 그에게 탈출구나 구원을 제공하지 않는다. 반대로 그는 방랑자의 역할을 선고받는다. 그래서 레부엘타스는 그를 '방황하는 유태인'으로 간주한다. 아이러니컬하게도 멘도사는 멕시코의 후손이지만, 멕시코 땅인 티후아나에서 그의 소외감은 미국에서 느끼는 것과 비슷하거나 오히려 더 크다. 그래서 중심인물인 잭 멘도사는 모든 사회로부터 소외된 뿌리 없는 존재로서, 세상을 멀리한 현대의 카인이 되면서 도망자처럼 방랑하는 것이다.

북한군인 김(Kim)은 1950년대의 정통 사회주의 리얼리즘에 의거하여 긍정적인 인물로 구성된다. 김은 의지가 강하며 똑똑하고 분명한 정치의식을 지닌 사람이다. 그는 미국 제국주의라는 악의 힘에 정복당한 선의 힘으로 등장한다. 그의 힘과 용기는 죽을 때까지 취조를 참아내게 만들며, 그렇게 그의 고문관들을 이긴다. 공산당원인 김은 매우 터무니없는 인물이다. 본질적으로 그는 설득력이 없는 인물이다. 북한군의 영웅으로서의 위치는 다른 인물들과의 대조를 통해 이루어진다. 카를로스 에두아르도 투론(Carlos Eduardo Turón)은 "[김은] 광신도에 불과할 뿐이다. 그러나 그를 둘러싼 괴물들, 즉 그가 추잡한 행위의 한계를 이겨내게 만드는 사람들이 그를 유일한 인간, 즉 영웅으로 만든다"(Turón, 1991: 451)라고 주장한다.

미국의 군대는 김과 마스코로 부부의 긍정적 상징과 대조를 이루며 전개된다. 반쯤 미치고 잔인하고 사악한 간호사인 제시카는 미국의 비인간성의 상징이다. 그녀는 그의 고통을 최대화하려는 목적을 가지고 냉혈한처럼 김을 고문한다. 멘도사 부대의 병사인 톰은 감수성이 강하고 성경을 읽으며 하느님을 경외하면서도, 현재는 전쟁의 폭력을 즐기는 아이러니컬한 인물이다. 그는 윤리와 도덕성이 인종차별주의와 증오로 물든 기독교적 전사이다.

문체적 차원에서 『카인의 동기』는 한결같지 않다. 이 소설의 문체는 어색하고 허약하지만, 아주 서정성이 뛰어나거나 정교한 서술도 눈에 띈다. 대체적으로 레부엘타스는 이 작품의 질적인 면에는 관심을 보이지 않은 게 분명하다(Slick, 1983: 66). 그것은 작품의 모든 예술적 관심이 이 소설의 주요 관심사인 정치적 선전에 종속되기 때문이다. 그렇지만 이 작품의 문체와 기법에는 어느 정도 주목할 만한 것이 있다. 특히 시간 순서의 역전은 매우 효과적이다. 그리고 카인이라는 신화의 사용도 눈에 띄는 장점이다. 또한 잭 멘도사의 성격을 특징짓게 만드는 대목이나 티후아나에서의 거리 장면처럼 작가-화자의 절제된 관점은 이 작품의 장점이라고 볼 수 있다. 반면에 도저히 있을 것 같지 않은 줄거리는 설득력이 결여되어 있다. 가령, 북한군인 김이 멕시코의 쿨리아칸에서 태어났다는 사실, 김의 한국어가 혼합된 스페인어의 사용. 그리고 제시카와 톰처럼 터무니없는 정형화가 그것이다.

『카인의 동기』는 레부엘타스의 공산당에 대한 신념을 보여주는 작품이다. 공산당이 가할 비판을 피해(Slick, 1983: 66), 그는 두 개의 외국을 무대로 선정한다. 그의 두 인물은 다르지만 멕시코인이라는 공통점을 지닌다. 공산당에 관한 언급은 상식 수준에 그친다. 그 어떤 공산당 관료도 나타나지 않으며, 공산당 지도부와 직접적인 연관을 맺는 발언도 하지 않는다. 만일 공산당 비평가들이 이 소설의 흠을 발견한다면, 그것은 철학적 내용과 관련될 것이다. 하지만 레부엘타스는 공격적인 반미 입장을 취하면서 그런 가능성조차도 제거하려는 것처럼 보인다. 그의 반미 입장은 미국이 한국전쟁에 개입했다는 비난과 더불어 미국의 인종차별주의에 대한 폭로를 포함한다. 따라서 『카인의 동기』는 자본주의와 국제공산주의의 투쟁을 그리는 매우 정치성이 농후한 작품이라고 말할 수 있다(Slick, 1983: 67).

정치성은 작품 전체의 차원뿐만 아니라, 등장인물 개인의 차원에서도 드러난다. 특히 혼돈의 세상에서 갈피를 잡지 못하는 잭 멘도사의 고립된 사고와 행동을 통해 나타난다. 비록 잭 멘도사는 여러 측면에서 김과 마스코로 부부와 동일한 생각을 지니지만, 그는 미군과 미국 사회의 산물이라는 모순을 지니고 있다. 한쪽에 명확한 정치의식을 가질 수 없었기에, 그는 도망자처럼 도망친다. 이렇게 이 소설은 현대문학의 두 가지 모델을 보여준다. 하나는 사회주의 리얼리즘의 긍정적 주인공이고, 다른 하나는 실존적 반영웅이다. 잭 멘도사와 김이라는 두 등장인물을 통해 각각 제시되는 마르크스주의와 실존주의의 장황한 혼합은 구조상 일관적이지 못한 결과를 낳는다. 그러므로 소설은 정연한 세계관을 제시하는 데 실패한다. 하지만 겉으로 보기에 두 개의 전혀 다른 철학으로부터 만족할 만한 '전체'를 만들어내려는 레부엘타스의 노력은 높이 살 만하다(Slick, 1983: 68).

레부엘타스는 사르트르와 일련의 좌익 실존주의 사상가들처럼 실존적 마르크스주의를 만들려고 한다. 그의 초기 소설들이 지닌 가상의 실존주의는 구체적으로 멘도사-카인의 형태로 『카인의 동기』에서 표면화된다.

이런 점에서 루피넬리는 "잭은 끔찍한 세상에서 고통을 받고 그곳에는 그 어떤 출구도 없다고 직관하는 기능을 짊어지고 있다. 그는 그 어떤 출구도 없다는 것을 알면서도 도망치는 사람이 된다"(Ruffinelli, 1977: 92)고 지적한다. 레부엘타스가 취하는 이런 명백한 실존주의적 자세는 사르트르가 공산주의의 대의명분과 그로 인한 실존적 마르크스주의의 관용을 포용했던 결과로 1950년대 중반에는 받아들일 만한 것이었다.

5. 카인의 의미와 실존적 마르크스주의의 관계

『카인의 동기』는 레부엘타스의 작품 여정과 그의 이데올로기를 직접적으로 표현으로는 매우 중요하고 핵심적인 작품이다. 이 소설은 모든 자본주의 사회가 타락했으며, 자본주의 체제와 자본주의 세상은 부패했다는 것을 고발하려는 그의 서사 계획을 보여준다. 한국전쟁 탈영병이며 멕시코와 미국인 혼혈인 잭 멘도사는 그런 목적에 적당한 인물이다. 그는 "인종적 · 종교적 박해"(Revueltas, 1979: 52)로 시작된 제국주의 전쟁의 부속품이다.

이 소설을 쓸 시기에 레부엘타스의 개인적 관심은 갈수록 정치화된다. 1955년과 1956년 사이에 작성된 레부엘타스의 『비망록』(*Libretas de apuntes*)은 그가 민중당(Partido popular)을 버린 후 멕시코 공산당에 복당하려고 노력했음을 보여준다(Ruffinelli, 2002: 469). 그리고 1956년에 멕시코공산당중앙위원회는 그의 재입당을 허락한다. 1957년에 레부엘타스는 유럽을 여행하고, 돌아오자마자 『멕시코: 야만적 민주주의』(*México: democracia bárbara*, 1968)를 발표한다. 이것은 당시 민중당의 당수였던 비센테 롬바르도 톨레다노(Vicente Lombardo Toledano)의 정치적 입장에 대한 공격이었다. 레부엘타스가 『비망록』에서 설명하듯이 그는 대중당 내에서 조직화된 분파를 만들려고 시도한다. 그것은 노동자 계급의 이익을 대변하는 단체였지만, 그 시도는 실패하고 결국 멕시코 공산당 내에서 다시 투쟁하는 것 이외의 다른 길을 발견하지 못한다. 1955년 2월 12일에 그는 고민에 차서 이렇게 자문한다. "끔찍한 미지수. 난 혼자가 될까? 공산당이 날 받아들일까?"(Ruffinelli, 1977: 87).

혼자가 된다는 두려움, 이것은 그가 정당과 단절할 때마다 계속되었던 현상이었다. 그리고 이것은 잭 멘도사의 인간적인 부침이기도 하다. 그는 전쟁의 비인간적인 면에 역겨움을 느껴 미군에서 탈영하면서 공산당원인 마저리와 보브와 만나지만, 그들과 감정적으로 정치적 동질성을 느낄 뿐, 계속해서 주변인으로 남아 있다. 또한 멕시코 사람이라는 이유로 "사우스캐롤라이나에서 태어나는 빌어먹을 운명을 지닌"(Revueltas, 1979: 21) 잭 멘도사는 그 어떤 나라나 그 어떤 사회 분야에도 속하지 못한다. 이 소설은 이렇게 말한다. "그에게 정당을 갖는 건 불가능한 일이었다. 그의 정당은 그 누구도 채택할 수 없는 것이기 때문이다"(Revueltas, 1979: 37). 거기에서 그의 인생은 완벽한 방황이 되고, 그는 레부엘타스가 헌사에서 이용한 창세기의 구절처럼 "세상을 떠돌아다니게"(창세기, 4: 14) 된다.

『카인의 동기』는 세 개의 좌표 위에서 구성된 작품이다. 세상은 끔찍하며 인간에게 출구는 없다는 철학 사상, "떳떳하지 못한 내 멕시코 혈통"(Revueltas, 1979: 46)이라는 표현에서 볼 수 있듯이 천국에서 추방당한 카인을 배경으로 하는 이미지, 그리고 보다 나은 세상을 위한 투쟁적 이데올로기이다. 이 소설에서 잭 멘도사는 자기가 탈영하게 된 동기를 설명한다. 그 동기는 몇몇 미국인 병사들의 손에 고문당하는 김이라는 북한군 병사의 이야기에서 집중적으로 나타난다. 잭 멘도사의 동료들이 보여주는 역겨움과 그가 희생자에 대해 느끼는 존경심이 역설적인 대조를 이룬다. 그것은 김의 저항심과 영웅성 때문이다. 그렇게 김은 자신의 사형집행인들을 이긴다. 그러나 그런 승리는 그의 죽음을 의미한다.

김의 죽음은 잭 멘도사의 인간다운 삶의 죽음과 파멸도 의미하며, 그가 군인들의 세계에서 도망치는 동기도 된다. 카인은 자기 형제를 죽이는 사람일 뿐만 아니라, 무엇보다도 그런 살인을 저질렀다는 사실을 알고 있는 사람이며, 그래서 추방당해 영원히 죄책감을 지니고 사는 사람으로 느낀다. 여기에서 레부엘타스의 작품은 성경적 내용으로 돌아온다. 그것은 단지 이 책의 제목이나 이 책의 헌사에만 나타나는 것이 아니라, "언제, 어떻게, 어디서, 몇 살 때에, 혹은 그가 이 순간에 범죄를 저질렀는지 그 기억을 잃어버렸지만, 자기가 자기 형제의 살인범이라고 확신하는 카인이 되었다는 막연한 의식"(Revueltas, 1979: 39)이라는 말처럼, 기원을 기억할 수 없는 '죄의식'이라는 생각을 도입하면서 표현된다.

잭 멘도사는 가능한 출구가 없다는 것을 알기에 도망자가 된다. 거기서 자기의 인간 조건이 박탈당했다고 느끼며, 비록 생존이라는 기본적인 열망을 가지고 그런 조건으로 돌아가려고 갈망하더라도, 세상의 카인처럼 추방되었다는 것을 깨닫는다. 그래서 레부엘타스는 사르트르의 실존주의에 접근하며, 자신의 작중인물을 현실과 충돌하게 만든다(Ruffinelli, 1977: 92). 의심할 여지없이 성경에 뿌리를 둔 이런 실존적 문제와 세계관으로 마르크스주의를 채택하면서, 레부엘타스는 자기 작중인물 속에서 파괴된 의식뿐만 아니라, 동시에 개인주의와 허약함과 각자의 구체적 공포보다 상위에 있는 무언가가 존재해야 한다는 필요성을 발견한다.

> 잭은 삶을 사랑했고, 그런 삶을 다시 살고 싶었다. 그는 어디건, 어떤 방식이건 개의치 않고 다시 삶에 충만하고 싶었다. 그러나 이것이 전부는 아니었다. 산다는 사실 이상의 무언가가 있었다. 심오하고 위대하며 단순한 무언가가 있었다.

심지어 그것은 목숨을 잃는 것도 합리화할 수 있는 것이었다.

"그 무엇." 잭은 생각했다. "그런데 그게 뭘까?"

그는 모르고 있었다. (Revuelta, 1979: 20)

이 소설은 그 '무엇'을 향해 나아가지 않으며, 그것을 보여주지 않는다. 단지 잭의 불행한 의식에서 그 '무엇'이 떠다니는 것처럼 작품 속에서 암시적으로 놔둔다. 그것은 레부엘타스가 이 소설에서 위기에 처한 의식을 보여주려고 하기 때문이다. 비록 작품은 갑자기 끝나버리게 되지만, 이야기는 더 완전하게 확장될 수 있는 지평을 열어둔다(Ruffinelli, 1977: 94). 이런 불가능한 출구는 김과 잭 멘도사의 두 친구인 보브와 마저리라는 인물 속에 은연중에 삽입되어 있다. 그러나 잭의 두 친구의 존재까지도 불완전하며 지리멸렬하게 나타나기 때문에, 「작가의 마지막 말」은 그 관계를 다시 연결시키려고 노력하면서 개념적으로 매듭짓는다. "마저리와 보브, 내가 일정 기간 동안 함께 살았던 잊을 수 없는 친구들은 내게 도덕적 의미가 아닌, 아니 전혀 도덕적 의미와는 상관없이 건전하고 순수한 사람의 유형이다. 그들은 우리가 살고 있고 앞으로 살게 될 사람들을 위해 보다 나은 세상을 건설하기 위해 작업하는 수백만 명의 남녀를 대표한다" (Revueltas, 1979: 113).

6. 잭 멘도사: 경계인으로서의 치카노

『카인의 동기』는 앞서 지적한 실존적 마르크스주의로 나아가려는 시도 이외에도, 경계인으로서의 치카노가 어떤 상황인지도 잘 보여준다. 아르만도 미겔레스(Armando Miguélez)는 멕시코와 미국의 국경을 중심으로 펼

쳐지는 몇 편의 소설을 점검하면서, 국경의 서사적 공간이 결코 "긍정적인 것으로 나타나지 않는다. 그것은 마치 국경이 작중인물들의 고통을 거드는 사악한 힘으로 제시되는 것 같다"(Miguélez, 1983: 20)고 지적한다. 그러면서 미겔레스는 국경 작품에서는 항상 희망적인 인물이 존재한다는 것을 간파하면서, "그런 고통은 불필요한 것이 아니라, 카타르시스이자 정치적인 목적, 그리고 교화와 의식화의 목적을 띤다"(Miguélez, 1983: 21)는 공통점을 발견한다. 이런 작품에서 화자이자 작가의 기능은 중요하다. 그것은 그가 모든 것을 알고 있으며, 그 역사를 경험했기 때문이다. 이런 작품은 구조적으로 큰 균열을 지니는데, 그것은 플래시백과 여러 인물들의 이야기를 병렬적으로 사용하면서, "개인적 차원뿐만 아니라 사회적인 차원에서 작중인물의 소외를 표시"(Miguélez, 1983: 21)하려는 목적을 가진다. 미겔레스는 그런 공간에서 "중요한 사실들은 개인의 통제를 벗어난 경제적 법칙 주위로 정돈된다. 작중인물들의 삶은 예측 불가능하며 무질서하고, 그것은 마무리되지 않은 소설 구조 속에서 반영된다"(Miguélez, 1983: 22)고 지적한다.

『카인의 동기』는 두 가지 측면에서 미겔레스가 간파한 국경 작품의 특징, 즉 공간적 변화와 이야기 주인공이 겪는 소외감을 보여준다. 잭 멘도사는 국경의 탈영토화에서 생기는 긴장을 보여주는 핵심 인물이다. 잭은 한국전쟁의 탈영병이며 멕시코의 티후아나로 도망쳐서 소외된 인물이 된다. 따라서 한국전쟁은 레부엘타스의 주인공을 움직이는 통제 장치이다. 잭 멘도사는 거리에서 미군 헌병을 발견하자 카바레 입구에 몸을 숨기려고 한다. 이 대목에서 작가-화자는 이렇게 알려준다.

> 아직 끝나지 않은 전쟁의 탈영병. 그 전쟁에서 미국이라는 위대한 국가, 즉 '용사들과 자유인들의 보금자리'는 민주주의 세상을 구하기 위해 자기 자식들의 피

를 제공했다. (Revueltas, 1979: 35)

레부엘타스는 '한계 상황'을 통해 치카노라는 존재를 이해한다. 여기서 잭은 '불법적인 이방인'이며, 멕시코에 체류할 증명서가 없는 사람이다. 잭의 이런 '불법성'은 그를 기록도 없고 과거도 없는 역사가 없는 사람으로 만든다. 스피박의 용어를 쓰자면 말할 수 없는 하위주체에 해당한다. 레부엘타스는 그런 사람을 자본주의의 지옥에서 구하기 위해 마르크스주의 담론을 부여한다. 그런 이유로 티후아나라는 국경 공간에서 방황하면서, 잭은 엄청난 고독을 경험한다. 그는 거리의 사람들을 보면서 자기가 소외되었으며, 그 어떤 세상에도 속할 수 없다고 여긴다.

> 그들은 살고 꿈을 꾸며 장사를 하고 섹스를 한다. 그러나 나는 밖에 있는 이방인이다. 아마 얼굴도 없고 입술도 없을지 모른다. 그건 내가 그들과 동일한 언어를 말하고 또한 멕시코 사람이라는 사실과는 아무런 관련도 없다. 그래, 나는 사우스캐롤라이나에서 태어나는 빌어먹을 운명을 지닌 멕시코 혈통이다. 그러나 어쨌건 간에, 모든 사람과 사물과의 관련을 끊어버렸으며, 이제는 아무것도 모르는 사람이다. 타인들뿐만 아니라 내 자신도 모르는 그런 사람이다. (Revueltas, 1979: 21)

여기서 들뢰즈와 가타리의 '탈영토화' 개념을 살펴볼 필요가 있다. 그들은 이렇게 말한다. "시니피앙이란 기호의 기호가 된 기호요, 토지 기호를 제쳐놓고 그 자리에 들어선, 그리고 탈토지화의 문턱을 뛰어넘은 전제군주적 기호이다. 시니피앙이란 그 자신, 탈토지화한 기호일 따름이다. 글자가 된 기호이다"[13](들뢰즈, 가타리, 1994: 310).

여기서 잭이라는 시니피앙은 기호의 기호가 된다. 그리고 미국 제국주의의 횡포와 멕시코의 중앙집권적 편견이 맞물리면서 작중인물의 파편화는 공고해진다. 미겔레스에 의하면, 이런 파편화는 여러 국경 작품에 등장하는 인물들의 의식의 파편화에서도 반영된다(Miguélez, 1983: 23). 레부엘타스의 작품에서 이것은 잭의 탈영토화로 나타난다. 잭은 도망자이다. 그는 한국전쟁의 탈영병일 뿐만 아니라, 소외된 사람을 더욱 억누르는 세상의 살벌함에서 도망치려고 하는 사람이다. 잭이라는 영어 이름과 멘도사라는 멕시코계의 성(姓)이 보여주듯이, 그는 국경을 넘나드는 주체가 된다. 그는 재영토화되는 대신, 조상의 땅으로 돌아간다. 그리고 자신이 낯선 외국 세상에 있으며 그것은 죽음과 비슷하다는 것을 알게 되면서 탈영토화된다. 이런 잭의 탈영토화는 화자의 목소리가 말하는 탈주인공화(desprotagonización) 과정을 통해서 이루어진다.

> 그렇다. 지금 잭이 확인하고 있는 모든 건 죽음이었다. 그것은 키메라와 함께 있는 또 다른 키메라가 산다고 믿는 것이다. 살려고 애쓰지만 결코 살지 못하는 존재이다. 그건 절대적 탈주인공화이다. 하지만 우리는 주인공이 되기를 그만두었다고 한순간도 받아들일 수 없다. 그 이유는…… 이 지구상에서 감히 누가 그런 우주의 의식, 즉 의식 중의 의식을 가지고서 '나는 죽었다'라고 말할 수 있을까? 도주, 도주, 그것이 죽는 사람들의 운명이다. (Revueltas, 1979: 32)

잭에게 이런 국경선/경계 넘나들기는 그를 접촉지점, 즉 그를 에워싼 소외가 어느 정도인지 깨닫는 지역으로 옮겨가게 한다. 이런 접촉지역은 소설에서 미국 내의 멕시코 사람들이 벌인 두 개의 전쟁을 통해 나타난다. 하나는 잭이 직접 참여한 한국전쟁이다. 그리고 다른 하나는 그의 고

13 이 번역문에서 토지는 영토로, 탈토지화는 탈영토화로 바꾸어져야 한다.

향인 미국에서 일어나는 전쟁이다. 그것은 1940년대 캘리포니아 남부 지역의 앵글로색슨 정권이 멕시코인들을 상대로 벌이는 전쟁이다. 이 작품은 그렇게 로스앤젤레스 '주트슈트' 반란사건과 같은 과거의 현상을 통합한다.

그러나 이런 서사적 메커니즘은 미국 내에서 치카노의 상황을 보여주고, 치카노성을 탐구하기 위한 구실로 사용된다. 잭은 탈영병이자 멕시코인인 자기 스스로의 상태와 조건을 생각하면서, 이렇게 말한다. "나는 전쟁으로 망가진 영혼을 지니고 있지만, 모든 내 형제들의 피처럼 박해받고 쫓기고 있다고 느끼는 떳떳하지 못한 내 멕시코 혈통, 즉 나의 열등한 혈통을 갖고 있기도 하다"(Revueltas, 1979: 46). 그런데 그의 치카노 친구이자 그에게 도피처를 제공해주는 보브 마스코로는 잭에게 '꿈의 연못'에 관한 일화를 들려주면서, 그 사건이 어떻게 내전과 유사한 투쟁으로 바뀌었는지 설명한다.

> 멕시코 영사는 '주트슈트'들이 멕시코 사람들이 아니며, 우리 중의 그 누구도 멕시코 사람이 아니라고만 말해. 우리가 멕시코 사람이라는 서류가 없기 때문이지. 그리고 미국 놈들은 으스대면서 우리를 거리에서 때리고…… 아직도 몰랐어? 거의 실질적인 내전과 같아…… (Revueltas, 1979: 47)

이런 내전은 '주트슈트'와 멕시코 청년들, 그리고 외국 전쟁에서 살아 돌아온 사람들이 주동한다. 보브 마스코로는 외국 전쟁에서 살아 돌아온 미군들이야말로 진짜 범죄자라고 지적하고는, 잭의 군복을 보면서 이렇게 말한다.

> 물론 전쟁 라이센스를 갖고 돌아오는 사람도 포함돼! 해군과 육군 병사들……

그러니까 전쟁 영웅들이지. 진짜 패거리들이야. 그들은 그 무엇도 생각하지 않아. 단지 술 마시고 섹스 하는 것만 원해. 물론 우리 아가씨들, 우리의 멕시코 아가씨들과 말이야. 미국의 금발 여자들은 성스러워서…… (Revueltas, 1979: 48)

공산주의자인 보브 마스코로는 잭의 한국전쟁 참전을 은근히 비판하면서 멕시코 사람들에 대한 미국의 박해는 체계적이고 조직적으로 바뀌었으며, 이제 그것이 곧 합법적인 외양을 갖출 것이라고 지적한다. 그러자 잭은 자기가 '유태인 감정'이라고 생각하는 것에 관해 말한다. 그것은 전적으로 박해받는다는 느낌과 다르지 않다.

유태인들이 항상 이 세상에서 박해받는 사람들, 절대적으로 박해받는 사람들이었기 때문에 그렇게 부르는 거야…… 그런 의미에서 당신과 나와 마저리는 유태인이야. 흑인들은 유태인이야. 유태인이 된다는 것은 하나의 인종이나 종교에 속하는 것이 아니라, 박해와 증오와 고문을 경험했다는 것을 의미해…… 그걸 잊지 말아. (Revueltas, 1979: 49)

잭의 인간 조건, 즉 치카노의 인간 조건은 내적으로 '유태인 감정'에서 비롯되는 박해받는 사람들의 운명과 밀접한 관련이 있다. 레부엘타스는 한국전쟁의 탈영병이자 치카노인 잭 멘도사를 통해 전쟁이란 주제를 선택하고, 그것을 작품의 동기로 이용해 미국 사회의 사회적 이중 기준에 대한 비판한다. 여기서 잭은 치카노라는 이중적 정체성을 가질 뿐만 아니라, 치카노들을 탄압하는 미국 전쟁용사들과 같은 조건이라는 점에서, 역시 그의 경계는 모호해진다. 그래서 잭 멘도사는 말을 할 수 없는 이중적 하위주체가 된다. 바로 여기서 작가의 「미리 일러두는 말」이 중요성을 획득한다.

> 나는 그를 바로 티후아나에서 알게 되었다. 그는 모든 걸 잃어버린 것 같은 분위기였고, 그 어떤 한계도 넘어선 것 같은 모습이었다. [……] 그는 한국전쟁에서 탈영했었다. 그는 잭이었지만, 자기에게 일어났던 그 모든 일에 관해 한마디도 들려주지 않았다. 그의 진짜 이름에 관심을 보일 사람은 아무도 없다. 나 역시 그것을 알지 못했지만, 그는 잭이었다. (Revueltas, 1979: 9)

하위주체로서 잭은 제대로 말할 수 없는 위치에 있다.[14] 그래서 그는 치카노들이 경험하는 국외의 한국전쟁과 미국 내에서 벌어지고 있는 치카노 탄압이라는 내부의 전쟁이 얼마나 끔찍한지 알리기 위해 레부엘타스라는 화자–작가를 필요로 한다. 이렇게 화자–증인[15]으로서 작가의 참여는 두 가지 가능성을 제시한다. 하나는 작품을 현실과 유사하게 만드는 것이고, 다른 하나는 작품 전체의 지시적 맥락을 설정하는 것이다. 그렇게 한국전쟁과 제2차 세계대전 동안 캘리포니아 남부에서 행해진 치카노

---

14 여기서 장 프랑스와 리오타르(Jean François Lyotard)가 말한 '디페랑'(differend)의 개념을 떠올릴 필요가 있다. '디페랑'은 다름에서 오는 갈등과 충돌을 의미한다. 리오타르의 이 개념이 흥미로운 것은 바로 '디페랑'이 "언어의 불안정한 상태이자 순간이며, 거기에서는 주장으로 표현될 수 있는 것이 아직 그럴 수 없는 상태"(Lyotard, 1988: 13)이기 때문이다. 그런 상태는 서사 전략으로서의 침묵의 출현을 정당하다고 인정한다. 리오타르는 유태인 대학살과 같은 세계적인 비극의 생존자들이 어떻게 죽으면서 사라진 희생자들이 그런 비극을 어떻게 경험했는지 확인할 수 있느냐고 묻는다. 다시 말하면, 법적 디페랑은 "원고가 주장할 수단을 빼앗겼고, 그런 이유로 희생자가 된다"(Lyotard, 1988: 9)는 것과 동일하다. 이것이 바로 잭 멘도사의 상황이다.

15 『카인의 동기』 끝에는 '작가의 마지막 말'이라는 일종의 에필로그가 등장한다. 거기에서 그는 로스앤젤레스의 친구이자 노동자인 보브 마스코로와 그의 환대에 감사한다. 그러나 아마도 이 작가의 마지막 말 중에서 가장 중요한 것은 화자가 증인의 역할을 수행한다는 부분일 것이다. "내가 다시 잭을 만나지 않은 것은 간단하게 그가 도망쳤기 때문이다. 그는 누군가가 작가를 도망친다는 절대적 의미로 도망쳤다…… 잭은 소설이란 이야기 속에 포로로 남아 있을 수 없었고, 그 어떤 장르의 서사물 속에서도 남아 있을 수 없었기 때문이다…… 잭을 만들어낸다는 것은 불가능했다…… 내 마음대로 그리고 이미 내가 생각한 주장에 따라 그의 종말을 상상하기란 더욱 불가능했다……"(Revueltas, 1979: 113).

탄압은 연결된다. 양쪽 전쟁의 결정적인 산물인 잭 멘도사는 불확실한 존재이다. 그것은 전투가 바다 저 건너편의 한국에서 행해지고 있을 뿐만 아니라, 미국 내에서도 이루어지기 때문이다. 이것이 바로 '유태인 감정'이다. 그것은 치카노들에 대한 미국의 폭력에서 도주하기 위한 대안으로 국경의 남부인 멕시코 땅이 제시되지만, 잭이 깨닫듯이 국경 건너편은 문제를 해결해주는 것이 아니라, 그를 더욱 소외시킬 뿐이기 때문이다.

7. 고독한 투쟁가의 목소리

라틴아메리카의 작가로 공산당의 관점에서 한국전쟁을 바라본 작가를 찾기란 매우 힘들다. 또한 민주주의 진영에 속한 세계 여러 나라의 공산당 작가 중에서도 찾기 힘들기는 마찬가지이다. 이런 점에서 호세 레부엘타스의 『카인의 동기』는 파블로 피카소의 「한국에서의 학살」이라는 그림과 간단하게 비교될 필요가 있다. 피카소의 이 그림은 한국전쟁과 매카시즘의 와중에 제작된 것으로 이미 동서 냉전의 논리에 따라 평가될 운명을 띠고 있었다. 특히 피카소가 공산당에 가입한 당시에 그린 작품이었기에, "미국의 한국전 개입을 예술적으로 강력히 항의하려는 것" 혹은 "미국의 잔학 행위에 항의하기 위한 것"(정광균, 2002: 73)이라는 반미적 평가를 받은 게 사실이다.

그러나 이런 평가와는 달리 중립적 입장에서 보거나 작품의 예술성이나 인도주의적 관점에서 보는 비평가들은 "이 그림은 가해자의 신원을 밝히지 않아 보편성을 확보하고 있다"거나 "이 작품은 전대미문의 잔인성, 약자와 무방비 상태에 있는 사람들을 짓밟는 것을 강력히 고발하는 보편적 의미를 지니고 있다. 이 작품에 표현된 인간에 대한 연민은 존경이라고 볼 수 있다"(정광균, 2002: 74)라는 견해를 밝히기도 한다. 하지만 분명한 역사적 사실은 공산당원으로서 사명감을 갖고 그린 피카소의 그림이 공산당을 만족시키지 못했다는 점이다. 당시 공산당은 사실적으로 묘사된 사회주의 리얼리즘을 예술을 으뜸으로 여겼기 때문이다.

반면에 호세 레부엘타스의 『카인의 동기』는 1950년대의 사회주의 리얼리즘 모델과 일치한다. 그래서 어느 정도 정형화되어 있고 선전물 성격을 띠면서, 미국의 제국주의를 고발하는 것처럼 보인다. 그것은 마르크스주의 작가가 공산당의 명분에 충성을 다한다는 것을 보여줄 가장 확실한 방법이었다. 하지만 레부엘타스는 그의 소설 무대를 대부분 멕시코 외부에 위치시키면서 공산주의 비평가들과 생길 수 있는 문제를 피하려고 한다. 그것뿐만 아니라 그는 자기의 작품이 사회주의 리얼리즘에 순응한다는 사실을 보여주기 위해 그 작품에 긍정적인 영웅을 삽입한다.

그러나 그는 사회주의 리얼리즘의 한계를 잘 알고 있었다. 「공산당 작가들에게 보내는 편지」(1957)에서 그는 공산당 작가들의 상황이 그 누구도 상상할 수 없는 이상한 상황이 되었다고 밝히면서, 공산주의 작가들은 이 세상에서 가장 뒤쳐질 위험에 처해 있다고 지적한다(Escalante, 1970: xxix). 그러면서 즈다노프가 퇴폐적이라고 강력히 비난했던 사르트르의 실존적 마르크스주의로 나아가지만, 1950년대 후반에 소련에 불고 있던 사회주의 리얼리즘의 개방화 덕택에 비난을 받지는 않는다. 그렇다면 그가 과연 실존주의와 마르크스주의를 제대로 접목시켰을까? 이것에 대해서는 보다 세심한 연구가 필요하다. 하지만 그가 그 어떤 해답을 찾지 못했다 하더라도 끊임없이 싸웠던 고독한 투쟁가였다는 사실은 분명하다.

부록

롤란도 이노호사:
치카노의 경험으로 한국전쟁을 바라본 작가

롤란도 이노호사 스미스(Rolando Hinojosa-Smith)는 현재 가장 중요한 치카노(미국 태생의 멕시코인) 작가 중의 한 사람이다. 그는 스페인어뿐만 아니라 영어로도 작품 활동을 한다. 롤란도 이노호사는 1967년에 그의 소설 『클라일 시티와 그 주변』(*Klail City y sus alrededores*)이 쿠바의 '아메리카의 집'의 소설 부문 수상작으로 결정되면서 널리 알려진다. 하지만 이 수상은 단지 개인적인 명예로 끝나지 않고, 스페인어로 쓰인 치카노 문학을 스페인어권의 문학으로 인정받게 만드는 결정적인 계기가 된다. 그는 클라일시티라는 텍사스의 허구적 마을에 바탕을 둔 대하소설로 유명하다. 이 대하소설은 '클라일시티 죽음 여행'(Klail City Death Trip) 시리즈로 알려져 있는데, 현재까지 12편의 소설이 출간되었다.

롤란도 이노호사는 텍사스의 남서부에 위치한 이달고 카운티에 있는 메르세데스라는 곳에서 태어났다. 그의 가족은 멕시코와 미국의 국경 양쪽에 뿌리를 두고 있는 집안이었다. 아버지 집안은 1748년부터 리오그란데의 벨켄 카운티에 살고 있던 멕시코 후손들이었으며, 어머니 가족은 앵글로색슨이었지만 스페인어와 영어를 구사하고 있었다. 작가의 말에 의

하면, 그의 가정에서는 두 개의 언어를 사용했다고 한다. 1946년에 고등학교를 마치자, 열일곱 살의 나이로 군에 입대하여 2년간 복무한다. 제대한 후 텍사스대학교에서 공부하지만 다시 그는 스물한 살의 나이로 재징집되어 한국전쟁에 파병된다. 이후 미국으로 귀국하여 1954년에 텍사스대학교에서 스페인어를 전공하고 학사를 받는다. 그리고 뉴멕시코 주에 있는 하이랜즈대학교에서 석사를 마친 후, 1969년에 일리노이대학교에서 스페인 작가 페레스 갈도스에 관한 논문으로 박사학위를 취득한다. 그런 다음 샌안토니오에 있는 트리니티대학교와 텍사스 A&I대학교, 미네소타대학교를 거쳐 현재는 오스틴에 있는 텍사스대학교에서 강의하고 있다.

롤란도 이노호사의 '클라일시티 죽음여행' 시리즈는 벨켄 카운티에 있는 클라일시티라는 허구적 도시를 중심으로 전개되면서, 그곳에서 사는 치카노들의 삶을 그린다. 클라일시티라는 상상의 공간은 흔히 포크너의 요크나파토퍼나 가르시아 마르케스의 마콘도와 비교된다. 클라일시티는 9,624명이 거주하는 조그만 농업 마을이다. 이 이름은 루퍼스 T. 클라일(Rufus T. Klail)이라는 목축업자에서 유래되는데, 이 가족은 20세기 초반부터 벨켄 카운티를 지배한다. 이 카운티에는 클라일 가족에게 땅을 빼앗긴 부엔로스트로 가족을 비롯해 멕시코 출신의 여러 가족이 거주한다. 이 시리즈는 주로 1930년부터 1990년대에 일어나는 행위들을 중심으로 이루어져 있다. 여기서 가장 중요한 두 인물은 사촌간인 헤우 말라카라와 라파 부엔로스트로이지만, 전체 등장인물의 수는 모두 1,000명이 넘는다. 현재까지 이 시리즈를 구성하는 작품들은 『계곡 스케치와 다른 작품들』(*Estampas del Valle y otras obras*, 1973), 『클라일시티와 그 주변』(1976), 『한국의 사랑노래』(*Korean Love Songs*, 1978), 『라파에게』(*Mi querido Rafa*, 1981), 『의식과 증언』(*Rites and Witnesses*, 1982), 『공범들』(*Partners in Crime*,

1985), 『벨켄의 유명인사들』(*Claros varones de Belken*, 1986), 『클라일시티』(*Klail City*, 1987), 『베키와 친구들』(*Becky and Her Friends*, 1990), 『보잘것없는 종』(*The Useless Servants*, 1993), 『경찰에게 물어봐』(*Ask a Policeman*, 1998), 『우리는 행복한 소수』(*We Happy Few*, 2006)이다. 스페인어로 쓴 책은 모두 네 권이며, 나머지는 모두 영어로 출판되었다. 그러나 몇몇 비평가들은 이노호사가 직접 번역한 스페인어 번역본을 거의 독립된 작품으로 여기기도 한다.

클라일시티는 이노호사가 1972년에 ≪외침≫(*El Grito*)라는 잡지에 출판한 단편소설 「일상적으로 일어나는 일들」(Por esas cosas que pasan)에 처음으로 등장한다. 발데마르 코르데로가 에르네스토 타메스의 죽음을 서술하는 형식을 띤 이 작품에서 이노호사는 스페인어와 영어를 혼용한다. 이 작품은 후에 『계곡 스케치와 다른 작품들』이라는 소설에 수록된다. 이 소설은 앞서 언급한 두 주인공의 어린 시절에 초점을 맞추고 있으며, 독백이나 신문 뉴스와 같은 여러 기법을 사용한 매우 복잡한 구조를 띠고 있다. 1983년에 이노호사는 스페인어 원작을 약간 바꾸어 영어로 번역하여 『계곡』(*The Valley*)라는 제목으로 출판한다.

이 시리즈의 두 번째 작품은 『클라일시티와 그 주변』이다. '아메리카의 집' 상을 받으면서 이 소설은 쿠바에서 출판되고, 이듬해에 미국에서 『세대들과 유사성』(*Generaciones y semblanzas*, 1977)란 제목으로 출판된다. 한편 『한국의 사랑이야기』는 영어로 출판되었으며, 여러 장시로 이루어져 있다. 거기서 라파 부엔로스트로는 한국전쟁에 참전한 병사로서 자신의 경험을 서술한다. 그 다음 작품인 『라파에게』는 두 부분으로 나뉜다. 1부는 클라일시티의 퍼스트내셔널 은행에서 중요한 직책을 맡고 있는 헤우가 친구 라파에게 보내는 편지들로 이루어져 있다. 그리고 2부는 직장에서 해고된 헤우와 그의 해고 동기를 확인하기 위해 클라일시티에 사는 21

명을 인터뷰하는 다른 인물의 이야기로 이루어져 있다. 그리고 『의식과 증언』 역시 영어로 발표되었으며, 여기에는 한국전쟁에 참전한 라파의 이야기와 벨켄을 중심으로 전개되는 영화 대본이 번갈아가며 등장한다.

1985년에 이노호사는 『공범들』로 보다 전통적인 글쓰기를 실험한다. 이 탐정소설은 벨켄 카운티에서 일어난 어느 검사의 살해와 그 지역의 바에서 일어난 여러 멕시코인의 살해를 다룬다. 이 소설에서는 에후와 라파는 경찰서 부지서장으로 등장한다. 한편 스페인어로 출판된 마지막 작품인 『벨켄의 유명인사들』에서도 헤우와 라파가 재등장하면서 한국전쟁의 경험과 오스틴 소재 텍사스대학교에서의 학업, 학교 교사로서의 시작 등을 다룬다. 그리고 『경찰에게 물어봐』는 미국과 멕시코 국경에서 마약 밀매를 하는 가족들의 배신을 서술한다. 『우리는 행복한 소수』는 대학생활을 배경으로 전개된다.

롤란도 이노호사는 미국 내에서 가장 널리 알려지고 가장 유명한 치카노 작가이다. 동시에 미국과 라틴아메리카의 문학 경계를 허물면서, 치카노 소설을 주변 문학에서 벗어나게 하고 풍요롭게 만드는데 크게 기여한 작가이기도 하다. 이제 그의 작품은 라틴아메리카 문학의 일부이면서 동시에 미국 문학의 일부를 이루고 있다. 이렇게 롤란도 이노호사는 미국을 비롯한 라틴아메리카에서 중요한 작가로 자리 잡고 있을 뿐만 아니라, '클라일시티 죽음여행' 시리즈에서는 한국전쟁을 가장 중요한 주제 중의 하나로 사용한다. 그러나 아직도 국내에서는 그의 중요성을 제대로 평가하지 못하고 있는 게 사실이다. 심지어 미국에서의 한국전쟁문학을 다루는 국내에서의 논문들조차 한국전쟁은 제1차 세계대전이나 제2차 세계대전, 혹은 베트남전쟁처럼 작가들의 관심을 많이 끌지 못했으며, 문학성과 문화적 중요성을 가진 작품들을 발견하기 쉽지 않다고 지적하지만, 정작 롤란도 이노호사라는 이름은 언급조차도 하지 않는 실정이다.

이 인터뷰는 롤란도 이노호사의 작품세계에서 한국전쟁이 어떤 의미를 가지고 있으며, 어떤 기능을 수행하고 있는지를 알림으로써 이런 학문적 공백을 메우고, 치카노 문학에서 한국전쟁이라는 역사적 소재는 이미 끝난 과거가 아니라 현재에도 유효한지를 알아보기 위해 마련되었다. 국내에만 치우친 한국전쟁문학 연구는 한국전쟁에 대한 총체적인 분석에 있어 한계가 있을 뿐만 아니라, 한국전쟁에 참여했던 세계 각국의 다양한 시각과 상황을 배제한 접근이 될 수밖에 없다. 따라서 유엔군으로 한국전쟁에 참여했던 세계 각국의 평가와 비교문학적 접근이 함께 수반되어야 할 것이다. 세계 각국에서 모여든 한국전쟁 참전 군인들이 체험한 한국전쟁은 어떤 것이었는지를 고찰하고, 참전국 내부에서 있었던 참전에 대한 반응과 평가 및 문화적 · 문학적 수용 상황을 파악해야 한다. 그럴 때야 비로소 비교문학적 · 비교문화적 접근으로 고찰할 수 있는 한국전쟁의 문화사적 성과가 도출될 것이라고 생각한다.

롤란도 이노호사는 서울대학교 라틴아메리카연구소 초청으로 2009년 3월 11일부터 15일까지 방한했다. 이 인터뷰는 3월 12일 오후 7시부터 서울대학교 호암교수회관에서 1시간 20분가량 진행되었다. 인터뷰에 앞서 저녁 6시부터 작가와 함께 호암교수회관 1층에 있는 샹그리라레스토랑에서 저녁식사를 하면서 그날 오후에 방문했던 국립박물관과 더불어 일상적인 삶에 대한 이런저런 이야기를 나누면서 처음 만남이 갖는 어색함을 다소나마 누그러뜨렸다. 식사가 끝나고 호암교수회관 측이 마련해 준 2층 회의실로 옮겨 인터뷰는 시작되었다.

이노호사: 우리 인터뷰는 언제, 그리고 어느 잡지에 게재됩니까?

송병선: ≪현대문학≫ 4월호에 게재됩니다. 최근 몇 년 동안 라틴아메리

카 작가들의 인터뷰를 게재하고 있는 잡지입니다. 3년 전에는 쿠바의 로베르토 페르난데스 레타마르와 미겔 바르넷, 그리고 난시 모레혼의 인터뷰를 실었습니다.

이노호사: 전부 내 친구들입니다. 그런데 미겔 바르넷이 아직 살아 있어요? 쿠바 체제가 그를 좋아하지 않았습니다. 어쨌든 다행입니다. 그를 본 지 꽤 오래되었습니다. 그건 그렇고 최근에 페르난데스 레타마르의 건강이 몹시 좋지 않다고 하더군요. 난시와는 함께 춤까지 춘 사이입니다. 하지만 어디서 춤을 추었는지는 기억이 나지 않네요. 아마도 버스 안이었던 것 같습니다. 시엔푸에고스 지방에 있는 파사 카바요에서 아바나로 돌아오는 길이었는데, 아이데 산타마리아[1]가 음악을 틀었습니다. 우리는 대화를 나누고 있었는데, 음악이 들리자 버스 복도에서 춤을 추기 시작했던 것이죠. 아마도 1980년의 일이었던 것 같습니다. 난시는 정말 매력적인 여인입니다. 당시 나는 '아메리카의 집' 심사위원으로 아바나에서 한 달을 보내고 있었지요. 다니엘 모야노와 훌리오 코르타사르와 함께 있었지요.

송병선: 한국전쟁에 참가하셨죠? 한국전쟁에 관해 들어보고 싶습니다.

이노호사: 한국전쟁에 관해 언급하기 전에, '아메리카의 집'을 이야기하고 있었으니 그것에 관해 말하고 싶습니다. 얼마 전에 '아메리카의 집'에서 이메일을 받았습니다. '아메리카의 집'에서 준비하고 있는 책인데, 4월 30일까지 보내야하는 글입니다. 스페인어 사용이 내 작품의 창작에 어떤 도움이 되었느냐는 것입니다. 송 선생님도 익히 알고 있다시피, 나는 영어와 스페인어로 글을 씁니다. 대략 어떤 글을 쓸 것인지는

1 1922~1980. 1953년 7월 26일에 피델 카스트로가 이끌었던 몬카다 병영 습격에 참가했던 여자 중의 하나. 쿠바혁명이 성공하자, 전세계 비판적 지식인의 상징이 되었던 '아메리카의 집'을 설립하며, 20년간 그 기관을 이끌었다.

이미 구상된 상태입니다. 에세이인데, 약 반 이상은 써놓은 상태입니다.

송병선: 선생님께서는 에세이도 많이 쓰고 작품 활동도 왕성한데, 작업 방식은 어떻습니까? 동시에 여러 글을 쓰십니까, 아니면 하나가 완전히 끝나야 다음 작업을 하십니까?

이노호사: 소설을 쓸 경우에는 그것에만 전념하지요. 하지만 에세이를 쓸 경우는 이것도 썼다가 저것도 썼다가 하는 편입니다. 에세이의 주제는 보다 넓고 자유롭게 선택할 수 있어서 그런 것 같습니다. 반면에 소설이나 단편소설을 쓸 경우는 그렇지 않지요.

송병선: 그럼 한국전쟁에 관해 이야기해볼까요? 콜롬비아와 푸에르토리코에도 한국전쟁에 관한 작품을 출판한 작가들이 있습니다.

이노호사: 푸에르토리코 병사들은 제65보병연대에 속해 있었습니다. 그것에 관해 쓴 작가들이 있습니까?

송병선: 호세 루이스 곤살레스의 「열 수 없었던 납 상자」라는 단편소설도 있고, 엔리케 A. 라게레의 『불과 공기』라는 장편소설도 있습니다. 또한 에밀리오 디아스 발카르셀도 한국전쟁에 관한 작품을 발표했습니다.

이노호사: 호세 루이스 곤살레스[2]와는 친한 사이였습니다. 그가 자기 자신을 어떻게 표현했는지 아나요? 그는 키가 거의 190cm나 되는 장신이었지요. 그래서 "나는 푸에르토리코에서 가장 커다란 작가이다"[스페인어에서 '커다란'과 '위대한'은 같은 단어를 씀]라고 말하곤 했지요. (웃음) 정말 훌륭한 작가였고, 유머 감각이 아주 뛰어난 사람이었습니다. 나도 한국전쟁에 관해 썼지만, 그것을 본격적으로 쓰기 위해서는 많은 시간

2 1926~1996. 도미니카공화국에서 태어났으며 1955년 멕시코 시민권을 취득하여 주로 멕시코에서 활동했다. 대표작으로는 『맘브루는 전쟁에 갔다네』(1972), 『도착』(1980), 『하느님의 귀』(1984) 등이 있다.

이 걸렸습니다.

송병선: 하지만 첫 번째 소설 『계곡 스케치와 다른 작품들』부터 한국전쟁이 언급되지요.

이노호사: 그 작품을 비롯해 두 번째 작품인 『클라일시티와 그 주변』에서도 간단하게 언급됩니다. 또한 『벨켄의 유명인사들』에서도 상당 부분이 한국전쟁과 관련이 있습니다. 라파가 대학을 마치고 계곡으로 돌아오는 대목이지요. 한국전쟁은 거의 모든 내 작품에서 이런저런 형태로 등장합니다. 하지만 한국전쟁에 관해 가장 많이 언급하는 작품은 『한국의 사랑이야기』와 『보잘것없는 종』입니다. 아마도 1976년이라고 생각되는데, 나는 폴 푸셀의 『대전과 현대의 기억』(*The Great War and Modern Memory*)을 읽었습니다. 이 책을 읽으면서 한국전쟁에 관한 책을 본격적으로 쓰게 되었지요. 앞서 말한 두 작품은 모두 영어로 발표되었고, 아직 스페인어로 번역되어 있지 않습니다. 『한국의 사랑이야기』를 스페인어로 쓰려고 시도했지만, 제대로 분위기가 살아나지 않았습니다. 7개월가량 허비한 끝에 원고를 버리고 말았습니다. 좌절한 상태로 나는 로버트 그레이브스의 『모든 것과의 이별』(*Goodbye to All That*)을 읽었지요. 그러자 나는 내가 언어와 장르를 잘못 선택했다는 것을 깨달았습니다. 우선 한국에서의 병영 생활은 스페인어가 아니라 영어로 이루어져 있었기 때문이에요. 그리고 소설이란 장르를 선택했었는데, 그것 역시 제대로 작동하지 않았지요. 나는 그 문제에 대한 해답이 운문시라는 것을 깨달았어요. 그래서 영어 운문으로 쓰기 시작했고, 그 결과가 『한국의 사랑이야기』지요.

송병선: 1993년에 출판된 『보잘것없는 종』을 읽으면 『한국의 사랑이야기』를 소설로 다시 쓴 것 같은 인상을 받습니다.

이노호사: 다시 쓰기란 즐거운 작업이지요. 적어도 내게는 모든 게 다시

쓰기입니다. 『보잘것없는 종』은 일종의 일기로 시작해요. 그런 형식을 택한 건 바로 1인칭 서술자의 관점 때문이지요. 그건 그렇고, 이 작품은 다른 작품들과는 다른 방식으로 탄생하지요. 나는 이 소설을 쓰기 위해 두꺼운 스프링 노트에 이런저런 메모를 가득 썼습니다. 소설로 쓰면 두 권은 족히 되는 분량이었지요. 하지만 만족스럽지 않았어요. 그래서 한국전쟁에 관한 역사책들을 읽기 시작하면서, 잠시 머리를 식혔습니다. 그러면서 내 전쟁소설은 직선적 시간 형태를 띠어서는 안 된다고 생각했지요. 전쟁에는 너무 많은 움직임이 있기에, 직선적 형태를 띨 수가 없어요. 그리고 "그가 말했다"나 "그가 물었다" 따위의 문체를 피하기 위해서는 1인칭의 일기체가 적합하다는 것을 깨달았지요. 이 작품에는 전투 경험이 없는 일반시민에게는 매우 생경한 약자들이 등장합니다. 그래서 매우 지루하고 짜증날 수도 있습니다. 게다가 나는 19세기 소설 형식이 추구하던 직선적 시간 형태를 사용하고 싶지 않았어요.

송병선: 『보잘것없는 종』을 비롯해 선생님 작품과 관련된 재미있는 일화가 있으면 소개해주십시오.

이노호사: 이 작품은 콜로라도스프링스에 있는 공군사관학교에서 재출간되었지요. 내가 이 책을 공군사관학교에 보낸 게 아니라, 베트남전쟁에 참가했었던 어느 시인이 내 책을 보냈던 것이지요. 아마도 교육용으로 몇 개의 일화를 사용하고자 했던 것 같아요. 하지만 나는 이 책을 교재로 출판하고 싶다면 일부가 아닌 전체를 출판하라고 했고, 결국 그렇게 되었습니다. 지금은 웨스트포인트 육군사관학교에서도 이 책을 교재로 사용합니다. 사실 작가는 자기 책에게 어떤 일이 일어날지 모릅니다. 가령 『클라일시티와 그 주변』도 그렇습니다. 캘리포니아에 있는 '후스타'라는 조그만 출판사가 이 작품을 『세대들과 유사성』이란 제목으로

미국에서 출간했지요. 초판이 500부에 불과했어요. 그런데 지금은 그 책이 한 권당 100달러를 호가한다고 하네요.

송병선: 제가 그 책을 가지고 있는데, 그토록 비싼지 몰랐습니다. 바로 이 책이지요?

이노호사: 맞아요! 사실 이 작품을 썼을 때, 모두 3부로 이루어져 있었어요. 「세대들과 유사성」, 「클라일시티와 그 주변에 관한 메모」, 그리고 「새로운 틈새와 오래된 틈새」였어요. 이 작품이 '아메리카의 집'상을 받게 되자, 심사위원 중의 한 사람이었던 후안 카를로스 오네티[3]가 『클라일시티와 그 주변』으로 이름 붙이자고 제안했어요. 그건 바로 이 소설의 3부 제목이었어요. 나는 기꺼이 그 제안에 동의했지요. 그런데 후스타 출판사가 이 작품을 출판하면서, 제목을 다시 바꾸었던 것이지요. 그리고 나는 이 작품을 토마스에게 바치고 있는데, 토마스란 바로 토마스 리베라[4]지요. 둘도 없는 내 친구였는데, 너무 일찍 세상을 떠났어요.

송병선: 『어느 꼬마의 마루 밑 이야기』[원제목은 『대지가 그를 삼키지 않았다』이다]를 쓴 작가지요. 이 작품은 한국어로 출판되어 있습니다.

이노호사: 그래요? 난 모르고 있었습니다.

송병선: 선생님의 작품 『클라일시티와 그 주변』이 '아메리카의 집'상을 타면서, 치카노 문학이 라틴아메리카 문학의 일부로 통합되는 결정적인 계기를 만들었다고 합니다.

이노호사: 누가 말해주었는지는 기억나지 않지만, 쿠바의 문화기관인 '아메리카의 집'에서 주최하는 문학상이 있는데, 국적을 불문하고 스

---

3 1909~1994. 우루과이의 소설가로 라틴아메리카 현대소설에서 중요한 작가 중의 하나이다. 대표작으로는 『이름 없는 무덤』, 『조선소』, 『시체 도둑』 등이 있다.

4 1935~1984. 치카노 작가로 유명하며, 캘리포니아주립대학교 리버사이드 캠퍼스 총장을 역임했다.

페인어로 된 원고면 응모할 수 있다고 가르쳐주었지요. 그래서 주소를 알아봤는데, 하나는 쿠바였고 다른 하나는 스위스에 있는 사서함 번호였어요. 당시 미국과 쿠바의 관계 때문에 쿠바로 보내면 도착하지 않을 게 분명했지요. 스위스의 사서함은 스위스 주재 쿠바대사관이었어요. 난 스위스로 보냈지요. 당시 나는 텍사스 A&I대학교의 학장이었고 일이 너무 많아서 응모 결과를 까마득히 잊어버리고 있었어요. 그런데 어느 날 학교로 전화가 걸려왔어요. 전보 회사인 웨스턴유니온이었는데, 쿠바에서 전보가 왔다면서 내용을 읽어주겠다고 했지요. 내 작품이 수상작으로 결정되었다는 내용이었지요. 바로 그날 쿠바에서 보낸 편지도 받았지요. 후안 카를로스 오네티, 도밍고 밀리아니, 링컨 실바가 공동으로 서명한 심사평이었어요. 쿠바에서 보낸 편지는 내게 도착하는데 한 달이 넘게 걸렸는데, 우연의 일치로 같은 날에 받게 된 것이었지요. 그러면서 시상식에 초대한다는 내용도 있었습니다. 나는 국무성의 쿠바 문제 담당관에게 전화를 걸었어요. 지금도 그렇지만 미국인이 쿠바를 여행하기 위해서는 국무성의 허가가 필요했거든요. 아무런 문제없이 나는 국무성의 허가를 받았습니다. 그런데 토마스 리베라 역시 '아메리카의 집' 초청을 받았어요. 시상식에 참가하기 위해서가 아니라 다른 문학상 심사위원으로 가게 되었던 것이지요. 내가 먼저 멕시코시티에 도착했고, 이틀 후에 토마스가 도착했어요. 우리는 쿠바대사관에서 비자를 받았습니다. 여기까지는 모든 게 순조로웠는데, 정작 문제는 쿠바 항공사에서 발생했습니다. 내 좌석은 예약이 되어 있었지만, 토마스의 좌석이 없었던 겁니다. 아직도 그 이유를 모르겠어요. 어쨌거나 나는 시상식에 참가하는 것을 포기했습니다. 토마스만 놔두고 혼자 갈 수는 없었기 때문이지요. 1980년에, 그러니까 내가 미네소타대학교 교수로 있을 때, 다시 '아메리카의 집'에서 초청을 받았습니다. 앞에서 말했던 난시 모레혼과의 일화가 바로 그때 일이었습니다. 미국과 라틴 아메리카 내에서 내 작품이 어떤 위치와 의미를 가지고 있는가에 관해서는 "우리는 우리가 누구를 위해 일하는지 모른다"라는 속담으로 설명될 수 있을 것 같습니다. 멕시코계의 미국인이 쓴 문학은 미국 내에서 멕시코의 존재를 끊임없이 회상시켜줍니다. 우리는 멕시코를 우리의 조국이라고 부릅니다. 하지만 분명히 치카노 문학은 미국 문학입니다. 또한 동시에 아메리카 전체의 문학이기도 합니다. 『클라일시티와 그 주변』은 아마도 이런 점에서 의미를 가질 것입니다.

송병선: 선생님 책은 아직 한 권도 한국어로 출판되지 않았습니다. 혹시 번역되어 출판되기를 바라시는지요?

이노호사: 물론이지요. 그런데 문제는 출판 시장일 것 같아요. 비평가들이나 연구자들이 내 작품을 많이 언급하지만, 내 작품은 베스트셀러가 된 적이 한 번도 없거든요. 번역자가 시간과 노력을 기울였는데, 많이 팔리지 않으면 미안할 것도 같고…….

송병선: 『한국의 사랑노래』나 『보잘것없는 종』은 어떨까요?

이노호사: 앞서 말했다시피 『보잘것없는 종』은 어려운 작품이에요. 전통적인 구조를 띠고 있지 않아서 시장성이 불확실할 것 같아요. 앞에서 말하는 것을 잠시 잊었는데, 일기체로 쓴 이유는 주인공이 이틀이나 사흘 동안 전투를 벌이고, 그 기간에는 글을 쓸 수 없지요. 그 전투가 끝난 후에야 비로소 되돌아보면서 그 당시의 생각을 적게 되는 것이죠. 시간이 지나면 그 기억도 불확실해지는 법이지요.

송병선: 이틀 후[3월 14일]에 오산과 안성을 방문하실 계획이라는데, 혹시 한국전쟁 기간에 그곳에 계셨습니까?

이노호사: 최초의 전투였습니다. 북한군이 6월 25일에 남한을 침공했지요. 당시 나는 일본에 있었습니다. 전쟁이 일어나자 일본에 있던 미군

이 파견되었고, 7월 4일[오산전투는 7월 5일에 있었다]에 우리는 오산에서 첫 전투를 치렀습니다. 정말 끔찍했습니다. 어느 미국 청년이 내게 오산에 그 당시 전사했던 미군의 묘비가 있다고 했습니다. 그래서 한국을 방문하게 되면 꼭 그곳을 찾아가고 싶었습니다. 당시 오산은 조그만 마을이었습니다. 하지만 지금은 큰 도시라고 들었습니다. 우리는 힘든 전투를 치렀습니다. 우리는 논이 무엇인지도 모르고 들어갔다가, 온몸이 흠뻑 물에 젖기도 했습니다. 퇴비 냄새도 참아야만 했고요.

송병선: 고등학교를 졸업하고 입대했다가, 병역을 마치고 다시 군대에 들어간 것으로 알고 있습니다. 왜 그랬던 것이지요?

이노호사: 병역을 마친 후 나는 대학교에서 1년을 공부했습니다. 한국전쟁 이전에 예비군 제도가 있었어요. 7년간 예비군으로 있어야 했는데, 지금은 없어졌지요. 그래서 급히 재징병되어 일본을 거쳐 한국으로 오게 되었던 것이지요. 당시 일본도 무척이나 가난했어요.

송병선: 푸에르토리코 문학을 살펴보면 미군의 일원으로 참전한 푸에르토리코 병사들이 인종 차별을 겪었다는 것을 알 수 있습니다. 반면에 콜롬비아 문학에서는 콜롬비아 정부가 한국전쟁에 자원하는 젊은이들에게 전쟁에서 돌아온 후 많은 혜택을 베풀 것이라고 약속했습니다. 가령 미국 정부가 미국에서 공부할 수 있도록 장학금을 제공하고 주택과 연금도 줄 것이라고 선전했습니다. 하지만 모두 거짓이었습니다.

이노호사: 그런 약속을 했다면, 내가 콜롬비아 사람이었다고 해도 기꺼이 자원했을 겁니다. 우리에게는 주택까지 주지는 않았지만 대학에서 공부할 수 있도록 장학금과 생활보조금을 주었습니다. 그래서 많은 치카노들이 전쟁에 참가했고, 많은 사람이 전사했지요. 나도 그 장학금을 받아 대학을 마칠 수 있었습니다.

송병선: 한국전쟁 동안 미군 내에서 치카노들에 대한 인종 차별은 없었습

니까?

이노호사: 없었습니다. 그런데 여기서 '치카노'란 단어에 대해 조금 이야기하고 싶습니다. 치카노라는 말이 사용되기 시작한 것은 멕시코계의 미국인들이 공민권 운동을 벌인 1960대부터지요. 1950년대만 하더라도 텍사스에서는 치카노라는 말이 뿌리를 내리지 못했습니다. 당시 그곳에서 스페인어를 말하는 사람들은 일반적으로 '멕시코인'이라고 불렸습니다. 텍사스에서는 인종차별적 의미로 그런 사람들을 '히스패닉'이라고 부르긴 했지만, 군대에서는 전혀 그렇지 않았어요. 그러니까 군대에서는 평등한 지위를 누렸지만, 정작 미국으로 돌아와서는 인종 차별을 경험하게 되는 것이지요. 내 작품에서도 한국전쟁과 클라일시티의 삶을 비교할 때, 바로 이런 현상이 종종 등장합니다.

송병선: 한국전쟁 중에 푸에르토리코나 콜롬비아 병사들을 만난 적은 없습니까?

이노호사: 군인은 부대를 따라 움직이기 때문에, 서로 부대가 다르면 만날 수가 없습니다. 나는 푸에르토리코 사람들이 미군의 일원으로 참전했다는 사실을 당시에는 전혀 모르고 있었어요. 한참 후에, 그러니까 미국으로 돌아온 후에 알게 되었지요. 한국전쟁을 떠올릴 때면, 나는 중공군 개입으로 인해 우리가 후퇴해야 했던 때를 떠올립니다. 추수감사절이 끝난 다음날이었지요. 또한 맥아더 장군은 「크리스마스는 집에서」(Home by Christmas)라는 메시지를 발표했지요. 크리스마스 전에 전쟁을 끝내고 집으로 돌아가기 위한 총공세를 펴라는 것이었는데, 아이러니컬하게도 공격은커녕 후퇴를 해야 하는 사태가 벌어졌던 것이지요. 이것에 관한 대목이 『한국의 사랑이야기』에 실려 있습니다.

송병선: 『한국의 사랑이야기』를 출판한 지 15년 후에 전적으로 한국전쟁만을 다루고 있는 『보잘것없는 종』을 출판합니다. 한국전쟁에 관한 이

야기로 되돌아온 이유는 무엇입니까?

이노호사: 한국전쟁이 끝난 지 25년 후에 『한국의 사랑이야기』라는 얇은 책을 출판한 다음, 나는 한국전쟁이 두꺼운 소설의 소재가 될 수 있는 충분한 자격이 있다고 생각했지요. 『보잘것없는 종』의 주인공은 아시아나 한국에 대해 전혀 모르는 젊은이입니다. 그는 전쟁 기간 동안 전투가 무엇인지 생각하고 설명하려고 합니다. 전투는 하루나 이틀, 기껏해야 사흘 정도 지속될 수 있습니다. 할리우드 영화는 밤낮으로 수 주 동안 전투가 지속되는 것으로 그리지만, 사실 전투는 매우 강도 높은 현실이기에 이틀이나 사흘 정도 지속되면 양편 모두 지치게 됩니다. 또한 사람을 죽이는 것은 매우 힘든 일이라고 생각합니다. 그 어느 부모도 자식에게 사람을 죽이라고 교육시키지는 않을 테니까요. 그래서 전투 중에 탈영을 생각하는 경우도 종종 발생하는 것이지요.

송병선: 멕시코의 작가 호세 레부엘타스[5]가 쓴 『카인의 동기』는 한국전쟁에서 탈영한 치카노 병사를 다룹니다.

이노호사: 아, 그래요? 개인적으로는 알고 있는 사이였지만, 그 작품을 읽어보지는 못했습니다. 『한국의 사랑노래』에는 루이스라는 청년이 전쟁에서 도망쳐 일본으로 가지요. 그리고 거기에서 스페인어를 알고 있던 일본 여자와 결혼합니다. 그리고 루이스는 일본에 머무르지요.

송병선: 어느 글을 읽어보니까, 선생님께서는 한국전쟁에 관해 말하길 싫어한다고 하시던데요.

이노호사: 아닙니다. 사실 미국에서는 내가 한국전쟁에 관해 말하더라도 거의 관심을 보이지 않습니다. 그래서 그랬던 것이지요. 수많은 인터뷰

5 1914~1976. 소설가이며 시나리오작가. 대표작으로 『속세의 나날들』, 『인간 장례식』, 『눈물의 계곡에서』 등이 있다.

를 했지만, 지금처럼 한국전쟁에 관해 많이 말해보기는 처음입니다. 많은 미군 병사들이 한국전쟁에서 목숨을 바쳤지만, 이상하게도 한국전쟁에 관한 관심은 그리 많지 않은 것 같습니다.

송병선: 마지막으로 덧붙이고 싶으신 말이 있으면 해주십시오.

이노호사: 나는 내일 '미국에서의 라티노 문학'에 관한 강연을 할 예정입니다. 한국에서 라티노 문학이 얼마나 소개되고 있는지는 모르겠습니다. 하지만 금년에 미국에서 『노튼 라티노 문학 개관』이 출판될 예정입니다. 약 2,500페이지 분량인데, 이 선집의 목표는 1534년부터 현재에 이르기까지 미국에서 전개된 히스패닉 문학의 정확한 이미지를 제공하는 것입니다. 또한 이것은 이제 라티노 문학이 미국 내에서 하나의 정전으로 자리 잡았음을 의미하는 것이기도 합니다.

참고문헌

국가보훈처(2006), 『미군참전사』, 국가보훈처.

김남균(2000), 「미국 역사가들과 한국전쟁」, 『미국사연구』 제12집, pp. 137~159.

리베라, 토마스(1996), 『해를 삼켜버린 9.4329』, 장원.

송병선(1997), 「역사와 역사의 소설화: 현대 중남미 역사소설의 특성을 중심으로」, 『서어서문연구』 10호, pp. 181~197.

———(2008), 『'붐소설'을 넘어서』, 고려대학교출판부.

정광균(2002), 「피카소 작품 「한국에서의 학살」에 대한 편견」, 『미술세계』, 3월호, pp. 72~75.

정연선(2003), 「중단된 聖戰: 한국전쟁에 대한 미국소설의 연구」, 이기윤 외 엮음, 『한국전쟁과 세계문학』, 국학자료원, pp. 159~193.

질르 들뢰즈, 펠릭스 가따리(1994), 『앙띠 오이디푸스』, 민음사.

차경미(2004), 「콜롬비아의 한국전 참전에 관한 연구」, 한국외국어대학교 박사논문.

Agustín, José(1967), "Epílogo" in Revueltas, José, *Obra literaria*, Vol. 2, México: Empresas Editoriales, pp. 631~648.

Aínsa, Fernando(1997), "Invención literaria y 'reconstrucción' histórica en la nueva narrativa latinoamericana", in Kohut, Karl(ed.) *La invención del pasado*, Madrid: Iberoamericana, pp. 111~121.

Alvarez Curbelo, Silvia(1992). "A Meditation on the 65th Infantry", *Puerto Rican History and Politics*, Vol. IV, No. 1, pp. 55~58.

———(2004), "Batallas de identidad: Guerra, nacionalidad y ciudadanía en Puerto Rico", www.clasco.org/wwwclasco/espanol/htiml/grupos/grupos/cultura/Alvarez%20curbelo2.doc

Apuleyo Mendoza, Plinio(1982), *El olor de la guayaba*, Barcelona: Bruguera.

Arévalo, Guillermo Alberto(1978), "Jairo Aníbal Niño, trabajador del teatro colombiano" in Espener, Maida Watson(ed.) *Materiales para una historia del teatro en Colombia*, Bogotá: Instituto Colombiano de Cultura, pp. 546~563.

Arocha, Jaime(1999), *Ombligados de Ananse*, Bogotá: Universidad Nacional de Colombia.

Asencio Camacho, Luis(2005), "Saviors of the Cause: The Role of the Puerto Rican Soldier in One Man's Crusade", www.valerosos.com/SaviorofTheCause.pdf

Báez Fumero, José Juan(1999), "Enrique A, Laguerre: Arte y teoría", *Horizontes: Revista de la Universidad Católica de Puerto Rico*, Vol. 41, No. 81(October), pp. 133~157.

Captain-Hidalgo, Ivonne(1993), *The Culture of Fiction in the Works of Manuel Zapata Olivella*, Columbia: University of Missouri Press.

Cillán Cillán, Francisco(2004), "Estudio literario de una canción de corro: Mambrú se fue a la guerra", *Alcántara*, No. 59~60(Enero-Junio), pp. 9~24.

Collazos, Oscar(1976), Los días de la paciencia, México: Joaquín Mortiz.

Cornejo Polar, Antonio(1993), "Ensayo sobre el sujeto y la representación en la literatura latinoamericana", *Hispamérica*, No. 66, pp. 3~15.

Cuéllar, Diego Montana(1963), *Colombia: País formal y país real*, Buenos Aires: Editorial Platina.

Cunin, Elisabeth(2003), *Identidades a flor de piel*, Bogotá: Instituto Colombiano de Antropología e Historia.

Díaz Quiñones, Arcadio(1997), "José Luis González: La luz de la memoria" in González, José Luis, Cuentos completos, Madrid: Alfaguara: iii-ix.

Durán, Javier(2000), "De la guerra y otros demonios: heterotopía y (des)territorialización en la narrativa fronteriza mexicana y chicana", *Arizona Journal of Hispanic Cultural Studies*, Vol. 4, pp. 105~129.

———(2002), *José Revueltas: Una poética de la disidencia*, Xalapa: Universidad Veracruzana.

Escalante, Evodio(1979), *José Revueltas: Una literatura del "lado moridor"*,

México: Era.

———(ed.)(1991), "Introducción", *Los días terrenales*, San José: Universidad de Costa Rica, xxix–xxxiv.

———(1992), "José Revueltas y la chicanidad", in Ramírez, Axel(ed.), *Chicanos: El orgullo de ser*, México: UNAM, pp. 125~128.

Espinosa, José María(2005), "Mambrú volvió de Corea", in Giraldo, Luz Mary(ed.), *R. H. Moreno–Durán: Fantasía y verdad*, pp. 275~280.

Feliciano Ruíz, Jorge E.(2002), *Los diablos de las montañas*, Río Piedras: Editorial Edil.

Fernández, Nora(2006), "Rincón Literario", *Alternativa Latinoamericana*, No. 72(1~2월), p. 14.

Franco, Jean(1983), "¿Qué ha pasado con el coro? García Márquez y el Premio Nobel", *Areíto*, No. 32, pp. 18~22.

Friedemann, Nina(1993), *La saga del negro: Presencia africana en Colombia*, Bogotá: Centro Editorial Javeriano.

Friedemann, Nina y Arocha, Jaime(1986), *De sol a sol: Génesis, transformación y presencia de los negros en Colombia*, Bogotá: Editorial Planeta.

———(1995), "Colombia" in Minority Rights Group(eds.), *No Longer Invisible: Afro–Latin Americans Today*, London: Minority Rights Group, pp. 47~76.

Friedemann, Nina y Vanín, Alfredo(1995), *Entre la tierra y el cielo*, Bogotá: Planeta.

Gámez, Silvia Isabel(1997), "Mezcla Mambrú barbarie y poesía", *Reforma*, 7월 24일 문화란.

García Márquez, Gabriel(1970), Cien años de soledad, Barcelona: Círculo de lectores, 1970.

———(1983), *El coronel no tiene quien le escriba*, Bogotá: Círculo de lectores, 1983.

———(1983), "Dos o tres cosas sobre la novela de la violencia", *Obra periodística, Vol. 4, De Europa y América(1955~1960)*, Madrid: Bruguera, pp. 763~767.

———(1985), *Crónicas y reportajes*, Bogotá: Oveja Negra.

———(1994), *El amor en los tiempos del cólera*, Barcelona: Mondadori.

Giraldo, Luz Mary(ed.)(2005), *R. H. Moreno-Durán: Fantasía y verdad*, Bogotá: Universidad Nacional de Colombia.

Gómez, Eduardo(1992), "Un juego trágico y esquizoide", González Cajias, Fernando(Coor.), *Teatro colombiano contemporáneo*, México: Fondo de Cultura Económica, pp. 647~652.

González, José Luis(1997), *Cuentos completos*, Madrid: Alfaguara.

González, Josemilio(1971), "Enrique A. Laguerre: El fuego y su aire", *Sin Nombre*, Vol. 1, No. 4, pp. 95~98.

González, Patricia(1982), "Jairo Aníbal Niño: Un dramaturgo colombiano", *Latin American Theatre Review*(Spring), pp. 35~44.

Goytisolo, Juan(1982), *Crónicas Sarracinas*, Barcelona: Ruedo Ibérico.

Grützmacher, Lukasz(2006), "Las trampas del concepto 'la nueva novela histórica' y de la retórica de la historia postoficial", *Acta Poetica*, Vol. 27, No. 1(Spring), pp. 141~167.

Gutiérrez Azopardo, Idelfonso(1994), *Historia del negro en Colombia*, Bogotá: Nueva América.

Jacob, John(1997), "The Korean War in Literature", in Peck, David R.(ed.), *Identities and Issues in Literature*. Pasadena: Salem Press; http://www.enotes.com/salem-lit/korean-war-literature.html.

Jackson, Richard L.(1976), *The Black Image in Latin American Literature*, Albuquerque: University of New Mexico Press.

Jaramillo, María Mercedes(1992), *Nuevo teatro colombiano: arte y política*, Bogotá: Universidad de Antioquia.

Jaramillo, María Merceedes y Osorio, Betty(eds.)(2000), *Literatura y cultura: Narrativa colombiana del siglo XX*, Vol. 2, Bogotá: Ministerio de Cultura.

Kadir, Djelal(1984), "Historia y novela: tramatización de la palabra" in González Echevarría, Roberto(ed.), *Historia y ficción en la narrativa hispanoamericana*, Caracas: Monte Avila, pp. 297~307.

Krauss, Rosalind(1980), "Poststructuralism and the Paraliterary", *October*, No. 13(Summer), pp. 36~40.

Laguerre, Enrique A.(1970), *El fuego y su aire*, Buenos Aires: Losada.

Leal, Luis(1989), "Tomás Rivera" in Lomeli, Francisco A and Carl R. Shriley(eds.), *Chicano Writers: First Series*, Detroit: Gale Research; http://go.galegroup.com/ps/start.do?p=LitRG&u=82ulsan

López Cáceres, Alejandro José(1999), "R. H. Moreno-Durán: hablemos de Mambrú", http://alejandrojoselopez.com/index.php?option=com_content&task=view&id=76

Lewis Marvin A.(1985), "La trayectoria novelística de Manuel Zapata Olivella: de la opresión a la liberación", in Williams, Raymond L.(Comp.), *Ensayos de literatura colombiana*, Bogotá: Plaza & Janés, pp. 137~148.

———(1987), *Treading the Ebony Path*, Columbia: University of Missouri Press.

Lynn Coleman, Bradley(2006). "The Colombian Army in Korea, 1950~1954", *The Journal of Military History* 69(January), pp. 1137~1178.

Lyotard, Jean-François(1988), *The Differend*, Minneapolis: University of Minessota Press.

Martínez Capó, Juan(1971), "La escena literaria", *El Mundo*(San Juan), 18 de agosto, p. 20.

Martínez, Fabio(2002), *El viajero y la memoria*, Calí: Universidad del Valle.

Meléndez, Concha(1971), "Visita a la Capilla Alfonsina y *El fuego y su aire*", *Sin Nombre*, Vol. 2, No. 2, pp. 5~12.

Menton, Seymour(1993), *Latin American New Historical Novel*, Austin: University of Texas Press.

Merrel, Floyd F.(1977), "Man and His Prisons: Evolving. Patterns in José Revueltas' Narrative", *Revista de Estudios Hispánicos*, Vol. 11, No. 2, pp. 233~250.

Miguélez, Armando(1983), "La frontera como espacio literario", *Plural*, 138, pp.

19~23.

Miletti Gaztambide, Luis(2007), "La reescritura de la historia y la nueva novelas fundacional puertorriqueña", *Acta Literaria*, No. 35, pp. 77~90.

Moreno-Durán, Rafael Humberto(1977), *Juego de damas*, Barcelona: Seix Barral.

———(1984), "Fragmentos de La Augusta Sílaba", *Revista Iberoamericana*, Vol. L, Nos. 128~129(Julio-Diciembre), pp. 861~881.

———(1987), *Los felinos del Canciller*, Bogotá: Planeta.

———(1993), *El caballero de la invicta*, Bogotá: Planeta.

———(1996), *Mambrú*, Bogotá: Alfaguara.

Negrín, Edith(1995), *Entre la paradoja y la dialéctica: Una lectura de la narrativa de José Revueltas*, México: Colegio de México.

Niño, Jairo Aníbal(2002), *El Monte Calvo y La Madriguera*, Bogotá: Panamericana Editorial.

Olliz Boyd, Antonio(1992), "Manuel Zapata Olivella", in *Dictionary of Literary Biograph Vol. 113: Modern Latin-American Fiction Writers*, Detroit: Gale Research Inc., pp. 313~321.

Ortiz, Lucía(2007), "*Chambacú, corral de negros de* Manuel Zapata Olivella, un capítulo en la lucha por la libertad", in Ortiz, Lucía(ed.), *Chambacú, la historia la escribes tú*, Madrid: Iberoamericana Vervuert, pp. 155~170.

Paralitici, Ché(2005~2006), "Presentación del libro: Antes de la guerra", *Plaza Crítica*, Vol. 2, No. 1, pp. 1~6; http://plazacritica.org/articulos05-06/Antes%20de%20la%20guerra.pdf

Pineda Botero, Alvaro(2005), *Estudios críticos sobre la novela colombiana 1990~2004*, Medellín: Fondo editorial Universidad EAFIT.

Pratt, Mary Louise(1997), *Ojos imperiales: Literatura de viajes y transculturación*, Buenos Aires: Universidad Nacional de Quilmes.

Puyana García, Gabriel(1993), *Por la libertad… en tierra extraña*, Bogotá: Banco de la República.

Ramírez, Liliana(2007), "Chambacú: Heterogeneidad y representación", in Ortiz,

Lucía(ed.), *Chambacú, la historia la escribes tú*, Madrid: Iberoamericana Vervuert, pp. 171~182.

Rengifo, Alejandra(2001), "Marx, Garvey y Gaitán: Palimpsesto ideológico en *Chambacú, corral de negros*", *Afro-Hispanic Review*, Vol. 20, No. 1, pp. 36~42.

Rey, Mario(1994), "Una mirada a la obra de Manuel Zapata Olivella", En Luz Mary Giraldo(ed.), *La novela colombiana ante la crítica 1975~1990*, Cali: Centro Editorial Javeriano, pp. 115~134.

Ramos, Josean(2005), *Antes de la guerra*, San Juan: Editorial Cultural.

Revueltas, José(1979), *Los motivos de Caín*, México: Era.

Rodríguez Hernández, Saúl Mauricio(2006), "Contribución latinoamericana en operaciones multinacionales: El caso de la participación colombiana en la Guerra de Corea(1950~1954)", *Security and Defense Studies Review*(Winter), Vol. 6, No. 3, pp. 417~441.

Ruffinelli, Jorge(1977), *José Revueltas*, Xalapa: Universidad Veracruzana.

———(1999), "La soledad del desertor y la del avaro", in Negrín, Edith(ed.), *Nocturno en que todo se oye: José Revueltas ante la critica*, México: Era, pp. 118~127.

———(2002), "José Revueltas", in Solé, Carlos A.(ed.), *Latin American Writers: Supplement I*, New York: Gale Group, pp. 463~477.

Ruíz Novoa, Alberto(1956), *El batallón Colombia en Corea, 1951~1954*, Bogotá: Imprenta Nacional.

Sáenz, Mateo A.(1958), "Revueltas y sus *Motivos de Caín*", *Vida Universitaria*, No. 380(Julio), p. 9.

Sánchez Ambriz, Mary Carmen(1999), "R. H. Moreno-Durán: Mambrú, la eterna guerra", *Siempre!*, 11월 18일.

Schnable, James F.(1990), 『韓國戰爭(上): 미국합동참모본부사』, 국방부전사편찬위원회.

Sklodowska, Elzbieta(1991), *La parodia en la nueva novela hispanoamericana*,

Amsterdam: John Benjamins.

Slick, Sam L.(1975), "The Chicano in *Los motivos de Caín*", *Revista Chicano-Riqueña*, Vol 3. No. 4, pp. 53~56.

———(1983), *José Revueltas*, Boston: Twayne Publishers.

Song, Byeong-Sun(1995), "El lenguaje del palimpsesto: *Juego de damas* y la relación intertextual", in Giraldo, Luz Mery(ed.), *Fin de siglo: Narrativa colombiana*, Bogotá: Universidad Javeriana, pp. 71~90.

Tillis, Antonio D.(2005), *Manuel Zapata Olivella and the "Darkening" of Latin American Literature*, Columbia: University of Missouri Press.

Tirado Mejía, Alvaro(1985), "Colombia: siglo y medio de bipartidismo", in Melo, Jorge Orlando(ed.), *Colombia hoy*, Bogotá: Tercer Mundo.

Trouillot, Michel-Rolph(1995), *Silencing the Past: Power and the Production of History*, Boston: Beacon Press, 1995.

Turón, Carlos Eduardo(1970), "La iconoclastia de José Revueltas", in Escalante, Evodio(ed.)(1991), *Los días terrenales*, San José: Universidad de Costa Rica, pp. 443~452.

Utley, Gregory J.(2000), "R. H. Moreno-Durán y la narrativa colombiana actual", in Jaramillo, María Mercecdes y Osorio, Betty(eds.), *Literatura y cultura: Narrativa colombiana del siglo XX*, Vol. 2, pp. 116~136.

Valencia Goelkel, Hernado(2005), "Pasión nacional por el olvido", in Giraldo, Luz Mary(ed.), *R. H. Moreno-Durán: Fantasía y verdad*, pp. 281~283.

Valencia Tovar, Alvaro(1992), *Testimonio de una época*, Bogotá: Planeta Colombiana.

Valencia Tovar, Álvaro y Sandoval Franky, Jairo(2001), *Colombia en la guerra de Corea: Una historia secreta*, Bogotá: Planeta Colombiana.

Wade, Peter(1997), *Gente negra: Nación mestiza*, Bogotá: Ediciones Uniandes.

Weiss, Judith A.(2004), *Colombian Theatre in the Vortex*, Lewisburg: Bucknell University Press.

Williams, Raymond L.(1992), *Novela y poder en Colombia*, Bogotá: Tercer Mundo.

———(1999), "R. H. Moreno–Durán, *Mambrú*", *Revista de Estudios Colombianos*, No. 19, p. 73.

Zapata Olivella, Manuel(1963), *Chambacú, corral de negros*, Medellín: Bedout.

Zayas Micheli, Luis Osvaldo(1972), "*El fuego y su aire*: Síntesis del novelar de Enríque A. Laguerre", *Anales de Literatura Hispanoamericana*, Vol. 1, pp. 251~280.